谨以此书献给父母的在天之灵

父亲 简　成（1936 年 6 月 14 日—1986 年 7 月 25 日）

母亲 刘淑荣（1934 年 2 月 6 日—1997 年 5 月 15 日）

本专著受上海市教师专业发展工程资助

中学古诗文人格意识解读研究

◎简振雷 著

天津大学出版社
TIANJIN UNIVERSITY PRESS

内容提要

《中学语文课程标准》对古诗文教学的生命体验意义和价值做出了明确的表述：中学阶段是人格成长的关键时期，此阶段的古诗文文本解读的意义不仅在于掌握知识，更重要的是对青年学子生命体验的唤醒、激发和生命价值的建构。但在具体的教学实施阶段，中学古诗文的解读不尽如人意：枯燥而乏味的对译和串讲、人云亦云的主旨分析、声光电等非文本手段的滥用、盲目的课外拓展等等，使得当下中学古诗文文本解读正在背离学生的生命体验。本书从一线教师的角度，采用阅读测验与问卷调查相结合的形式，比较了同组学生在运用相应文本解读策略前后的差异。研究结果显示，中学古诗文的文本解读策略不同，学生生命体验的效果不同，包括注重诵读、关注文体识别、把握表现对象的特点、揣摩作者的态度、鉴赏写作手法、在整体感知文本主旨基础上的猜词猜句以及单元贯通等的解读策略可以比较好地促进学生人格意识的成长。

序（一）

黄玉峰

振雷是我在2012年主持语文基地时的学员，他有书稿问世，要我写序言，我虽然忙，但责无旁贷。振雷的书稿是谈古诗文教学的。古诗文教学前人已经积累了丰富的经验。比如，我好多年前，读张中行先生的书，拜访张中行先生时，听他谈的经验仿佛还在耳畔。要超越前人实在很难。现在振雷选了这个难题，可见他的冲劲！

说到古诗文学习，它的重要性是不言而喻的，但教学现状问题不少：枯燥的翻译先行，告知式的主旨讲授，离开文本的随意发挥，随心所欲的分析理解，流于表面的师生互动，等等。振雷认识到这些问题，并从这些问题出发，上下求索。他采用了阅读测验与问卷调查结合的形式，比较了同组学生在运用了相应文本解读策略前后的差异，质性方法与量性方法相结合，来证明他的"人格意识解读方法"的有效性：即通过整体感知，通过识别文体，把握表现对象的特点，了解作者生平与人生态度，在整体感知文本主旨基础上，去确定词语句子的含义等解读策略，能大幅度提升学生的阅读能力。

通读振雷的书稿，我认为他的中学古诗文教学研究，可以在以下几方面给语文教学同人以积极的启示。

1. 古诗文教学要守正

解读古诗文必须关注文本，深入理解文本，感受文本，明白文本的主旨必须是由文本的字里行间读出来的意义，而不是依靠别人的见解或随意拓展。在解读古诗文时要自觉透过字词句章和写法等要素去思考语言背后蕴含着怎样的生命体验，从而读出怎样一件事，作者是怎样的一个人，带着怎样的一种情。倡导文言文的解读一定要依靠文本本身。在教学中要让学生直面文本，潜心诵读文本，感悟文本，寻找文本内部的相互关联，而不是依赖文本以外的材料来解读。

2. 古诗文教学要善于创新

古诗文解读的策略改变，同学们的生命认知会相应发生变化。一篇（首）古诗文最初看不出什么意思，但是放弃先入为主的暗示性导入，抛却枯燥的翻译，坚定地直接面对文本，通读几遍，看看文章的标题，看看它的行文的格调，想想它刻画了哪些人物，这些人物的性格何如，它描写了哪些景物，这些景物的特点如何，作者对这些人物和景物的态度怎样，作者在塑造人物描写景物时都运用了怎样的手法等等，阅读效果就会大大提高。

在把握了古诗文的主旨和表现手法的基础上，再去翻译自己不理解的字词句，就会指向明确，再结合古诗文的行文特点，诸如对比、对仗、铺陈、类比、衬托的特点来具体揣摩字词句段的意思，就会势如破竹，一通百通。由此可见，解读策略的改变实际上也是一种创新。

3. 古诗文教学要真正落实以人为本

通过人格意识解读策略的实施，学生已经不仅仅是读懂文章，而是实现了一种能力上的跨越。如果学生在阅读的时候，能养成遇到不明白的地方先关注文本的形式，再联系文本的主旨和手法的习惯，他们的生命境界也能够在此种浸润中提升。切入文本可以从句读开始，先整体把握，从文体入手，弄清楚文章的主旨。再让学生在读懂文本的基础上大胆猜测仍然不懂的字词句的意思，要注重诵读，注重学生对文本本身的熟悉和理解程度，注重文本的生命观照与具体文本中叙事、状物、写景的关系，让文本的生命主张在具体文本中有据可查。

4. 教师的专业成长的过程实际上就是不断地自我超越的过程

振雷工作繁忙，利用业余时间完成这样一项研究并取得了初步成果，颇不容易。振雷的天资和基础并不突出，但他是一个敢于挑战自我和超越自我的人，如前所说，在他的身上有一股热情和冲劲。一名教师基础弱一些，底子薄一些，起点低一些，不必自卑，只要认真负责，肯虚心求教、肯探索、肯反省，愿意不断进取，超越自我，那么，他在专业上的成长是必然的。

实践是检验理论的标尺。振雷的研究成果还需在实践中接受检验。愿振雷在第一线的教学实践中，脚踏实地，孜孜以求，取得更为可喜的成绩。

黄玉峰

2019 年 12 月 30 日

黄玉峰：复旦五浦汇实验学校校长，复旦大学附属中学特级教师，复旦大学特聘教授，上海写作学会副会长，上海语文学会理事，上海诗词学会理事。

序（二）

与简振雷老师的相识、相交、相知

——记简振雷老师的真诚、谦逊、勤奋、认真诸事

叶是雄

一、"来天华"聚叙

今年五月五日晚，我应邀至七宝"来天华"酒楼赴简振雷老师之宴。18：30，主客都到了，简老师依年齿之序，对来客一一做了介绍："叶老师，把我真正领上语文教研之路的第一位恩师（介绍我与黄玉峰老师认识时他也是这么说的，我受之有愧）；张老师，云南师大文学院教授，云南省中学语文教改首席专家，云南省国培项目的负责人；周老师，闵行区高中语文骨干教师培养基地主持人，我的导师，我是他正宗的入室弟子；小黄，张老师的硕士研究生，现师从上师大王荣生教授攻读博士。"最后说："我父亲去世后全靠兄弟姐妹供我读书，把我培养成人，我三姐是厨师，让她早些来点菜作陪。"简老师言辞得体，神情恳切。

据我所知，简老师除了本职工作，有永远读不完的书，有永远写不完的文章，怎么今天有空请客吃饭？简老师的时间安排一向紧凑有序，难道今天有要事商洽？我一边与各位相谈甚欢，一边不由得暗暗思忖。

我由他三姐，想起简老师懂得感恩，关爱敬重家人朋友；由周老师，想起简老师在骨干教师基地《云起》上发表的多篇语文研讨文章，想起简老师在黄玉峰老师、黄荣华老师的名师基地《铎声》上发表的多篇关于语文教学问题的对策及回顾、展望，想起简老师对语文教学的执着、进取、不知疲倦的优秀品质；由张

老师想起简老师去北京、云南、江苏讲学，语文道路上人际交往之面广量大，简老师的热忱、彬彬有礼、不计个人得失的奉献精神；由小黄想起简老师的读硕、读博经历，在学业上的孜孜矻矻，探求本真的治学态度，不懈追求的进取精神……我今年68周岁，与简老师相识已十个年头，简老师是我的忘年交，也是一位“认准目标，朝抵抗力最大的方面努力”（朱光潜语）的中青年教师，更是我平生所认识的教师当中最真诚谦逊为人、勤奋认真做事的中青年教师。天道酬勤，简老师应该有所作为，此言并非虚妄，你看了以下我与简老师的相识、相交、相知的桩桩件件，也许，一定会认可我的话！

二、初识简老师

2006年夏，由上海“爱的教育”研究会、上海市金爱心教师联谊会创办的“金爱心学校”（又名“爱心假日学校”，为家庭困难的学生献爱心，义务补课）暑期班在原卢湾区永兴中学开班了。我作为该学校的发起人、组织者之一，也兼职义务授课，出于向同行学习的本能，常常课前课后从窗口看看各授课老师的课堂授课风采及学生的反应。

有位青年教师引起了我的注意：中等个头，身材匀称，腰板挺直，五官端正，长挂脸，面部棱角分明，眼睛不大却很有神，嘴角常带微笑，一副亲近学生、乐观昂扬的样子。上课前10多分钟，他就进了教室，与早到的同学聊天。上课了，我隔着玻璃，犹能听到他抑扬顿挫的讲课声，东北人的普通话，口音正，中气足，可以想见他上课时的神采飞扬。下课了，时已中午，我见他还在解答着同学们的有关问题，我诧异了，语文课很少有人问问题，这位语文老师是如何激起学生学习语文的热情的？

我到班主任刘芳英老师那儿查阅了排课表，知道了他的尊姓大名。在去公交站的路上，我赶上了步履匆匆的简老师，我先自报家门，他自称小简，然后我俩且行且谈，知道他课前亲近学生，拉近距离，在心理上破除学生因家庭条件差而产生的自卑感，唤起他们自尊自强的信念；课后用自己如何学语文的体会激励学生，指导其学习语文的基本方法；课中则上出语文味，焕发语文学科特有的魅力，激发学生学习语文的兴趣。公交车来了四五辆又走了四五辆，我俩言犹未尽，下午大家又都有事，小简主动提出，翌日登门造访。

初识小简，印象深刻：年方而立、待人随和，热情洋溢、谦虚诚恳，关爱学生、挚爱语文。

三、小简初次访我

翌日上午九时许，小简揿响了我家的门铃。闵行七宝与宝山通河，纵贯上海市区的西南和东北，路途遥远，还到得这么早；因我们老小区房屋编号混乱无序，一般有客初访，要么约定在新村门口接，要么连打几个电话询问一路指引进来，可小简凭什么能径直“摸”到我家来？我正诧异，小简虔诚地解释说：“因为路远，我就早些出门，早些到，可多向您请教，打扰了，抱歉！ 11点钟前我要走，下午还另有事。”我想，这是为了少给我添麻烦，真至诚，真善解人意！“你怎么‘摸’到我家来的呢？”我问。小简笑一笑答道：“别说，还真难找，我按照昨天您给的地址进了新村，一看前后左右几幢楼房号码混乱，就马上回到新村入口，看了小区楼号分布图，看清方位，很快就找到了。”我暗暗称赞：脑子蛮灵光，遇到问题自己设法克服解决，有闯劲！

我俩聊教育现状，谈语文教学，讲读书，说人生。我知道小简出身贫苦，却“穷且益坚，不坠青云之志”，我激励他“爬罗剔抉，刮垢磨光”，“登崇俊良”。我了解小简困惑于教育教学的现状，专业发展的瓶颈，却仍积极思索语文教师的自赎与自救，我慰勉他从自己的“最近发展区”做起，既要扬长避短，又要取长补短，渐成自己的风格。

当时我提了四条建议：

（一）订阅《语文学习》，因其有宏观层面的各种新理论的探讨，可供高屋建瓴地宏观把握教学内容；有微观层面的各类课例、教案、学案、实录，设计、反思，可资学习借鉴；有名师成长之路的夫子之道，有教学新秀的经验介绍。订阅《文汇报·笔会》《中国剪报》，上面有古今名人轶事，有“新世说新语”，有世界科技博览，有国际文化名胜介绍，各类时文、美文（散文、杂文、通讯、评论、书信、序、跋），平时广采博收，用时得心应手。

（二）专研几部经典，熟读背诵古诗文名篇各一百篇（首），可先从初高中教材上的古诗文背起，要做到信手拈来，出口成诵。既“藏书万卷可教子”，又“腹有诗书气自华”，两者相得益彰。

（三）发音吐字讲究方法，语速要疾徐有致，克服个别东北方言、方音，使自己的语言更规范、更纯正。

（四）练好写字的基本功，从楷书起，到行楷、行书，可先硬笔再毛笔。

现在看来，这四条建议小简都在认真践行中。

我俩一起诵读有关经典，商讨怎样通过抑扬顿挫的语气与语调来表达经典作品的思想感情；相互交流运用名人轶事、诗（语）典事典的心得，探索怎样将文史哲的知识融会贯通于语文课堂，来开发课程资源、教材资源，做到旁征博引而左右逢源，主题鲜明而兴趣盎然。关于文本解读，我们也统一认识，既据文本来朗读，俾解读有据而弗天马行空；又要了解背景，知人论世，不致囿于文本而不能跳脱。

不知不觉间，已近十一点，小简要告辞。我说下午有事无妨，午饭总要吃的，吃了午饭走不误你的正事就是！小简很得体地说不想找我太多的麻烦，我说：“不麻烦，你知道吗，好的人脉，都是相互麻烦出来的。”他问：“还有这种说法？”我一面请夫人备饭菜，一面给他讲我这说法源自美国国父富兰克林的一段轶事，其与宾夕法尼亚州立法院议员的合作，由麻烦对方借一本绝版图书开始，小简立马释然，不再坚持。谈到契合处，我曾指着几大橱柜藏书说“吾儿未承吾业，这些专业书、工具书和有关经典，可能对你有用，如不嫌弃，日后将悉数赠你。”

午饭后，泡杯香茗，又聊到午后一点，小简急着要走，我送别小简到公交车站。从此，我和小简渐渐成了忘年交。

初次深谈，感觉颇好：简老师好学不倦、认真执着，谈吐得体、举止文雅，为人实在、善解人意。他没有不良嗜好，既不抽烟，也不喝酒，生活简朴，喝茶也只是随意而已。

四、简老师“爱心义教”课堂举隅

上次简老师初访我时，我曾提出去他的“爱心假日学校”语文课堂听课学习，我随口一提，简老师立即恭敬爽快地答道："学习不敢当，欢迎指导。"经过几次实地验证，确实如我所料：简老师上课激情投入、神采飞扬，与学生的互动热烈、研讨自然，对作品思想情感的深入多元思考与质疑、批判恰到好处，有语言打磨的咬文嚼字，有思维品质训练的灵动飞扬。

给我印象深刻的是，他引用朱光潜《谈读诗与趣味的培养》一文中贾岛《寻隐者不遇》的例子，运用换字法来启发学生咬文嚼字、想象联想，由文字表面的意思来深入体悟文字内涵。"松下问童子，言师采药去。只在此山中，云深不知处。"简老师先分行抄下诗句，让学生冥想有关情节，补出省略的内容；接着又在"松""药""山""云"四字下加点，句后分别另写"柳""花""沟""林"四字；然后再让学生体味前后两者的情境意趣有何差别；最后学生讨论交流，纷纷发言，经简老师适时点拨，提醒联系题目后，逐步统一认识：松、山，都象征隐者高贵的品格；药，象征隐者大济苍生的胸怀；云，象征隐者飘逸的性格。如果换成"柳、花、沟、林"就低俗了。

简老师没有就此收手，而是不失时机地趁热打铁，再加一把火：四句诗故事简单、平凡，而留白的想象空间巨大；诗之所以为诗，重在故事后的情趣，以及能抓住这种简朴而隽永的情趣，用一种恰如其分的简朴而隽永的语言表现出来的艺术的本领……读诗就要从此种看来虽似容易实在不容易做出来的地方下功夫（部分为朱光潜语）。我们的祖国是一个诗的国度，希望大家学着吟诗、赏诗、写诗，听到这儿，学生肃然起敬、不禁动容，继而掌声经久不绝。

贾岛的《寻隐者不遇》四句诗，固然简朴、淡泊，不事雕琢繁复，犹如弘一法师那种超然稚拙的笔墨，但若少了简老师深入浅出的预设与点拨（在朱光潜的认知基础之上的发挥），学生就不可能如此快地领悟朴素、率真的诗句中的典雅朴茂、清逸隽秀、格古韵新！不说能领悟诗人雍容高迈的气度，更不说能领悟诗意中的佛意与禅境，但我可以说，学生就此便可更容易达到"清水出芙蓉，天然去雕饰"的审美层面，更容易理解什么叫"结构张力"这样的语文术语，更容易体会"大象无形"而境生象外，超然淡泊而境由心造的内涵、禅机。

之后，能者多劳，简老师放弃了自己的休息时间，为"爱心假日学校"多上课，上好课，2007 年被评为"优秀爱心义教志愿者"。

其实这是志愿义教，没有硬性约束要求，我随口一提，简老师便爽快应允，我随意去听课，他本色上课，没有丝毫的造作。由此我们可以想见简老师平日在自己学校课堂上的风采了，所以他被学生评价为“最富激情和人格魅力的教师”。

五、简老师邀我做客

2010年世博会那一年的暑假，简老师来电要我去他新家看看，并说他岳父母已来沪多日，希望与我见面聚叙。我应允于某天傍晚来到简老师的新居。

简老师介绍了我与其岳父母姚氏夫妇、与其妻姚文莉老师见面后，还特意认真、平等地介绍了他儿子简逢辰。简老师、姚老先生与我边聊边一起参观了他的新居，在一楼，两室两厅两卫，带一个两开间天井式的大庭院。庭院里一片蓊郁葳蕤，近门处东面，一盆兰草叶子丛生，青葱细长像个山村姑娘，充满活力、煞是可爱。简老师介绍说这是蕙兰。虽花期已过，却香味犹在。也可能是东面墙角花坛里的夜来香，难道她知道今晚有客人来，要热忱迎宾，还是她正为晚间要伏案读写的主人酝酿着“绿袖添香”？近门处西面有一盆君子兰，叶子肥厚，长势喜人，犹如一个精力充沛的青年人；再往西有一盆雀梅，那老桩颇有些年代，枝干虬曲，造型奇特，颇像个思想者，老到、沉着！上面缀满雀形的小叶子，似乎是思想者的无数思想的萌芽在生发！东面还有两盆仙人球，绿中透黄，仙气逼人；西面墙角花坛里，里边是一丛紫竹，小枝上正生发新叶；靠外边，另有几株大概是黄秋葵，淡黄色的花朵，娇憨可爱。两盆吊兰悬在院门两侧，仿佛两个迎宾的小天使，叶丛中抽出的枝条（花梗），末端顶着几朵开得正欢的白色六瓣小花，细长下垂，你从她俩中间走过，那些小花争着想与你亲近，拂过你的额头、脸颊，叫你不得不放慢脚步，驻足观赏。这些花卉排列有序、错落有致，千姿百态、赏心悦目。我估计简老师读过明代王象晋的《群芳谱》，不然怎会有如此布局呢？无论是妙手偶得，还是刻意为之，不都显示了主人的情趣与追求吗？

入夜，庭院里夏虫不再全部沉默，零星的虫鸣悦耳，犹如小夜曲演奏前各声部的试音、校音，惹人遐想。叫你忍不住赞叹：这才叫品位不俗的生活。

转身来到简老师封闭阳台而成的书房，只见书柜里有五排书籍，由上而下依次是《世界通史》《中国通史》《资治通鉴》，大学中文系的教科书，《四书五经》《古文观止》《唐诗别裁》《宋百家诗存》《文心雕龙》《诗品》《沧浪诗话》《人间词话》《管锥编》《中华大字典》，现代教育理论书籍和《语文学习》等专业杂志，最下面是《莎士比亚全集》等古今中外文学名著。靠西墙边的写字台上，里面右侧一排是全套初高中教材，左侧一排是《说文解字》（上、下册）、《古汉语常用词词典》、《现代汉语词典》、《中学语文教师手册》（上、下册）共六册书。以上只是简老师平日常用书籍，在客厅和儿子的房间里甚至洗手间里另外还有五个书橱的书，粗略估计简老师藏书不下两千册。写字台上打开的是一本字帖，简老师感激地说："这就是借您老的《黄自元楷书九十二法》，得空就随时读读帖，眼观、手摹、心追，争取练好写字这项基本功。"

吃晚饭时，我一面品赏姚老夫人特地烹制的东北风味菜肴，其中一款"地三鲜"味道尤美，一面与姚老先生唠着家常。姚老先生感叹："这个女婿懂事、孝顺，要我就住在上海安享晚年，陪我看世博、登东方明珠、游佘山、逛七宝老街……他们家庭和美又置了新房，我放心了。"简老师插话："讲到这买房，要感谢叶老师，是叶老师帮我分析形势，并催促、支持我早下决心、早下手买下这套房子。"简老师动情地继续说："现在我在上海也算立稳脚跟，可我父母过世太早，没享到现在的福，想起来心里就难过……"

简老师说的是1986年，他十六岁，中考刚刚结束，紧接着他父亲就病重，家中无钱医治，简老师就赶着牛车拉着父亲去距家十里路之外的镇政府求援借钱，未果。临近中午，来到镇上的三姑家歇脚，吃顿便饭就又回到家中。不料十天后简老师的父亲就过世了。姑姑来吊唁时手拿两只鸡蛋，泣不成声地说："你们那天过来吃饭，本来有这两只鸡蛋的，但我没舍得拿出来给你爸爸吃，心想下次吧，可已经没有下次了，我恨我自己……"我听了小简讲述两只鸡蛋的故事，不禁潸然泪下，席间所有人无不凄然动容。是故事本身的真实、凄苦，更是简老师讲述得真情投入，赢得听者的专注认真，感同身受，这不正是做一名好的语文老师、上好语文课的不二法门吗？当时简老师总结"两只鸡蛋"的故事对他的启迪是：想要做事马上做，成功与否不留恨。我想，现在简老师做事的认真和执着，一定与此经历有关，经历是财富，艰难困苦，玉汝于成，信夫。

晚饭后，我在简老师家的客厅玻璃橱里看到了五六块奖牌，有国家级的、有市区级的。我有些惊讶，结识五年，从未听他讲起，我暗暗佩服简老师的深藏不露，不，是简老师由衷的谦逊，在学术上的不知足和对名利的淡泊。

六、简老师的进学

2009年秋，简老师想攻读硕士学位，征求我的意见。我问他："为了什么？"他答："总觉得学业上欠缺，读书的味道还未尝够。""业余还是脱产，如果脱产，学校放不放行？""不放行就业余读，用双休日和晚上的时间。""身体吃得消吗？工作与学习的关系能平衡好吗？家里人同意吗？""没问题，我每天坚持跑步近一小时，身体结实着呢！学校里备课上课批作业，大部分接近于重复劳动，有余力再做些学问，我爱人全力支持，一定做到工作学习两不误。"话说到这地步，我当然表示支持，并叮嘱他别累垮了身体。

不久简老师打电话来报告，他已经读了美国太平洋大学的教育硕士，利用寒暑假学习，全外教、全英文授课。硕士班二十五六个人，简老师年届四十，在六个非英语专业学生中是年纪最大的。他一边硬着头皮听课一边记笔记，一边用相机拍照，还用录音笔录音，下课有不懂的地方就问。回家后边听录音边整理笔记，搞不清楚的，下次再问老师。学习的难度和艰苦可想而知，而他却乐在其中，从未听到他叫苦叫累。就这样，三个月后，他渐渐适应了硕士班的节奏，英语水平也慢慢得到了提升，功课也渐渐理顺了。2011年8月，他顺利毕业，获得了美国太平洋大学的教育学硕士学位。

2012年秋，简老师又来我家，征询报考攻读上海师范大学王荣生教授的博士学位的事。我见他眼眶内有些许血丝，问他视力怎样，看书后眼睛疼不疼，眼压高不高，他自信地说已经检查过，没有问题。说得直言不讳，有决心、有思想、有计划、有行动。这几年他很少能睡个痛快觉，每天的学习、工作、锻炼、家务、休闲都安排得紧凑有序、忙而不乱。取得超出常人的成绩，必然要付出超出常人的努力。看着眼前这个不知疲倦的东北汉子，我一面关照他要量力而行（包括精力、脑力、财力），一面想起了与他有共同点的一个人：俄罗斯前总统梅德韦杰夫，他身高仅 1.62 米，博士毕业时被导师称为“身材最矮但最能吃苦的学生”，简老师身材高挑，可也不啻最能吃苦。

简老师请我为他读博写一封推荐信，我概括了他的如下优点：脾气温和、从不发怒，待人真诚、谦虚沉稳，好学不倦、不懈进取，乐于奉献、不计报酬。后来我曾用“温良恭俭让”“忠孝仁义礼智信”来对照他，也几乎字字落实、条条符合。

因为当年王教授博士生招生名额有限，简老师未能如愿，可惜。可贵的是，简老师并未就此放弃，继续努力追求，终于于 2013 年 5 月取得香港教育学院博士入学资格，师从著名学者郑吉雄先生攻读经典文本诠释方向的博士学位，须知当年简老师已经四十有三，可嘉可贺。

还有令人钦佩的事呢。

从 2009 年下半年起，简老师入选闵行区高中语文骨干教师培训班，师从特级教师周陶富老师，学习三年，并做了三年的班长，在基地学术刊物《云起》上发表了多篇论文、课例、教育随笔，我看了多期的目录，估计简老师是发表文章最多的学员之一。

从 2012 年春天起，简老师入选上海市第三届名师培养基地，师从著名语文教育专家黄玉峰、黄荣华先生和复旦大学骆玉明先生，在基地刊物《铎声》上又发表了一系列论文、课例、回忆录等。我估计简老师是该基地十五位学员中不算年轻的学员，岁月不饶人，多项工作齐头并进，这需要多大的毅力啊。

七、简老师的真诚、谦逊、勤奋、认真及其他

简老师的教研，应邀去北京、江苏、云南等地讲学的内容，其本人应有专章介绍，我就不赘述了。但是他几十篇论文的设想、修改，以及几十节公开课的教学设计、说课稿、学案的准备与五次外出讲学的讲稿拟定，其中大半是征求过我的意见的，那种真诚、谦逊，那种勤奋、认真，使你不得不为之感动。

简老师准备撰稿或开公开课前总会先与我联系，谈设想，或电话、或短信、或微信、或到我上课的学校、或直接登门求教。初稿拟定以后会发函件过来请我提出修改意见。定稿或事后会打印一份给我。三个步骤一步不落，到我家从不顾

及路途遥远。其实我见识有限，创意贫乏，新理论没简老师知道得多，最多只是在篇章结构、立意框架上，在有关语句的内在逻辑上，在有关修辞、行文与字词标点的运用上提出一些管见，仅供参考而已。例如，“教什么”与“怎么教”孰轻孰重须有前提界定，“我的诸位恩师们”一句中“诸位”与“们”重复不妥之类。可简老师始终如一，十个年头交往中，逢年过节登门拜访或到我上课的学校请教几十次，电话、短信、微信无数。请欣赏简老师拜年短信：“2015 年 2 月 21 日 20：00 自韵《咏春》——年过九五，坐看岁月虚度，滚滚红尘，误身多是冠儒。半生始读书，重吟古风《秋浦》，若在海上巧遇春，千万和春住。仅以此调与恩师及家人共贺乙未新春，振雷新春于古榆关下。”我接信后回复：“‘坐看’谈不上，更遑论‘岁月虚度’，不要因为‘半生始读书’而过于苛求自己。”我们从这首词就足见其真诚、谦逊、勤奋、认真了。此其一。

2010 年秋，简老师依据笔记和录音为黄玉峰老师在九区县培训者的培训班上的讲座《教师的读书生活》整理出文稿约 27000 字；同是 2010 年秋，简老师还为程红兵老师在周浦中学的评课稿《把课上到学生的心坎上》整理出文字稿近 7000 字；为黄荣华老师在闵行中学的评课稿《教师的使命与担当》大约 5000 字。要知道两位黄老师和程老师本职工作和社会活动繁忙，发言报告只是粗列了提纲要点，即兴发挥很多，拿到自己的文稿这可视的创作成果该会很高兴吧，谁不珍视自己的劳动呢！可他们没有要求简老师做，是简老师主动做的。简老师这一时期正在区骨干教师基地学习，还在读硕士，学校的日常教学和教科研工作照常进行，每天还不忘锻炼身体，不是跑步就是打太极，我问他怎么做到的，简老师回答说：“顶尖专家的教育思想、观念、经验要多宣传、推广，让更多的语文人受益，他们忙，我作为他们的弟子应该多做些。再说，整理录音、笔记的过程就是一个学习、消化的过程，多所裨益之事，何乐而不为呢？只要你乐意，只要你合理安排时间，见缝插针，时间总会有的。”说得多真诚，多谦逊，多善解人意，多勤奋认真呀。此其二。

上述三篇文稿，简老师都给我打印了一份，我还获赠简老师专门到博库书店淘来的王荣生、韩雪萍两位教授编著的《新专题教程》（2007 年华东师范大学全新修订版），《新视点》五册，估计简老师一定看过，知道书好，奇文共欣赏，故而赠我吧。我还获赠简老师两基地刊物《云起》《铎声》多册和发表在报纸杂志上的论文和教育随笔。我在2008年，为完成普陀区教育学院欧家斤老师为表彰某教师而编撰《明德评说》的约稿，苦于少资料，求助简老师，简老师给我送来了《孔子家语》等，以解我急。我在腔隙性脑梗死和胃溃疡两次患病期间，简老师专门针对性地送来保健品和老年保健杂志，祝我早日康复。有几位青年教师缺少听课的机会，请简老师帮忙联系，取得黄玉峰老师的同意，给他们提供了去复旦附中、松江二中等名校学习的机会。简老师自觉地做到了《礼记·礼运·大同篇》的“货，恶其弃于地也，不必藏于己；力，恶其不出于身也，不必为己。”我感慨，语文教师都如此，则语文锦绣矣，国人都如此，则国人的精神园地生机勃勃矣。以上种种，难以枚举，无不充分印证了简老师的真诚、谦逊、勤奋、认真。此其三。

综合上述三点，简老师实在是不啻真诚、谦逊、勤奋、认真。

八、写作缘由及祈愿

我勒紧思维野马的缰绳，从思接千载的忆想中回到文章开头“来天华”聚叙的餐桌边，我暗暗思忖的疑问正得到求解：张承明教授提出到七宝中学听课，请周老师帮忙，实施云南省的“国培计划”，商榷时间、程序等具体细节；请简老师与古美高中校长商量五月份开课事宜（后定于5月19日简老师等两人开课，年过花甲的张教授风尘仆仆，离沪返滇后又于5月18日带团来沪，老当益壮，壮心不已）。我有幸在“来天华”结识张承明教授、周陶富老师，张老师的硕士研究生（现为王荣生教授的博士生，今年毕业）黄金丽小姐，并在此次聚会中真正与简老师相知。简老师不仅真诚、谦逊、勤奋、认真，而且在各种场合随时随地履行着一个语文人的使命，展现着语文人的担当。如果说，他年少时的苦难经历与读书求学是格物致知、诚意正心，那么他善待父辈、家人，感恩师长、亲友，不断进取，努力工作，可以说是修身齐家（只是大致划分，其实互相交错），而他在北京、江苏、云南等地的讲学与为“国培计划”出力，乃至提携青年教师，从某种意义上说，则可以认为是语文领域的“治平”，是“明明德于天下”了。

孔子云："德不孤，必有邻。"简老师有德，我也必须为他做点什么，不，是为语文，为"明明德于天下"，为"大同"做一点儿事。简老师听说他已得到市"双名"基地经费支持，可出一本书，其中计划安排"社会反响及他人点评"一章，请我写一篇文章，能客观地多角度全方位地谈谈对他的印象。初听有些为难，长期不写长文，构思不易；继而想到却之不恭，只好硬着头皮，不揣冒昧，写一些与简老师交往整九年的琐事细节，说些真情实感，从不同于他人的一个侧面写写简老师，也算是为简老师的名山事业垒一小筐土，栽一株小树，为语文教育事业添砖加瓦，更应是"君子以文会友，以友辅仁"（曾子语）吧！我慨然应承，爰有此文。

晚上九点多，宴毕，六人在大堂屏风前合影留念。简老师考虑他三姐和周老师交通不便，请他三姐打的顺路先送周老师回家。又送我到地铁口，再送张老师和小黄回宾馆，多体贴，多周到，执弟子礼甚恭。这一辞别送客的细节，岂不正是简老师真诚、谦逊、勤奋、认真的写照吗？

简老师有缺点吗？当然有！我在与他的交往闲谈中，总会涉及国内、市内语文界的名师、耆老，我常会自以为是地臧否人物，指摘有关观点、言论、做派的悖谬。两人间私下谈论，我认为可以亮出自己的观点和看法。可简老师"敦厚周慎，口无择言"，颇有东汉马援"爱之重之"的龙伯高之风，常常是三缄其口，或"顾左右而言他"。我纳闷，简老师不会不知道亚里士多德的"吾爱吾师，吾更爱真理"；我反省，也许这是我的轻妄，而正是简老师沉稳敦厚的传统美德吧！不犯上，为尊者讳，不在人后议论人之短长，"耳可得闻，口不可得言也"（马援语）。

进地铁口前，我回望七宝古镇的夜空，皓月西斜，正辉映着东面"来天华"三个大字，使我联想到七宝古镇之"七宝"：飞来佛、汆来钟、神树、玉斧、玉筷、金鸡、金字莲花经，想到昨日《文汇读书周报》缅怀悼念七宝名士沈渭滨一文，说沈渭滨教授是七宝之宝。我想起斯人已去，可七宝语文界还有七宝中学特级教师毛荣富老师（已退休），还有作为特级教师，年近花甲，仍在教两个班（特别是每轮都带到高三毕业的）的周陶富老师，还有薪火相传、正在不断进步的简振雷老师，他们都是七宝之宝，可以告慰沈教授了。5 月 5 日是个好日子

（马克思诞辰），我祈愿简老师心想事成，我更希望简老师保重好身体，任重道远，把握好“动静等观”，“守静以削冗举要”，“守静而无不为”的关系，走得更稳些、更好些、更远些。

叶是雄

草拟于2015年5月5日

完稿于5月23日，改定于6月1日

叶是雄：上海市中学语文高级教师，已退休；第四届上海市金爱心教师一等奖获得者；曾任上海市金爱心教师理事会副理事长。

语文的自赎与自救 代序

简振雷

人生轨迹似平行四边形之对角线，而命运之安排与个人之追求则为其两边也。

——题记

余自1995年秋入教职，廿有五载矣，先初中而后高中，先苏北而后江南，后负笈香江，加盟鹏城明德实验，期年再返申城，先茫然无知而后浪子回头，渐入佳境。一路走来，甘苦自知。

初，余未尝安心于中文，不甘心于教书，矻矻以求于做一法官：上大学之日即为吾自学法律之时，荒废中文学业，立志于考法硕。惜余英文功底浅薄，捉襟见肘，为聋子、为哑巴、为傻子，故屡战屡败。但余执一念，虽屡败而屡战，参考四次至2003年春再次落第，教书亦难以为继，走投无路，遂挥泪夜走申城。时教书已八载，余三十有三。

登陆申城，栖息于市西实验，余跳槽之心未泯，做过保险，考过公务员，教学上虽兢兢业业、克勤克谨，讨好逢迎，靡计不施，所带班级也荣获市级先进，但余之教学成效江河日下，成绩虽重点班而普通班不如。高二期末分班，终土壅川溃，东窗事发，夫人同校任职，目见耳闻诸弟子议论纷纷，归家如实转述，着实令余惭然。余无地自容，偃卧长愁一夜，念苟无真功恐于上海滩讨饭无门，遂决意：自是日起，心无旁骛，专心向教，苦练内功，时2005年8月25日是也，余教书十载，三十有五。

此后三载，余恶补大学亏空：先文言而后现代，先东方而后西方，所有大学教材重新温习一遍，文、史、哲线索渐清。又结合教学，研读如何应试之书，虽两届弟子高考成绩尚可，然何谓教书，余尚未心领神会，登堂入室。

2006年夏，偶识叶师是雄先生。一日，余从爱心学校归，独行于路，忽闻身后有人呼余，顾见精神矍铄、目光炯然之老者一，若仙人。自云同为爱心教师，留意余多时矣，尝听余授课于门外。叶师告余：余口音正，中气足，能抑扬顿挫，富激情，于教有潜质，若用心，当有成。相约次日登门拜访，果畅谈过午。先生倾一生之经验面授机宜，勉余亡羊补牢，为时未晚。后多次拜访，成一忘年。某日，先生指所藏之书云："吾儿未承吾业，余百年后如不嫌弃将其尽赠于汝。"始知先生待余若子，肝肺若见，余必奋发。先生实为引余踏上语文教学之路第一人也。先生荐余订《文汇·笔会》《语文学习》《中国剪报》诸刊，余每期奉读，课堂气象大变。先生授课，激情昂扬，旁征博引，扎实厚重之风于余影响极大。惜余唱、跳、画之功皆无，而先生却擅于此，令余望尘。后遇黄师玉峰先生，深知为一杂家方可自成一家，余正艰难学书、作画。

2007年春，余偶听于漪先生之报告，先生不持讲稿，茶水一杯，激浊扬清，娓娓道来，真神人也。先生"出口成章，下笔成文"之境界令余心驰神往，誓以余生求之。

是年夏，高考阅卷偶遇嘉定教院杨师青松先生，受其指点，余转读语文教育专业文献、书籍，杨先生之《教学艺术论》，为平生首次读语文教育专业书籍，自此始知语文教育可作为一门艺术去毕生追求。先生告余，朱光潜先生之《谈读诗与情趣的培养》有大旨趣，道破语文教育真谛：语文课之要义在教会弟子何谓表达，表达什么，如何表达，果如此。后余奉此文为语文圣经。

此后金中、王林二位先生推荐李海林先生之《语文教学的自我放逐》，文中罗列语文课堂非语文现象种种，惟妙惟肖，我之谓也，顿惊出冷汗一身，深愧此前教书实属乱教，误人子弟，枉为人师。再听步师根海先生之《胡同文化》，全文了然于心，授课不视书本，娓娓道来，潇洒自如。念及此前余之授课，手捧教材，照本宣科，哼哼唧唧，须臾不释，索然无味。与先生较，大汗颜。余自后闭门背书，先古文而后现代，先课内而后课外，既三载，可背古文百篇，诗词千首矣。2007年年底，余评高级，以苏子《后赤壁赋》做课，效步先生，全文背诵，不持书本，挥洒自如，深得评委诸灵康先生赏识。次年“闵教论坛”赛课，余选《秋声赋》，做法如前，又一举登闵行区中学语文榜首，余遂有自得意。一次，不意被陈军先生发问王维《终南山》诗，余不知，惭然退。余始悟学无止境，“一事不知，儒者之耻”，为人当谦谨。有《秋水》意，遂每日诵读不辍。

是年大学崇雪同窗推荐余读孙师绍振先生之《如是说》，孙先生对文本解读之研究实当代权威也，“还原之法”与“比较之法”之法确应为语文课堂之上应用之法。后余又读孙先生《文本细读》，再坚此念。偶然机会，得先生之演讲光盘者二，余时于教学困惑之时观看揣摩，总有心得。2011 年冬，黄师玉峰先生从教 45 周年庆，孙先生来上海，有幸一睹大师风采，邀先生为余赐字，先生欣然命笔。后读黄师荣华先生《将文本解读到底》，一宏文也，醍醐灌顶，受孙黄二位先生之影响，余渐成自己文本解读之孔见，命曰“五步文本解读法”：一步判定文体，二步确定表现对象，三步概括表现对象之特点，四步揣摩作者对表现对象之态度，五步鉴赏写法。常斗胆示人，虽屡受质疑，然余坚信此法自有些许价值所在。

亦是年，余得王师尚文先生之《语感论》《走进语文教学之门》二书，如获至宝，时值盛夏，余彻夜读此二书，如饮甘露，激动不已，竟深夜忘情诵读精彩语段，惹家人抗议。此后将此二书与张志公先生《语文教学初探》参照阅读，渐对经典诵读有些许感悟，撰二论文分发于《新民晚报》与《中学语文教学参考》。自此，余每节课必与弟子高声诵读文本若干次，待弟子有初步感知，方随文点拨，绝不越俎代庖。

2009 年初余又读王师荣生先生之《语文科课程论》与李海林先生《言语教学论》二书，二书理论性强，注重推理，余自此始知语文教学亦为科学，不可光凭情感随意造次。

2009 年末余入周师陶富先生之骨干教师培养基地，任一班之长，开班式余做课《归去来兮辞》，深受好评。周师谦恭平和，淡泊名利，很少说教，然喜身体力行，多有令弟子玩味之举，有春风化雨之大境界。基地两年，周师率吾辈编《云起》，凡九期而止，为闵行区骨干教师培养之盛事也。

2010 年春余闻美国太平洋大学招收教育硕士，余时年逾四十，遗英文数年，为挑战自我，勉力报名，终差强人意，忝列科名。班内同窗二十余，非英语专业如余者不过六七。全外教授课，全原版教材，何其难哉？初听课如听天书，然余终笃学好问，鼓勇向前。经年，听力口语咸有提升，师友皆谓余进步最大，虽有勉励之意，然余外语确有提升。结业，余订英文版《中国日报》，学英文不辍。常有《北山独游记》之境，念人生意义惟在进取也。

2010 年夏，余报考郊县语文培训者研修班，仅录半数。于漪先生、黄师荣华先生主考，就《病梅馆记》一课堂实录穷追猛打，余以朱光潜先生文旨从容以对，终入选。值余带高三，此前已入区骨干教师教师培训基地，再读硕士，现又入语文培训者研修班，应看之书、应写之文、应开之课、应做之事千头万绪，先长三角论文获奖，后于闵行中学和复旦附中做课，恍如先登扇子崖，再上南天门，遥望玉皇顶，虽艰辛，然余尚能乐在其中，实导师与同窗激励、帮助使然，现不一一列举，忌讨好之嫌也。

是年秋，偶得沪上语文前辈商友敬先生之《我的语文之道》与山东特级教师史建筑之《将进酒》光盘，于我心有戚戚焉。二位先生之大语文观、之学养、之担当意识，触发余对语文教师之现实处境与语文教学之思考：中华民族复兴之梦必自文化复兴始，文化复兴必自语言文学始，语文教师决不可妄自菲薄，当下轻视语文学习之积习非语文教师使然，乃民族复兴所必然经历之阶段也。语文教师当从乱相中自赎，非自赎无以摆脱沉疴，然更当勇敢自救，学生非不爱语文，实语文课不可爱也。苟我辈每一语文教师眼光向内，苦练内功，将语文课真正上出语文之味道，必为国家之幸、民族之幸也。

2011 年冬余入市名师后备人选，此为余人生履历之大事也，说此事之大，非在于以后可以成为名师，而在于此平台为余提供了一个向更高人生境界进发之契机，向更多古今中外圣贤学习之因缘，二位黄师学养、人格自不必说，同学之中可谓群星璀璨，召强与争荣二兄尤突出，皆以读书勤奋、文采斐然、学养厚实、人品方正为师友弟子所推崇，令余望尘莫及。吾虽不能至，但心向往焉。学术导师骆师玉明先生，实当代学术大师，言传身教毋庸赘述。二黄恩师又力荐杜威《我们怎样思维》《经验与教育》，并专门请浙江大学单中惠教授开杜威辅导讲座，玉峰师嘱余整理单教授之录音，余逐字逐句，洗耳恭听，有言必录，杜威先生之思想渐浸余之肌体，余亦幸得杜威思想精华之一二，践而行之，不出月余，辄感师生关系融洽空前，教学效果稳中有升，此实为余入基地学习之大获也。

2012年初冬，沈兄跃萍公（加拿大华侨）嘱余可申请香港教院（现已更名香港教育大学）教育学博士，明年春，余惴惴一试，幸遇教院研究生院院长卢公成皆先生赏识，得以顺利通过面试，进香港教院攻读教育学博士，师从郑吉雄先生、王秉豪先生、高宝玉先生研读经典文本解读，论文现已近完结。期间余于2015年7月辞职加盟深圳明德实验学校，主持该校教育科研、师资培训、项目推进一年余，翌年9月入复旦附中青浦分校。

余出自乡野，出身贫寒，体弱多病，少年丧父，青年荒芜，幸得亲友鼎力相助才得以艰难完成学业，平生未念能混迹于上海、香港、深圳，更不意能在申城安身立命。虽中年发奋，然余蠢笨愚傻，全仗亲友师长弟子厚爱，方有点滴进步，深感上苍待我不薄。余当珍爱生活，日有所进，方不负众望，是为传。

目录

Contents

第一章　中学古诗文人格意识解读研究的基本情况

一、中学古诗文人格意识解读研究的动机和背景

（一）中学古诗文人格意识解读问题的提出

古诗文是中华文化的瑰宝。它可以让学生了解民族文化，体会民族精神，汲取民族智慧，继承民族优良传统，使中华民族悠久的文化得以发扬光大，从而更好地走向世界。《中庸》云："天命之谓性，率性之谓道，修道之谓教"①。教育与生命是共生的。生命成长的过程本质上就是教育的过程②。语文学习天然地与生命的自我认知、自我发现、自我修炼、自我实现密不可分。"语文教学的一个重要特征是具有强烈的人格意识。汉语文学习的一个重要规律就是体验语文中存在的人格意识。学习者在体验过程中一方面逐步习得母语的运用能力，学会用'自己'的语言记录、表述自己的生命体验与存在；一方面不断地唤醒自我的人格意识，不断地增进自我人性意识，最终完成灌注民族精神血脉的大写人的塑造"③。

对于如何落实以上目标，中华人民共和国教育部颁发的《义务教育语文课程标准》④和《普通高中语文课程标准》⑤以及上海市教委颁发的《上海市中小学语文

① 李学勤主编：《十三经注疏（整理本）》，北京，北京大学出版社，2000，1446 页。

② 李建成：《成长，教育的一种定义》，载《人民教育》，2010（z3），44 页。

③ 黄荣华：《生命体验与语文教学》，上海，复旦大学出版社，2008，封四。

④ 中华人民共和国教育部：《义务教育语文课程标准》，北京，北京师范大学出版社，2011。

⑤ 中华人民共和国教育部：《普通高中语文课程标准》，北京，人民教育出版社，2017。

课程标准》[①]在课堂教学（其中包含古诗文教学）方面提出了具体建议，从中学古诗文教学的角度看，以上语文课程标准向我们传递了以下几点信息。

（1）中学古诗文教学的价值取向非常重要，古诗文教学的核心价值在于立德树人，在于提升学生的生命体验和生命境界；

（2）除了传统的接受性学习之外，体验式学习和研究性学习也是中学古诗文教学的重要方式；

（3）教师可以依据自己对中学古诗文教育的理解建构新的课堂教学模式；

（4）古诗文教学过程中要善于引导学生利用已知探求未知，避免强行灌输的填鸭式教学；

（5）教学过程中，教师一定要摒弃喋喋不休的烦琐的分析，引导学生通过朗读和思考来感受古诗文的思想和情感；

（6）教学过程中，教师要想方设法在加大思维容量的同时，努力提升学生的思维流量；

（7）教师要努力引导学生热爱生活、关心生活，发现和思考生活中有意义的人、事、物，提高感受生活的能力和思想认识水平等等，总而言之就是教育学生做一个内心世界丰富，对生活中的真善美有相当感知力的时代新人。

在古诗文人格意识解读的教学环节上已经有相当多学者和一线教师做了有益的实践探索和总结。

于漪老师在古诗文教学中特别注重语言与思维的训练，她认为语言和思维是不可分割的统一体，古诗文教学在培养学生语文能力的同时，还要训练学生创造性的思维[②]。

钱梦龙老师认为古诗文对于中学生来讲是母语，要按照母语学习的规律来教，凡老师可以放手的地方，尽量放手让学生自己阅读，自行理解，老师只在关键处做些指导、点拨，着眼于培养学生的独立阅读能力。在教学过程中注重诵读，注重整体把握，一般不逐字逐句翻译，而是讲究留白，关键之处点拨[③]。

---

① 上海市教育委员会:《上海市中小学语文课程标准（试行稿）》，上海，上海教育出版社，2004。

② 孙斯源:《基于于漪的语言和思维训练核心说的文言文教学探索》，载《科教导刊（电子版）》，2014（20），68页。

③ 钱梦龙:《文言文教学改革刍议》，载《中学语文教学》，1997（4），25-27页。

钱理群先生说："我们分析一篇作品的起点不应该是某些既定的观念，还是老老实实地从文本开始吧——一字一句地阅读、体验、琢磨、品味。这本身就是一种绝妙的审美享受。它正是一切分析与研究的起点与基础。"①

孙绍振教授主张"虽然文本是封闭的，但文本解读却是开放的，可以知人论世，可以考查作者写作的时代"②。他提出的还原法、比较法、分析矛盾的解读方法，使他成为当代中学语文教学文本解读的旗手③。他还认为："要进入作品的深层加以分析，就要从天衣无缝的作品中找出差异，揭示出矛盾，提出问题。找出关键词语，有了矛盾，学生与文本的对话就有可能深入。"④由此可见，孙绍振先生主张教师要善于在还原中重新审视文本，在细微之处发现文本，在文本的矛盾之处突破文本。

余映潮先生在其《中学语文教学主张》一书中针对如何做好文本的解读做了自己的阐述：（1）整体反复，多角品析；（2）文意把握，选点突破；（3）朗读为线，分层品析；（4）课中设比，精细研读；（5）一文为主，多文联读；（6）巧妙穿插，增加厚度；（7）课文作文，以写带读等⑤。余先生主张：读是起点，首先要熟悉文本本身，读出文本的层次，读出文本背后的生命观照，读出文本的手法鉴赏，并以此为基点延伸到群文阅读。

曹明海先生认为，解读文本"是一种寻求理解与自我理解的活动，它不只是对客体把握的技术性方法论的问题，也是主体存在的基本方式。"⑥怎样落实读者的主体性呢？曹先生以为就是要让解读者能够在解读的过程中充分发挥他们的积极性、主动性和创造性，没有思维流量的文本解读无疑是无效的文本解读，情感的体验、感悟、升华自然也就无从谈起。

蒋成瑀先生认为："读，是文本理解的起点，侧重于文字、结构以及作者写作

① 钱理群、孙绍振、王富仁：《解读语文》，福州，福建人民出版社，2010，220页。

② 孙绍振：《经典阅读：审美价值和人文价值的结晶》，载《山东教育》，2009（8），20-22页。

③ 廖丽娴：《"新批评"理论在中国新时期的运用：以诗歌批评实践为中心》，硕士学位论文，重庆师范大学，2004。

④ 应勇：《小说文本细读的策略：以〈范进中举〉为例》，载《现代语文（学术综合版）》，2016（10），109-111页。

⑤ 余映潮：《余映潮的中学语文教学主张》，北京：中国轻工业出版社，2012（10），38页。

⑥ 曹明海：《文学解读学导论》，北京，人民文学出版社，1997，19页。

背景等的研究，尽量读出文本原意；解，是以文本释义为起点，侧重于文本意义的辨析、评判以及潜在意义的发掘，要求读者有创造性地发挥。”[①] 如果人云亦云，道听途说，老生常谈，就不可能是真正的解读。

郑逸农认为：“从文学科特点来定位，文本解读的对象首先是语言，尤其是语言表达的形式。文本解读的深度，应该看对语言解读的深度，尤其是对语言表达形式解读的深度。”[②] 不难看出，语言的结构、语言的特色、语言的表现形式才是文本解读的重中之重。教师只能让学生自己读书，自己感受事物，让词语生活在特定的语言环境里，使学生在具体的语言背景下体味文字背后所蕴含的感情，方悟得文章深层面的丰富内涵，首先必须遵循学生认知特点，其次必须按照“先学生后教师”的顺序进行，学生的解读在前，教师的解读在后，学生的解读是自主独立的，教师的解读是对学生解读的补充和完善。

黄厚江老师认为：古诗词教学要以一定的阅读量为基础，就是在整体阅读中感悟。因此，先阅读后梳理，先分散后集中，才是符合文言文学习规律的积累方法。即使要进行实词、虚词的整理和小结，也必须以一定的文本阅读量为基础，才会有良好的效果[③]。黄老师的观点对中学古诗文的生命解读具有重要的指导意义：生命体验要以大量的阅读为基础，见得多了，自然对问题的理解就通透了。

黄荣华先生则认为：教育对生命具有约束与解放的双重唤醒意义，在对生命进行文化约束的同时，也唤醒、解放其生命力[④]。黄老师长期以来关注语言文字背后的“人格意识”与“文化意义”，提倡语文学习“促进学生文化生命的成长”，提出“必须将文本解读进行到底”，文本解读要以全部的人类优秀文化为基石，要读出文本的层次和意蕴，要从故事层出发，读出情感层和审美层。

李商隐有诗云“倾国宜通体，谁来独赏眉”[⑤]，不难看出，这些名师的做法都将人格意识贯穿在整个文本解读的始终。他们大都能够遵循和依托语文学科的本质特征，从诵读入手整体把握一篇文本，能够创设教学情境，将学生带入到文字

---

① 蒋成瑀：《解读学引论》，上海，上海文艺出版社，1998，10-11 页。

② 郑逸农：《给文本解读一个恰切的定位》，载《语文教学通讯》，2011（2A），7-9 页。

③ 黄厚江：《文言文该怎样教？》，载《语文学习》，2006（1），14-16 页。

④ 黄荣华：《作文：在表达生命意念时促进自我成长》，载《新读写》，2010（10），36-38 页。

⑤ 黄世中：《李商隐诗选》，北京，中华书局，2005，147 页。

所构建的意境中去。于漪老师的思维训练可谓先声夺人，将思维训练置于核心位置；钱梦龙老师充分发挥学生的主体性，其实生命解读本质上是一种适切的思维训练，即从怎样做人和怎样去做人的角度来解读文本；孙绍振教授的“还原法、比较法、分析矛盾的解读方法”为生命解读策略提供了强有力的支架；从余映潮老师的文本解读的具体策略中我们不难看出，文本解读一个生命对另一个生命的发现；而黄荣华老师则高举语文生命教育的大旗，提出将生命解读作为文本解读的出发点和归宿。然而笔者在教学实践中切实地感受到，由于应试教育大环境的限制，教师自身文学素养较低和语文教学观念落后等方面的原因，中学古诗文的教学存在着诸多不尽如人意的地方，尤其是在培育青少年健康人格方面没有起到应有的作用。具体体现在以下几个方面。

1. 古诗文教学中串讲式教学大行其道[①]

在讲解一篇文本之前要先将文本翻译一遍几乎成为通行的做法。及树楠老师指出：“单纯串讲和翻译，强调字字落实，对号入座，从而淡化了通篇阅读和对整体文意的把握”[②]。很多老师习惯于“照注宣读”，将一篇优美的文言文翻译成蹩脚的白话文，并且刻板地将一篇（首）古诗文“碎尸万段”，基本上没有美感可言。在老师们看来，如果不串讲加分析，字字落实，句句落实，就觉得不踏实，这种心理在中学语文教师当中还相当普遍。学生也是如此，他们觉得文本没有字字落实，句句落实，好像就永远没有学完文本。

2. 古诗文教学过程中文本解读内容缺位

重主旨轻形式的现象相当普遍。注重古诗文文本思想内涵的挖掘，意义的阐发和拓展，甚至不惜花时间让学生去表演一番。很多课堂上老师在讲解课文时，文本的主旨“是什么”往往大讲特讲，而对于文本的艺术表现形式却一带而过，师生在反复钻研的基础上对于文本的独特发现却少之又少。正如孙绍振所言：“该讲的，不讲；不该讲的，明明白白地摆在那里，没有难度的，大讲特讲，有时无谓地制造难度，把本来很简单的问题复杂化，白白浪费了自己和学生的生命。”[③]

---

① 祝玉怀：《改革文言教学现状，提高学生语文素养：新课改背景下的高中文言文教学》，载《课外阅读（中旬）》，2013（5），402页。

② 及树楠：《我们对文言文教学的改革与实验》，载《天津教育》，1996（5），3-39页。

③ 孙绍振：《人文性和幽默感从何而来：〈从百草园到三味书屋〉解读》，载《语文学习》，2004（12），39页。

蒋济永在《文本解读与意义生成》一书指出“文本不仅仅由文字符号简单罗列而成，而是由有一定的组织结构和意义的文字符号构成。”[①]文本既然是一个有一定的组织结构和意义的文字符号，我们能否把这样的组织结构在阅读的过程中通过师生合力将它们一一揭示出来呢？

3. 古诗文文本解读的基本观点常来自教参、教辅或网络的成说[②]

有人曾做过一份调查，要求参加培训的100位语文骨干教师同时设计一篇课文的教学方案，结果40%来自教参，40%来自网络，只有不到20%的教师自己设计的[③]。教参崇拜和网络崇拜看似高效，实则低效，甚至无效。因为师生没有认真研读课文，没有生命感悟，就只能鹦鹉学舌，人云亦云，老生常谈而已。文本是一个有待读者去诵读、去整体感知、去体验、去加工的语言系统，如果直接将结论告诉学生，不能让学生将生命体验灌注其中，何来真正的解读呢？

4. 古诗文教学中文本解读的层次性和实证性缺失[④]

文本解读始终在一个比较浅的层面滑行，不得其门而入，以至于根本无法登堂入室。文本前后的关联、文本中议论、抒情和叙述、描写之间的互为表里的关系得不到揭示，使得文本解读的过程有天马行空之嫌，少有含英咀华式的诵读、体验、浸润、感悟。一个语文教师的古诗文文本解读能力的高低，很大程度上取决于他对文本的层次性的挖掘和文本内部前后关联实证性的解释，文本解读不能在一个层面上滑行，而是应该从语音层面进入文字层面，从文字层面进入篇章层面，再由此进入文学层面、文化层面等等，这样的文本解读才会在文字浸润中体会文学和文化的魅力。除此之外，文本之间的相互关联主要体现在抽象、概括的语句与形象、生动、具体的语句之间互为表里的关系，这是古诗文作为文学作品最为本质的特征。正如崔国明老师所说：“文本解读需要源于文本、尊重文本、回归文本，但又不能完全就事论事地拘泥于文本，还要有适当的延伸和超越。一方面要读出文本的本意，另一方面也要读出文本的深意，有时还要读出文本的

---

① 蒋济永：《文本解读与意义生成》，武汉，华中科技大学出版社，2007，10页。

② 李燕娥：《拿什么来拯救你，我的语文课堂？——我的语文成长之路》，载《读写算》，2011（38），177页。

③ 魏本亚、步进：《语文课堂教学反思》，上海，华东师范大学出版社，2015，265页。

④ 陈鸳红：《〈登高〉之后要“登高”：以〈登高〉为例浅谈中学古诗文教学》，载《中小学教材教学》，2016（2），50-52页。

新意。”[①]

5. 古诗文教学中大量使用非语文手段

古诗文教学过程中大量的非语文手段被使用，教师对阅读文本、钻研文本、依托文本知人论世的重要性认识不足[②]。非语文手段一般是指语言文字以外的被运用到语文教育教学过程之中的教学媒介，如表演、实物道具、影视、音乐、绘画、雕塑等，特别表现在大量的 PPT 上，上课时让学生跟着 PPT 转，而不是诵读文本，通过语言文字来深入研究和领会文本的丰富内涵。从某种角度来说，学生不是通过对文本中的语言文字的浸润、理解、感悟来学习语文知识与提高语文能力，而是被分组、被表演、被分析、被总结，语文课被非语文手段挤压、侵占甚至绑架。现实教学中，非语文手段的滥用，从某种角度上来说，阻止了学生接触语言、习得语言、运用语言的机会，阻碍了他们想象能力、思维能力的培养[③]。警惕非语文手段的滥用，有利于培养学生纯正的语文核心素养，以及对语言的直觉、敏锐度和运用能力。

6. 古诗文教学中盲目进行课外拓展和延伸[④]

学生对文本还相当不熟的情况下，就从文本游离开来，盲目拓展，这样做的直接后果是顾此失彼，蜻蜓点水，浅尝辄止，结果两头落空。笔者做过一份调查，参与测试的 43 位教师，有 10 位在讲授《春夜宴诸从弟桃李园序》时都不约而同地准备不同程度地拓展《赤壁赋》《兰亭集序》《短歌行》等，参看他们的教学设计，我们不难看出，在文本解读的过程中，他们基本没有讲清楚本文的主旨[⑤]。由此可见部分老师不但习惯于照本宣科，而且还喜欢攀瓜扯藤，远离了文本，还乐此不疲。殊不知，基础不牢难免地动山摇。学生上这种课，收获甚少。

7. 古诗文教学中单元整合和专题阅读少

在古诗文文本解读的过程中，单篇文章解读得多，将一个单元整合起来的

---

① 崔国明:《文本解读的三重境界》，载《文学教育》，2014 (4)，4-8 页。

② 赵萍:《语文教学中运用多媒体教学手段的反思》，载《现代教育教学探索》，2010 (9)，133-134 页。

③ 王化胜、殷宝东:《现代教育技术环境下语文课堂角色定位的思考》，载《中学课程辅导：教学研究》，2013 (21)，108 页。

④ 张春雅:《让文本拓展走向“锦上添花”》，载《文教资料》，2011 (8)，46-47 页。

⑤ 笔者于 2018 年 9 月 15 日在某省会城市骨干教师培训班所做的调查。

少，整本书阅读和专题阅读就更是少之又少[①]。这样就难以真正让学生融会贯通，难以真正落实语文学科育人的终极目的。笔者做过一份调查，43位参与测试的教师，有超过55%的教师只是有时去做单元贯通，而整本书阅读和专项阅读经常做的不到20%[②]。

当下的中学语文教学，古诗文的单篇文本解读仍然大行其道，师生在单篇文本上用力颇多，又是诵读，又是翻译，又是串讲，又是背诵，由于忽略写作手法的鉴赏，使得学完的一篇篇文本，就像一颗颗散落在仓库里的珍珠，尽管每一颗都是闪闪发光的，但它们却形不成合力。一个单元的单篇文本的内在联系、文本之间的侧重点和聚合点很少有学生真正明白，至于整本书阅读（诸如《论语》《世说新语》《孟子》等）和就某一人物的文化内容进行专题阅读（诸如孟子的"性善论"、欧阳修的散文特色、苏轼的人格魅力等）就更是凤毛麟角了。这样做的直接后果就是中学古诗文教学沦为一厢情愿的、枯燥的宣教，这与古诗文本应承担的育人功能相去甚远，人文精神的浸润和熏陶更无从谈起。

（二）中学古诗文人格意识解读问题的形成原因

导致中学古诗文文本解读远离人文解读的乱象的原因有很多，大体有以下三点。

1.部分中学语文教师对"语文学科的本质特征"[③]认识模糊

当下课堂很多师生不明白语文是做什么的。语文教学的本质是引导学生学习表达，而不完全是思想教育。语文教学务必要抓住提升学生语言的表现力这个核心，以学生生命情态为本，从学生的实际出发，剥离出哪些是学生的已会点，哪些是学生的疑惑点，然后对症下药，不会的引导学生去搞会，并且要带领学生操练，把知识化为学生的技能，并进而陶冶生命的内涵。这就是语文教学的基本内涵。让学生明白：作品的形式就是作品内容的载体，好的作品大都有独特的语言

---

① 唐建新：《一种期待已久的高中语文专题教学：吴泓老师专题研究性学习的模式研究及价值探讨》，载《教育研究与评论》，2010（6），86-90页。

② 笔者于2018年9月15日在某省会城市骨干教师培训班所做的调查。

③ 黄厚江：《问题不在表达，关键在于理解：再谈语文学科的性质问题》，载《中学语文教学参考（上旬）》，2013（11），46-48页。

表达形式，这些独特的表达方式体现着作者独特的感情色彩，透露出它所特有的言外之意。同一对象如果采用别的表达方式，那言外之意也就消失了。

因为有些语文教师没有真正弄清楚语文学科在教什么，所以大量非语文的教学行为就侵袭了正常的课堂教学。浙江师范大学王尚文先生在《语感论》中明确指出："其它学科重在教材'说什么'，语文学科则重在教材'怎么说'，以使学生从中学习如何具体理解和运用语言文字的本领，培养读写听说等语言能力；对于其它学科教材的言语，懂得它们'说什么'就可以了，如果要去揣摩'怎么说'，也仅仅是为了更好地理解它'说什么'；而对于语文学科来说，明白它'说什么'固然重要，但弄明白它'说什么'却是为了理解它'怎么说'，这是语文教与学的核心。"①"怎么说"是古诗文教学的核心，即"怎样表达"。这其中涉及三个问题：一是"表达了什么"；二是"怎样表达的"；三是"表达的效果怎样，为何要这样表达而不那样表达"②。然而我们日常的古诗文教学却常常背离这些教学的基准点，师生时常在文本外滑行，较少走进文本的字里行间，去感受古诗文的思想和情感到底是通过怎样的逻辑生成的。所以很多同学就难以明白为什么要学习古诗文，最终导致教学效果与语文教学的终极目标关怀（通过文字涵养和历练人格，即怎样做人，做怎样的人）渐行渐远。

2.与中高考的指挥棒偏差有相当大的关系

日常教学中教师把上课讲解的文章限定在一些必考篇目上，凡是所谓"重点篇目"则反复分析、肢解，背默，设计出各种练习。然后，教师将重点词语选出来，根据不同义项，列出不同例句，少则五六句，多则十余句，叫学生死记硬背。其实每个词的词义都应是在具体的语句中习得的，对语义的理解绝不可脱离上下文。脱离了具体语境，孤立地死记加点词解释，既枯燥乏味，又没有效率，这样的指挥棒，怎么能够引导和指挥学生学习富有灵气的、彰显作者才华的古诗文呢？

为配合考试，当下古诗文教学首要的是背诵，每个学期要求学生背诵二三十首古诗词和五六篇古文（包括全文和片段）；其次是理解大意，一般是老师将网

① 王尚文：《语感论》，上海，上海教育出版社，2000，152页。

② 张海云：《优化精读指导，提高阅读教学的实效性》，载《学周刊》，2014（16），191页。

络上的或参考书上的关于此篇（首）古诗文的译文印发给学生；再次是默写，不论是平时考试还是中考、高考，默写一般是五六句，大都是名句；至于诗词鉴赏，初中考试的诗词鉴赏一般以基础知识和基本技能考查为主，高中则主要依托知人论世来理解诗意，相对较难。中、高考试卷明示，作文不得写成诗歌。由此观之，这样的古诗文教学考查和评价方式没有将学生对古诗文个性化的解读释放出来，没有将古诗文的阅读与其他文体教学结合起来。

3. 部分语文老师的学科素养有待提升

当下，部分语文老师文本解读能力较弱，教育理想不坚定[①]。

在应试教育的威逼利诱下，变“教语文”为教“考语文”，底线失守，语文课索然无味，毫无生气。一部分语文教师本身文言文功底不深，诸多中华文化的典籍都没有认真阅读过，大都只是了解一些概念性的皮毛，而少有自己真正的理解和体悟。这部分教师对中华传统文化知之甚少，文本解读过程中所需要的文史哲知识及生活经验缺乏，不能在文本解读中做到融会贯通，也无法独立处理文本，所以在古诗文文本解读的过程中没有底气。没有了教学参考书、教辅资料、网络上的成说，很多老师就不知所措，不知所云[②]。部分语文老师屈从于应试教育，做应试教育的奴仆，无法坚持自己独立的人格，在教材处理上缩手缩脚，不能理直气壮地坚持自己的语文教育理想[③]。更有一些懒惰的教师，不读书、不教研，不合作，讲课时只能东拼西凑，道听途说，人云亦云，老生常谈。

需要说明的是，上文提到的“随意”，是针对语文学科本质特征的内在要求来说，不遵循语文教育教学规律就是带有主观臆断的随意性，兴之所至，将很多非语文的古诗文文本解读方法，视为语文课堂上必要的教学环节（比如年表式的作者简介，冗长的背景介绍，分组讨论，观看影视作品，使用道具等），岂不大谬？

上文所指的“僵化”，是指在具体的古诗文解读过程中，部分教师对于文本的解读的程式僵化。一般为作者简介、背景介绍、翻译文本、段落划分、中心思

① 陈相元：《做一个教研结合型教师》，载《语文教学与研究：读写天地》，2017（9），128-130页。

② 周文巧：《警惕语文文本解读五大新病症》，载《金色年华：教学参考》，2012（10），169页。

③ 赵敏慧、吴举宏：《让生命科学教育充满灵动之感》，载《生物学教学》，2012（3），10页。

想、写作特点，这样的文本解读程式套路性强，主要从教师易于操作文本角度来实施，而不是从学生作为一个鲜活的生命对于文本的感知顺序的角度来实施，这种僵化是万万要不得的。

“随意”和“僵化”都是古诗文文本解读过程中存在的问题的具体体现，只是在解读的不同阶段或不同的文本形式上有所差异而已。

以上乱象导致的直接后果，就是学生的人格养成、语言感悟和运用能力的提高无法有效实现[①]。语文课堂上弥漫着一股浮躁之气，“语文好教”“语文好学”“语文无用”“语文无效”等论调使得语文课变得鸡肋[②]。中学阶段正是学生人生观、世界观、价值观形成的关键时期，这个阶段诵读、理解、浸润的古诗文将为他们的人格奠定基础。令人失望的是当下语文课耗时不少，但效果不显著，绝大多数学生没有学会表达，不知怎样表达才能适切，不知怎样表达才是形象的、生动的、有条理的。

二、中学古诗文人格意识解读研究的目标

本书的研究，力图在弄清楚当下中学古诗文文本解读的问题有哪些，提出应对的策略，并确立这些策略必须奠基于学生的生命体验，从而提炼中学古诗文生命解读策略的关键要素。

（一）文本解读策略层面

大道至简，悟在天成。本书所期待的古诗文的生命文本解读的策略要有利于学生对生命本质的认识并能真正提升学生的阅读与写作能力；此生命文本解读的策略应该以诵读为切入点，诵读为简单之事，由简到繁，整体感知，在整体感知的基础上理解和把握文本中未知的本分，即悟在天成。

① 赵小勤：《师生与时俱进培养语文素养：新课标下高中语文高效教学的几点思考》，载《小作家选刊（教学交流）》，2013（8），153页。

② 宋峰：《语文教学如何让“鸡肋”变成“鸡腿”》，载《文学教育（中旬）》，2014（9），103-104页。

（二）教学设计层面

中学古诗文的生命解读教学设计是师生对古诗文文本解读过程的个性化的实施的过程。教学设计必须以学生为本，从培养学生的语文核心素养出发，要能够给学生充分的陌生感，让学生体验超越自我的愉悦。透过教学设计体现语文学科的本质特征，体现以人为本，体现思维的训练，体现文化的承传，体现健康人格的养成，体现人的人格意识的觉醒。

（三）教师专业成长层面

本书对语文教师古诗文生命解读能力提升的根本路径进行探索，力争为普通语文教师的专业成长提供一些有价值的建议和意见。在古诗文的文本解读的过程中，教师的文本解读能力、教师对语文学科的学科特点的把握、教师对学情的理解、教师的专业素养、教师对自身职业的认同都会有很大的提升。

（四）学生的人格成长层面

教育的出发点和归宿永远是受教育者的能力的提升和人格的成长。在解读古诗文的过程中，通过对文本的整合、提炼、加工，从单篇文本解读到单元贯通，到整本书阅读，再到专题性的阅读，力求让学生的视野逐步拓宽，能力逐步得到提升，生命的境界不断得到超越，在这样螺旋上升的过程中，学生的人格意识得以养成。

三、中学古诗文人格意识解读研究的内容

本书以中学古诗文人格意识解读为中心，上引对语文教学本质特征的认识，即学生为什么要学习语文，下联语文学习的终极目标，主要包括学习、观摩和独立自主地解读文本，在解读单篇古诗文文本、整本书阅读和专题阅读的过程中浸润人文思想，从而最终实现人格的成长。文本解读是阅读和写作的前提和基础，认真反思当下的文本解读存在的错误倾向和亟待解决的问题，提出自己基于实践

基础上的中学古诗文生命解读的策略，并在具体的教学设计中加以落实。

（一）中学古诗文教学需要什么样的文本解读

从生命成长的角度来看，当今中学古诗文的文本解读存在诸多乱象，应该以实现引导学生进行生命体验和提升生命境界为目标。要正确把握中学古诗文生命解读的基本策略，即从语文学科的学科本质特征出发，由“言”入手，渐入“文”的佳境。既不能将古诗文上成翻译课、古汉语课，也不能上成纯粹的文学课。教师要依据古诗文体式的不同，教授对象的不同，在文言、文章、文学、文化中取舍，要读出“这一个（即文本的特殊性）”，并与自己的生命体验建立勾连，真正实现学生生命境界的提升。中学古诗文生命解读不是独辟蹊径，另起炉灶，而是在现有的解读策略的基础上改造、完善、提升，从而加以理论化与系统化，实际上应该是一种重建、一种改良。符合教育教学规律的行之有效的好的解读策略，违背教育教学规律、背离学生生命体验的、导致古诗文教学效率低下的解读策略要改正。比如，可以将字字落实、句句落实的文本翻译置于文本总体把握之后，这样就会促进学生的生命体验，因为学生在翻译文本的过程中，不再是雾里看花，云中望月，而是有了整体把握，就知道具体翻译某个字词时他的方向在哪里。要以单篇文本为起点，逐步过渡到单元课文间的融会贯通，再到整本书阅读和专题阅读，这样从点到面，从基础到综合地螺旋式上升。

（二）如何把握中学古诗文人格意识教学的一般规律

切入文本可以从句读开始，先整体把握，从文体入手，弄清楚文章的主旨。不能一开始就字字落实，句句落实，而是要让学生在读懂文本的基础上大胆猜测不懂得的字词句的意思，要注重诵读，注重学生对文本本身的熟悉和理解程度，注重文本的生命观照与具体文本中叙事、状物、写景的关系，要适当咬文嚼字，要让文本的生命主张在具体文本中有据可查，然后确定适切的教学目标。目标可以小一些，但设计要实在一些，要体现文学作品的独特性；要科学地选择教学内容，学会依据文章体式选择教学内容，依据具体的学情选择教学内容，依据教师的特长选择教学内容，还要优化教学流程，明主线、减头绪、注重学生活动，让学生在课堂上感受到生命的成长，力争取得真正的成效。

第二章　中学古诗文人格意识解读研究的文献综述

一、中学古诗文人格意识解读的国内外研究现状及研究存在的问题

（一）中学古诗文人格意识解读研究的现状

五千年的中华文明，古诗文的解读源远流长，早在春秋战国时期，就有解释经书的“传”。我国古代文论既有“诗无达诂”[①]、“仁者见仁，智者见智”[②]、“书不尽言，言不尽意”[③]、“言有尽而意无穷”[④]、“意在言外”[⑤]、“得意忘言”[⑥]等解读主张。这些文本解读的主张注意到了文本有空白、文本有不确定性、文本解读应该重视读者的个体感受，但在文本解读的过程中如何才能达到这些境界，却不容易说得清楚，比如注重诵读，“书读百遍，其义自见”。主张多读多写，“操千曲而后晓声，观千剑而后识器”，具体如何做，却语焉不详。

孟子提出“深造自得”（《孟子·离娄下》）。他认为，培养学生成才，须达到“自得于己”的境界；而沉下心，不断努力，是臻于此境的必由之路。在具体方法上，孟子提出“知人论世”和“以意逆志”[⑦]。他认为，读书如做人，文本解读

① 董仲舒：《春秋繁露（精华篇）》，凌曙，注，北京，中华书局，1975，106页。

② 郭彧，译注：《易经》，北京，中华书局，2010，290页。

③ 郭彧，译注：《易经》，北京，中华书局，2010，301页。

④ 郭绍虞：《沧浪诗话校释》，北京，人民文学出版社，1983，15页。

⑤ 王作华：《南宋·胡仔纂集〈苕溪渔隐丛话〉》，载《兰州文理学院学报（社会科学版）》，2017（4），2页。

⑥ 陈鼓应，注译：《庄子今注今译》，北京，商务印书馆，834页。

⑦ 朱熹：《孟子集注》，济南，齐鲁书社，1992。

一定要研读文本，沉浸其中，联系作者的简介和创作的时代背景，设身处地，潜心体验，才会有所得，才能解读出文本作者的思想情志。“知人论世”“以意逆志”渐渐成为后世文本解读的基本策略。但是由于人们对知人论世的理解较片面，认为只有了解了写作背景才能正确解读文本，过于机械、僵硬。在阅读实践过程中，有时囿于阅读者的知识积累和生命经历，无法做到知人论世的，只能依据文本推测或想象。

到了北宋，苏轼主张“八面受敌法”，“书富如入海，百货皆有之，人之精力不能兼收尽取，但得其所欲求者耳，故愿学者每次作一意求之，如欲求古今兴亡治乱圣贤作用,但作此意求之。”[①]“八面受敌法”给后世最大的启迪就是文本解读不能面面俱到，只可一意求之，否则就会分散精力，浅尝辄止。八面受敌法对于单篇文本的阅读有重要启示，就是阅读不能面面俱到，可以只顾一点，不及其余。推而广之，在群文阅读和专题阅读中也应该如此，否则就会淹没在信息的汪洋大海之中。

南宋朱熹提出“唤醒体验——因其语而得其心”解读法，岳麓书院朱汉民教授指出:“与‘语言—文献’的解读方法相比较，他的‘实践—体验’的诠释方法具有强调解读者的实践主体性、表达解读者精神活动的完整性、体现主客统一的现实性等一系列特征，故而能够更有效地化解经典文本的历史性与解读主体的时代性、经典文本的理念性与生活实践的现实性之间的矛盾。”[②]很显然，朱熹的在诵读基础上的体验感悟法更符合中学古诗文阅读的一般规律，即在诵读的基础上体验感悟。但是光强调诵读还远远不够，诵读的过程中人的思维呈发散状态，有时杂乱无序，如何读出门道，朱熹的具体化学说体系散见其各种著述中，不容易梳理归纳。

文本是一个封闭的系统，它有内在的逻辑结构，文本解读在很大程度上是应该遵循层次的。《周易·系辞上》中提到“书不尽言,言不尽意”[③]和“圣人立象以尽意”[③]的观点，表明文本结构开始涉及言、象、意的问题，由表及里地概括作品的结构层次，用最表层的语言塑造文学形象，用形象来传达作者的思想情感。

---

① 李鹏:《苏轼的“八面受敌”读书法》，载《档案天地》，2002(1)。

② 朱汉民:《实践—体验：朱熹的四书诠释方法》，载《中国哲学史》2004(4)，91-94页。

③ 郭彧，译注:《易经》，北京，中华书局，301页。

我国清代桐城派文学家姚鼐，将文本之格律、声色归为文之粗，把文本之神理、气味归为文之精，同时将文本解读步骤细致化为“遇粗”“遇精”“御精遗粗”三步[①]。体验文本的生命意蕴内在地要求读者能够读出文章的层次，但怎样由表及里地读出文章的层次，却没有具体的方法。

清代大学者戴震在《古经解钩沉（序）》中说：“经之至者，道也；所以明道者，其词也；所以成词者，未有能外小学文字者也；由文字以通乎语言，由语言以通乎古圣贤之心志，譬之适堂坛之必循其阶，而不可以躐等。”[②]在戴震看来，古诗文解读的根基在于语言文字，即“小学”，“小学”通，则理解文本就会如虎添翼，“小学”不通，理解文本就很难登堂入室。戴震主张咬文嚼字，确实抓住了解读文本的要害。但后世对此亦有误解，认为只有字字落实、句句落实，才能读懂文本，学习古诗文一定要每一个字都要翻译得出，这也是矫枉过正了。其实在文本解读的过程中，查字典、词典弄清重要字词的意思很有必要，但未必执着做到字字落实，因为一旦理解了文本的主旨和手法，有时也可以反过来去推测自己不认识的字词的意思。而此种推测词义文义的本领，从某种角度上来说更是能力的体现。

王国维先生提出文本解读的“秘妙”论[③]、鲁迅先生提出“秘诀”观[④]、李泽厚先生提出“智慧审美论”[⑤]，均从审美的高度为文本解读提供了新的思路。但是他们都不曾在中学讲台上授课，在操作的层面上来讲，提出的观点比较笼统，对于如何在具体的教育教学过程中落到实处，没有具体的措施。

近七十年来，一批有识之士对文本解读问题做出了自己的努力，指出了语文教学中文本解读存在的主要问题及其危害，探索了文本解读的理论依据，提出一系列改变文本解读现状的对策。蒋济永、孙绍振、史绍典、曹明海、钱理群、钱梦龙、蔡澄清、洪镇涛、洪宗礼、魏书生等一批特级语文教师早在20世纪中期

---

① 姚鼐：《姚鼐原序》，见《古文辞类纂评注》，2版，合肥，安徽教育出版社，2004，15页。

② 戴震：《戴东原集》，北京，商务印书馆，1980，191页。

③ 朱红：《沉浸浓郁含英咀华：基于读本秘妙的导读策略例谈》，载《教学月刊（小学版）》，2012（9），22-25页。

④ 王友贵：《乔伊斯与鲁迅短篇小说比较》，载《四川师范大学学报（社会科学版）》，1991（3），72-78页。

⑤ 宋丽萍：《关于“中国的智慧是审美型的”思考》，载《渭南师范学院学报》，2005（s2），137-138页。

就开始了对如何提高学生语文能力的探索，认识到学生的能力是练出来的，而不是听老师上课听出来的。在解读文本时必须以学生活动为主，使他们从中得到解读技能等语文能力的训练。他们各自在自己的语文教学实践中探索出一套独特的文本解读教学方法，这是一个语文教育理论上的重大飞跃。教学相长，要想一堂课效果好，就必须让学生动起来，让他们真正参与到教学中来。

钱梦龙的导读法①，蔡澄清的点拨法②，洪镇涛的八字教学法③，洪宗礼的引读十法④，魏书生的课堂教学六步法⑤等等，虽然各种方法形式不一，侧重点也各不相同，但都共同体现了一种导学思想，形成了一种导练方法论。他们认为在文本解读教学中，学生是语文实践活动的主体，学就是练，练即是学，在一定程度上对于改变中学古诗文文本解读的耗时、低效、面面俱到具有重要意义。但是此种训练也有问题，训练的材料有时是零散的、不成系统的，训练的效果是有限的，训练得过多了，学生往往会很快进入厌烦期，抵制语文学习。

著名学者蒋济永在《文本解读与意义生成》中指出“文本不仅仅由文字符号简单罗列而成，而是由有一定的组织结构和意义的文字符号构成”⑥。蒋先生的这一阐释意义非凡。首先，他一下子指出了文本解读的对象的本质特征，文本是一个符号系统，解读的过程实际上就是有条理地将文本的层次揭示出来的过程。其次，文本既然是一个有一定的组织结构和意义的文字符号，我们能否把这样的组织结构和意义揭示出来呢？这样就为文本解读的行为找到了一个目标，即文本解读的意义和价值在于阅读者人格意识的唤醒、激发和提升。他认为捕捉具体独特

① “导读法”的基础理念为“三主”（学生为主体，教师为主导，训练为主线）；“三主”在操作层面体现为“三式”（自读式、教读式、复读式）。在“三主”思想指导下，学生经过从“入格”到“破格”的阅读训练，从而达到“自能读书”的终极目标。

② “点拨法”中所谓的“点”，就是点要害，抓重点；所谓的“拨”，就是拨疑难，排障碍。在教学过程中，教师针对教材特点和学生实际需要，因势利导，启发思维，排除疑难，教给方法，发展能力。

③ “八字教学法”即拈、讲、点、拨、逗、引、合、读。“拈”，就是对教学内容拈精；“讲”，就是教师的讲解活动；“点”，作画龙点睛式的点染；“拨”，拨通思维障碍；“逗”，于无疑处激疑；“引”，把学生的思维往深处引；“合”，即综合训练；“读”，阅读和诵读。

④ “引读十法”即扶读法、读议法、设境法、揭疑法、反刍法、提示法、比勘法、反三法、历练法与小结法。目的在于激发学生兴趣，启发学生思维，培养学生的良好习惯，交给学生阅读的钥匙。

⑤ “课堂教学六步法”即定向、自学、讨论、答疑、自测、自结等。

⑥ 宋丽萍：《关于“中国的智慧是审美型的”思考》，载《渭南师范学院学报》，2005（s2），137-138页。

的语言形式是文本解读的重要内容，这无疑为中学古诗文文本解读指明了方向。

福建师范大学的孙绍振先生是当代经院派文本解读理论的集大成者，对当今中学语文教坛影响极大。他认为："要进入作品的深层加以分析，就要从天衣无缝的作品中找出差异，揭示出矛盾，提出问题，找出关键词语。有了矛盾，学生与文本的对话才有可能深入下去"[①]。他同时强调对中学古诗文文本进行微观分析，并将还原分析方法用于解读文本，就是在阅读的过程中，适时地介绍作者和写作背景，再设身处地地理解和感受。这在他的著作《名作细读——微观分析个案研究》中进行了详细阐述。孙先生主张教师在文本解读的过程中，要能够读出文本的层次，读出学生没有读出来的东西，这样文本解读才会有震撼力和冲击力。孙先生的诸多主张在当下文本阅读领域产生了积极而深远的影响，但是孙先生毕竟没有做过中学语文教师，他的理论与实践主张实际上与中学语文教学还有一点点距离，未免有差"最后一公里的"的感觉，怎样在课堂上落实自己的主张仍然语焉不详。另外"矛盾冲突""转折法""还原法"还毕竟只是一招一式，不是特别成系统，有的阐释也未免牵强，这些方法与阅读者的生命体验的关联还需要进一步揭示。他的有些主张至今还没有被中学语文教学界所广泛接受，甚至被质疑[②]。

山东师范大学的曹明海教授的专著《文学解读学导论》，被称为文学解读理论的开创之作。他认为"在文学解读活动中，有一种解读主体与解读对象之间契合无间从而使读者产生如痴如醉感的解读心理效应，这是文学解读的最佳境界；进入这种佳境，读者会在发现自我的同时，也达到自我与世界的融合，进而改变自己，完善自我，美化灵魂"[③]。曹老师的主张基本体现了语文教学核心素养中对于生命的体验和关注，是一种比较理想的生命解读策略。曹老师进而提出：语文学习的过程，实际上就是人文化的过程[④]。但如何去做，说得还不是很具体，也没有针对不同文体的解读方法的系统阐述。

史绍典在《文本解读：问题与策略》中提出：对文本的阅读，是一个分析、

① 孙绍振:《名作细读：微观分析个案研究》（修订版），上海，上海教育出版社，2009。

② 李燕芬:《挑剔时常挑剔的孙绍振》，载《粤海风》，2001（4），40-41页。

③ 曹明海:《文学解读学导论》，北京，人民文学出版社，1997。

④ 桑哲:《语文教育：人文化的过程——访山东师范大学文学院曹明海教授》，载《现代语文（学术综合版）》，2006（9），4-7页。

理解的过程。但分析、理解，肯定有一个背景、方式、角度、时空以及“度”的问题；而且阅读者的阅历、动机、信念、特质、能力、眼光等等，也都对文本的分析、理解产生相当大的影响[①]。史先生认为，读者的阅历不同，对同一文本的感知不同。“一千个读者眼中有一千个哈姆雷特”。但是中学语文教学有它的特殊性，它更强调文本对青少年生命成长的启发、引导、升华的功能，文本的主旨要能够促进青少年健康成长。从某种角度上来说，中学古诗文的文本解读更应该强调文本的共性，片面地强调解读的个性不利于青少年身心的健康发展。

就怎样提升语文教师的解读文本的能力，秦皇岛三中的沈大安老师提出：“一、整体把握文本；二、挖掘文本的价值；三、正确多元解读文本；四、细细品读文本。”[②]沈大安老师的主张能够分出四个步骤，但是如何整体把握文本，如何挖掘文本的价值，沈大安老师却语焉不详。更何况，中学阶段的文本解读不可能是无限制的多元解读。

上海市中学语文特级教师沈蘅仲，在自己近60年的教学生涯中整理了文言文备课笔记的一部分集成《知困录》[③]，身体力行地验证传统文言文教学方式的有效性，他还特别强调学生要整理资料和笔记。此书内容丰富，容量很大。但更像是一部资料集，似乎沈老先生的方法更适合师生的古诗文自学阶段，在课堂教学中如何去解读一篇古诗文并没有明确的指引。

钱梦龙先生在教学中创立了“以学生为主体，以教师为主导，以‘自读’‘教读’‘复读’为基本模式的语文导读法”[④]，这三种基本教学方法互相配合，相得益彰，力求学生独立解决阅读中遇到的问题，并启发学生进行有效巩固、拓展练习。钱先生的方法是通行的教学方法，中学古诗文文本解读有它的特殊性，《愚公移山》在当年引起了非常大的轰动，是因为当年中学古诗文文本解读“字字落实，句句落实”大行其道，钱先生向传统发起挑战意义深远。关于钱先生的“三主四式”导读法，它并不是专门针对古诗文文本解读提出的教学方法，随着

① 史绍典：《文本解读：问题与策略》，载《中学语文教学》，2009（8），9-14页。

② 刘亚雄：《找准文本解读的视点》，载《湖南教育（D版）》2016（2），17页。

③ 杨俊：《尤喜教书知困时——沈蘅仲先生〈知困录——中学文言文备课札记〉荐读》，载《语文学习》，2016（11），82-85页。

④ 郑兰娣：《“导读法”学习论基础探究》，载《中学课程资源》，2007（11），62-64页。

时代的发展，阅读者的解读基础和解读环境有了很大改变，对于如何在课堂上进行中学古诗文的生命解读，我们需要做新的探索。

黄荣华先生的《生命体验》的文本解读是一份宣言书式的著作，书中对文本解读策略追根溯源，提出以生命体验为导向的根本主张。他认为教育对生命具有约束与解放的双重意义——在对生命进行文化约束的同时，唤醒、解放其生命力。长期以来，他在古诗文教学的过程中关注语言文字背后的“人格意识”与“文化意义”,提倡语文学习“促进学生文化生命的成长”①。这样的认识确实一下子指明了中学古诗文文本解读的出发点和归宿。在《要将文本解读进行到底》一文中，黄老师进一步指出，要读出“写了什么”“为什么要写这些”“如何写的”，尤其强调要从作品的整体运思与美学追求去考虑“怎么写”。这些阐释层次分明，条理清晰，具有相当的可操作性。但是“怎样读出‘写了什么’”，“怎样读出‘为什么要写这些’”“怎样读出‘如何写的’”似乎还不太明确具体，因为一个没有读懂文本的老师依然可以按照此路径领着学生在文本的外围走一趟。黄老师的对生命发现的阐释有时理解起来比较高深艰涩，如果能从如何整体把握，怎样知人论世，重要的表现手法都有哪些具体指明，他倡导的解读路径的可操作性会大大增加。

香港、澳门因为同属粤语区，两地的中学语文教材的编写比内地的中学语文教材详尽，其中古诗文教学出发点和归宿均为人的生命成长。在教学实施环节，大都注重教师按部就班地讲解，然后靠学生自行背诵。香港大学教育学院研究团队在 2013 年就古诗文教学提出包括理解配词意思、上下文推断、已有知识和部首字形推断法，再配合教材建议、小组讨论和汇报等，有效地提升了古诗文教学效果。香港中文大学的李欧梵教授认为古诗文对一个人内在的品行修养影响甚巨，他强调背诵，认为要教活古诗文，就要创设一些情景与阅读者的生命体验相关联。港中大青年学者罗燕琴《阅我深意：文言作品学与教的理论与实践》②和《阅览英华：文言经典语言与篇章的学与教》③这两本书分别从古诗文教学的困境出发，提出师生互动教学理念，再从对译、教育戏剧和文化对话的层面提出走出

① 黄荣华:《作文：在表达生命意念时促进自我成长》，载《新读写》，2010（10），36-38 页。

② 罗燕琴:《阅我深意：文言作品学与教的理论与实践》，香港，香港大学出版社，2016。

③ 罗燕琴:《阅览英华：文言经典语言与篇章的学与教》，香港，香港大学出版社，2016。

困境的办法，颇有新意。但从人格意识的维度看，港澳古诗文教学的选篇相对简单，教学取向偏重于实用性，教学方法以教师讲授、学生被动接受为主，教学评价要求不高，在一定程度上影响了人格意识解读效果的达成。

台湾的古诗文教学总体上说是“深耕细作”的[①]：台湾古诗文学习教材的篇目少，每篇文章的用时多、挖掘深，生命导向鲜明，趣味性强。文言基础知识扎实，真正落实以学生为本，能够充分尊重学生，善于挖掘古诗文的文化内涵，始终能够担负传承传统文化及传统道德的使命，能够将学习者的生命体验与所学的文本、现实生活有机结合。但是台湾地区的古诗文教学也有相当的问题，台湾地域狭窄，一旦形成相对有效的教学模式，就不易有创新，所以古诗文教学的方式和方法的创新不够活跃，比较呆板，方法的创新度有待提升。

西方的文本层次理论较为系统，黑格尔最早意识到文学作品“形状”和“意蕴”的关系。中世纪意大利诗人但丁将文本划分为两个层面：字面意义层面和超意义层面。20 世纪，波兰现象学家英伽登认为每一部文学作品都有多层结构，他将文学作品划分为四个层面，即“语音层、意义单元层、多重图示化面貌层（指作品只能以有限的词语、句子来表达有限时空中的事物的某些方面，呈现的仅仅是图式化的纲要略图）和再现客体层（具有独特时空的虚拟性的意象性存在）”[②]。美国学者韦勒克和奥·沃伦将文本划分为五个层面，即五层面说：一是声音层面，包括文本中蕴藏的谐音、节奏与格律；二是意义单元，主要指作品的语言结构、文体特征和不同文体的行文规则；三是形象和隐喻，即文本最中心暗含的意义；四是诗的特殊世界，指文本的象征与象征系统；五是文本的模式及技巧，指的是作品中采用的具体叙述手法[③]。由此可见，不论东西方，在具体的文本解读方面，都是有层次的，层次可以分为次层次和高层次，两者既相互依存，又互为前提，拾级而上，达到的最高层次一般来讲就是精神境界、人格魅力等，这和本书所倡导的以人格意识来统领中学古诗文的主张是不谋而合的。

综上可知，西方文本结构层次理论认为，文学作品都是由多种层次构成的，

① 赖瑞云：《台湾语文教学“深耕细作”刍议》载《语文建设》，2014（25），71-76 页。

② 孔波：《英伽登四层次理论对阅读教学的启示》，载《学科教育》，2001（10），4-6 页。

③ 王云鹏：《韦勒克和沃伦〈文学理论〉的“文本性”探究》，载《安徽文学》，2013（6），81-84 页。

在文本结构中有许多不确定性，需要通过读者的解读进行阐发。从目前主流的划分方法来看和古人提出的言、象、意三个层面基本吻合，从某种意义上讲言、象、意这种由表及里的结构划分方法正是读者从言到象、由象到意解读文学作品的过程。文本的层次性特征被广泛接受，但各个层次之间应该如何展开，如何过渡，如何层进，这又是东西方学者在思考此问题时尚待完善的地方。

（二）中学古诗文人格意识解读研究存在的问题

总的说来，对于文本解读的关注者中，哲学家、心理学家、文艺理论家偏多，而有过中学语文教学经历的研究者较少，有的解读古诗文的角度远远超出了学生的理解和接受的水平；研究者中发现问题和指出危害的人多，能系统地提出古诗文文本解读策略的人少，即使有解决问题的办法，也常常过于理想化和简单化；还不能从学生的生命成长的角度去思考问题，还不完全能够真正回归语文核心素养，即以人的生命境界的体验、感悟和提升为解读目的的不多；部分经院派学者，由于理论过于高深，专业术语难以理解，使得部分师生难以得其要义，很难在教学中真正收到实效；或者属于实践派的研究者，文本解读方式方法比较呆板，按部就班，不够灵活多变，使得古诗文的面目日渐可憎；再加上中学古诗文文本解读过程中，师生对文本本身的形式特点关注不足，文本解读的层次性不够，很多时候还没有将文本解读到底；已有的研究成果中，质性分析阐述得很充分、很完备，但量性研究却是中学古诗文文本解读的一块短板，较少有人涉猎。时至今日，仍然缺乏一系列基于语文学科特点的，既有利于教师教学，又有利于学生人格意识提升的中学古诗文解读策略。

二、中学古诗文人格意识解读研究相关的核心概念

1. 文本

“文本”一词内涵丰富。早期，李俊玉曾对文本做过以下说明：“①文本是一个自足的意义客体和语言结构系统；②文本是一个开放的生产过程；③文本是一个有待读者完成的生产到接受复合体；④文本是一个社会历史和文化的审美载

体。”[①] 以上解释说明文本具有开放性，其意义等待读者进行阐发；还说明文本是作者情感传达的载体，文学创作离不开文本；另一方面也说明，文本的呈现方式本身也为读者进行文本解读提供了操作方法上的支撑。蒋济永则把文本界定为“文本不仅仅由文字符号简单罗列而成，而是由有一定的组织结构和意义的文字符号构成”[②]。这就说明构成文本的语言符号有其自身的特点，它具有一定的意义并遵循一定的组织结构。综上所述，所谓的文本，就是阅读者所接触到的以语言文字为依托的具体的语言形式，文本有其自身的排列结构，文本之中蕴含着作者对事物的基本的看法和观察事物的角度，文本中也蕴含着将这些语言文字有机排列的写法。阅读的过程实际上就是一个走进文本的过程，也就是读出生命观照的过程。

2. 解读

过去东西方研究诠释学的学者都注意到“文本”的开放性，意思是文本意义的研讨，不应狭窄地局限在“本义”的探寻，而应该将开放、扩大到融入解读者或诠释者精神世界的意义。这样的进路，强调了文本作者和解读者或诠释者可以分享共同的生命观照。本书中的“解读”包含两个层面上的含义，从字面上采用《现代汉语词典》中的解释，将其理解为“阅读、解释、分析、理解、体会”等意思。在深层内涵上指读者对文本的认知、理解、解释和应用[③]。由此可见“认知”是读者理解文本的前提条件，重在阅读文本的过程中获取自己需要的各种信息。“理解”是从更深层面上解读文本，透过语言文字表面对文本信息加工处理，体会其中的主题意蕴，理解的过程是逐步加深对文本深层意蕴挖掘的过程。“解释”是读者在读懂文本的基础上，用自己的语言将文本中的意义以书面或口头的形式表述出来。“应用”是在理解的基础上，经常回归自身和自身经验相结合的思维活动。总的来说，对文本的解读是认知—理解—解释—应用逐层深入的过程，不仅要从文本中获取信息，还要借助自己已有的经验理解文本，并且还要和

① 李俊玉：《当代文论中的文本理论研究》，载《外国文学评论》1993（2），7-16 页。

② 蒋济永：《文本解读与意义生成》，武汉，华中科技大学出版社，2007。

③ 林焕芬：《对沈从文〈边城〉（节选课文）的解读：“杂花生树，群莺乱飞”是一种创新思维的培养》，载《当代教育》，2012（3），47 页。

文本进行对话,依据具体情境对文本的意义进行建构[①]。本研究中的中学古诗文文本解读也应遵循这一过程。

3. 教学解读

教学解读是指在语文教学的情境之下师生对教学文本的解读，是在为实现教学目标、学生接受水平多重因素的影响下师生围绕文本所形成的多重对话情境。教学文本解读必须符合青少年成长的实际需求，从生命成长的角度来立意，一篇文本一旦选入中学课本，它的目的是明确的，就是要在孩子的生命成长的关键节点给他们以积极的、正面的影响。文本解读既不能天马行空，也不能无所追求。中学古诗文也必须经过“教学解读”这一环节才能实现自身的价值，才能对学生起到教育的作用。教学解读的顺序要能体现阅读者的一般认知规律的语文核心素养的提升。教学解读要摒弃断章取义，远离偏难繁杂，尽量做到简单易行，便于操作。教学解读要有利于语文教改，有利于学生的思维训练。

4. 人格意识

人格意识指每一个现存的生命个体对自己生命的自觉认识，其中包括生存意识、安全意识、幸福意识和死亡意识等等，生命的存在是一个过程，有其内在的规律，需要每一个生命个体去体验、去发现、去感悟、去升华。本书所指的人格意识就是基于古诗文解读过程中，透过文本，唤醒、体验、感悟什么是人，人从何处来，人要到何处去，存在的本质是什么，意义又是什么，人应该怎样去审视、认识、确立、评价、度过自己的短暂的一生。又应该怎样去审视、认识、确立、评价和度过自己与群体社会共同组成的大生命。

5. 人格意识解读

所谓的人格意识解读，是将文本解读的出发点、立足点和归宿自始至终放在对学生人格意识的观照上。从怎样去做人，做怎样的人的角度出发，到面对生命的短暂易逝，如何实现人生的目标，如何在短暂的生命瞬间追求个体生命价值的永恒，将这些作为文本解读的人格意识的主题。这就要求教师自身要有较高生命素养和较强幸福感，通过单篇文本的阅读、单元贯通教学、整本书阅读和专题阅

① 韦冬余:《论阅读探究教学中的参与式理解：基于认知心理学和语言学的分析》，载《中学语文教学参考》，2015(30)，10页。

读等形式唤醒学生的人格意识。教师要善于挖掘语文教学中的生命教育的素材，强化学生的人格意识，使学生树立正确的生命价值观，鼓励学生在写作中抒写生命体验，自觉主动进行自由审美，使学生的生命流光溢彩。教育是一种提升人的生存价值、生命质量和生活幸福的事业。叶澜教授说："教育是直面人的生命、通过人的生命、为了人的生命质量的提高而进行的社会活动，是以人为本的社会中最体现生命关怀的一种事业。"①

6. 文本解读策略

文本解读策略即阅读者在文本解读的过程中所采取的具体的方式、方法。具体包括文本解读的切入点、路径、程序和实施的步骤。影响文本解读策略选择的因素会有很多：传统观念、个人习惯、阅读者对语文学科本质属性的认识，文本自身的特点等等。文本解读的策略不同，文本解读的效果就会不同，调整了文本解读的策略，就意味着对文本本身的理解发生了改变。

三、中学古诗文人格意识解读研究的理论依据

中学古诗文教学的方向在哪里，这是一个必须回答的现实问题。以往的中学古诗文文本解读策略存在着不少的问题。偏重于知识的灌输和道理的宣教，对于解读者的人格意识观照日渐疏离。冰冻三尺，非一日之寒，需认真、耐心、循序渐进地求解。笔者拟从"人的人格意识"出发，以哲学、文艺美学、学科教育学层面来观照古诗文教学问题的本质，从古诗文教学的根本目的出发，寻找中学古诗文解读的策略，赋予中学古诗文文本解读人格意识的核心要素。

（一）中学古诗文人格意识解读的哲学观照②

一般而言，文本解读可以分为三个层面，如图 2.1 所示。

即事实层面（解读什么）、价值层面（为什么如此解读）、技术层面（怎么

① 叶澜：《"教育的生命基础"之内涵》，载《山西教育》，2004（6），1 页。

② 此节内容部分借鉴了上海市教委教研室谭轶斌老师在"国培计划（2013）"培训技能提升研修项目高中语文班上的讲稿《阅读教学三层面》的理论构架。

解读）。

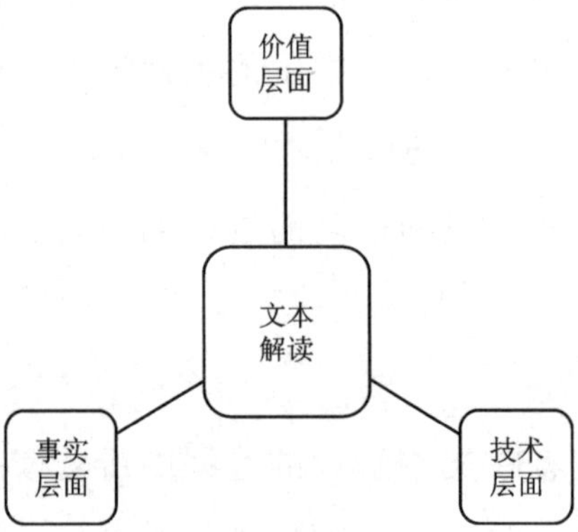

图 2.1　文本解读的三个层面

1. 事实层面（解读什么）

（1）解读内容的选择存在的问题。

①随意化：兴之所至，心随意动。

②点状化：只见树木，不见森林。

③两极化：偏重工具性，或偏重人文性。

（2）解读内容选择的重要前提之一是对文本的正确解读：外部解读（文本内容）和内部解读（文本形式）。

①整体把握文本内涵，解读出文本的思路，解读出文本的层次。重点在于各部分之间的连贯、匀称、均衡、和谐和一致。

②深入把握作品的艺术手法和语言特征。

a. 关注表现手法在文本中的具体体现及其作用；

b. 关注文本语言特征的具体体现及其作用。

2. 价值层面（为什么如此解读）

（1）解读文本所选择的解读内容由课程性质决定[①]。借助工具性体会人文性。人文性一旦离开了语言的基本训练，必是虚的；工具性一旦离开了人文熏陶，必是死的。

（2）解读文本所选择的解读内容由阅读特质决定。文本解读的目的是为阅读

① 骆金声：《语文学科的性质决定了语文课堂教学的方式方法》，载《祖国（教育版）》，2013（8），205 页。

者的阅读方式、方法提供指引。阅读是人精神成长的重要途径，必须注重体验。人的精神成长是一个漫长的演化过程，影响它的因素有很多，而人的精力是有限的，人不可能经历世间所有的人和事，即人的直接经验是有限的。但可以通过阅读来获取间接经验，这就是阅读的重要性。通过阅读获得的间接的生命体验可以增加阅读者生命的宽度和深度，在阅读的体验中升华自己的生命。

（3）解读文本所选择的解读内容与文体特征的关系极为密切[①]。

三国时的曹丕在《典论·论文》中说："夫文，本同而末异。盖奏议宜雅，书论宜理，铭诔尚实，诗赋欲丽"[②]，这是古人对文体发表的最早议论。陆机《文赋》也说："诗缘情而绮靡，赋体物而浏亮，碑披文以相质，诔缠绵而凄怆，铭博约而温润，箴顿挫而清壮，颂优游以彬蔚，论精微而朗畅，奏平彻以闲雅，说炜晔而谲诳……"[③]古人的这些论述说明，不同体裁的文章要有与之相称的语言风格。其实不同的文体，在选材、立意、组材、行文方式、篇章结构等方面均有内在的规定性，解读的方法自然有所不同。潘新和说过："阅读和写作一旦离开了文体，一定是不得要领的。"[④]我们既要重视与表达方式相关的文体，也要重视综合运用各种表现手法的文体，诸如诗歌、小说、散文、戏剧等。一般说来，诗歌教学要抓住诗歌强烈的情感、丰富的想象、跳跃式的结构，语言凝练、陌生化，特殊的表现手法和技巧，如起兴、象征、隐喻、意象等。小说教学要抓住小说的开放式结尾，小说的话语系统（作者的和人物的），小说的叙述角度。散文教学要抓住"散文要有物质元素和精神发现、心灵看法的综合体"等等。

（4）解读文本所选择的解读内容由学情决定（多元智能，因材施教，是教学的核心价值之一）。学生的智力水平、学习习惯、知识储备、年龄阶段都是确定教学内容所必须考虑的，"学者有四失，教者必知之。人之学也，或失则多，或失则寡，或失则易，或失则止，此四者，心之莫同也。知其心，然后能救其失也。教也者，长善而救其失者也。"这段选自《礼记·学记》[⑤]的论述从学情的角

① 汪潮：《文体意识、文体特点与教学策略》，载《语文教学通讯》，2013（12C），12-13页。

② 李壮鹰：《中国古代文论》，北京，高等教育出版社，2001，47页。

③ 李壮鹰：《中国古代文论》，北京，高等教育出版社，2001，64页。

④ 潘新和：《阅读与写作是一种文体思维》，载《语文教学通讯（初中刊）》，2006（3），4-6页。

⑤ 潜苗金：《礼记译注》，杭州，浙江古籍出版社，2007。

度为文本解读内容的选择提供了方向。

3. 技术层面（怎么解读）

（1）重体验，而非认知接受。

（2）重重构，而非简单重复。

（3）重策略，而非给出答案。

（4）重生成，而非按部就班，照本宣科。

以上四个层面不是时间上的先后关系和意义上的递进关系，而是同时发生的，黏合在一起的，贯穿文本解读的始终。具体的文本解读一定是工具性与人文性并重的，要避免随意化、点状化和两极化的倾向。从人文性的角度讲，政治课比语文课更系统、更全面、更深刻；光从人文性来讲，容易陷入空泛和机械的一厢情愿的说教中去。

（二）中学古诗文人格意识解读的文艺美学观照

巴赫金的“对话理论”为我们处理好“文本—学生—教师”间的关系奠定了理论基础，新的知识与能力的习得都必须建立在充分对话的基础上才能获得成功[①]。对话为获取新知培养能力构筑了一个情感平台，它有助于激发学生的学习热情。这就要求教师要在日常的教育教学过程中努力创设一种宽松、和谐、温馨的氛围，让每一个学生都能亲其师，信其道，明其理，践其行。

心理认知结构理论则为构建新型的古诗文教学策略提供了理论支撑，建构主义、人本主义心理学家如让·皮亚杰、卡尔·兰塞姆·罗杰斯等都认为儿童的学习是个主动的过程，知识是被建构的，而不是儿童被动吸收的，更不是被强加给儿童的。教师应鼓励学生提出问题，生成假设并自己检验。学生之间应当相互交流，进行有效的学习，教师应当让学生去解决开放性的、富有挑战性的问题[①]。

童庆炳先生是我国当代文艺美学的集大成者，他对文艺美学的诸多看法给古诗文的人格意识解读提供了新的视野。阅读他的文集，我们可以更加坚信：站在文艺美学的高度，从文本的整体把握入手，在文本解读中发现自我，提升自我，

---

① 张锋：《文言文教学之历史沿革与革新策略》，硕士学位论文，华东师范大学，2007。

读出文本所反映的时代精神，与时俱进，引导学生在文本解读中增加对生命的认识，是文本解读的核心。

《艺术问题》的作者苏珊·朗格说："当一个诗人创造一首诗的时候，它创造出的诗句并不单纯是为了告诉人们一件什么事情，而是想用某种特殊的方式去谈论这件事。"[①] 她所说的这种方式就是作品的形式，主要是手法。在具体的文本解读中，尤其要高度重视写法在文本解读中的重要作用[②]。

余秋雨先生认为："艺术哲理的本质，是在审美意义上对人生意蕴的整体性开发。"[③] "对现代艺术家来说，人生意识与哲理追求是相依为命的。"[③]艺术作品中的哲理和人生况味是相通的。余秋雨先生的关于文艺作品人生意蕴的见解给中学古诗文文本解读的方向和路径提供了诸多有益的启示：古诗文文本解读的方向要将生命体验作为基本方向，解读文本必须从整体出发，去积极探索生命的意义和价值。

童庆炳先生指出："审美是心理处于活跃状态的主体，在特定的心境时空中，在有历史文化渗透的条件下，对客体的美的关照、感悟、判断。"[④] 所有的古诗文都是作家在特定的时间和空间存在的过程中对审美对象的意义与价值的观照和思考，解读文本实际上就是这种审美观念下的生命场景的还原。美学家滕守尧先生指出："审美愉快产生于生命的自我发现，任何事物，只要呈现出生命的表现，只要我们从中看见生命的动态平衡和奋求过程，就能造成审美的愉快。"[⑤] 他还指出："只有在结构上类似人的身心结构和生活结构的艺术作品，才能在保留每个人、每个时代和每个社会的独特性的同时，又暗示出人类普遍的情感、命运和斗争；也只有达到这一点，艺术才能真正产生审美的快乐。"[③] 滕守尧先生以上论述可以给我们中学古诗文文本解读如下启示：尽管每一篇（首）古诗文的作者不同，写作背景不同，但总会有一些文学作品传递出来的价值是可以穿越时空的。古诗文

① 苏珊·朗格：《艺术问题》北京，中国社会科学出版社，1983，140页。

② 胡海舟：《文本创意解读的基本策略》，载《语文学习》，2008（7），92-96页。

③ 梁青、程少堂：《基于语文味教学理论的语文味教学流派对文化教学的新探索》，载《新课程研究》，2018（1），4-7页。

④ 童庆炳：《文学概论》，武汉，武汉大学出版社，2000，72-80页。

⑤ 高梓梅：《民间叙事文学的审美情趣》，载《南都学坛》，2007（6），56-59页。

的文本解读要尽量调动阅读者自身的体验，只有调动了阅读者自身的体验才会触发生命的感悟。

（三）中学古诗文人格意识解读的学科教育学观照

语文学科是一个特殊的学科，它是以语言文字为载体传达人的思想情感的一门学科，语文学习离不开阅读者的生命体验。张志公先生认为语文学习就是“带领学生从文章里走一个来回”[①]，即通过弄清语文形式来理解文章内容，再在理解文章内容的基础上进一步弄清为什么用这种语文形式表达这个内容，即语文形式——文章内容——语文形式。语文学习的三个步骤如图 2.2 所示。

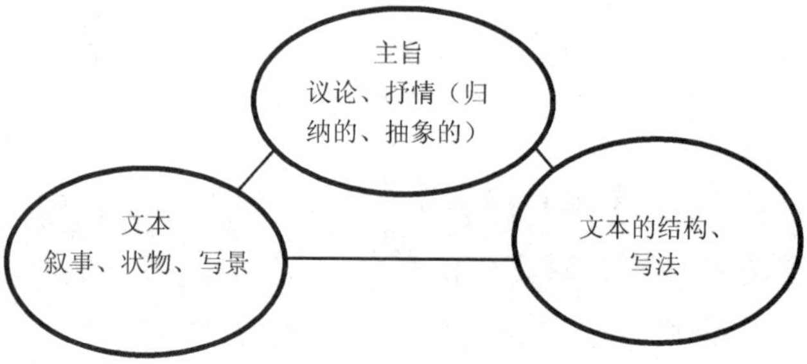

图 2.2　语文学习的三个步骤

叶圣陶先生也说过：一定要靠讲明语言的运用和作者思路—思维的发展来讲内容。要知道为什么这么说而不那么说，为什么用这个词而不用那个词，为什么要用这种口气而不用那种口气，所有这些都跟文章表达的内容密切相关。不能把两者分开来讲，这一堂讲思想内容，另一堂课专门讲语言；只有把两者结合起来，这堂课才算成功[②]。由此可见，文本解读的技术层面，要牢牢把握住阅读教学的特质，文本的教学解读旨在凭借文章获得关于语文的感性经验和语文知识。

关于写法的问题，人格意识的文本解读也同样要讲究写法：矛盾冲突、转折、铺陈、渲染，托物言志、类比象征、系统化的比喻、情感变化等，这些实用的手法要介入到古诗文的文本解读之中。

① 佘同生：《“牢牢把握语文教学的主心骨”漫谈之五——让学生发现写的秘密》，载《广西教育》，2009（31），9-11 页。

② 叶圣陶：《叶圣陶语文教育论集》，载《基础教育课程》，2015（7），79-83 页。

传统语文教育主张多读多背，重视知识的积累[①]。古人说“读书百遍，其义自见。”朱熹对这句话的解释是“读得熟，则不待解说自晓其义也”[②]。诵读文本实际上是走进文本非常有效的手段，在诵读的过程中，我们的口在读，耳在听，眼在看，心在想，每隔一段时间还可以来一个总复习，把这段时间读的书全部背诵出来，学生必须把老师教的全部背熟后才能上新课，并且日后还要不断复习，这样四五年下来，《太公家教》《大学》《中庸》《论语》《孟子》等几部书就都基本背诵下来了。古人认为儿童蒙养阶段（十五六岁前）的机械记忆力较强而理解力较弱，因而必须从小就读熟记住，即读多自晓。古代老先生并未就其中的任何一个句子加以解释，只是用极为严厉的手段要求学生将文章熟记在心中。通过两三年时间的严格训练，儿童在识字方面的障碍基本上得以清除，同时还学会了句读的基本知识，这为下一步的学习打下了坚实的基础。

传统语文教育重视读写结合、多写多练[③]。阅读和写作的能力是语文学科的核心素养，而这两种能力是紧密相连的。“读书破万卷，下笔如有神”正说明了这一点。古人把阅读看作写作的基础，读懂并思考理解，形成自己的见解，这样写作时才能文思如潮，下笔如有神。而写作也靠多练。《东坡志林》中有一段记载文章大家欧阳修对作文的体会，“无它术，惟勤读书而多为之，自工；世人患作文字少，又懒读书，每篇一出，即求过人，如此少有至者。”[④]古代学塾大多规定日子作练写，如清代龙启瑞的《家塾课程》中制定“逢三、八日作文，初一、十五日作史论及诗赋”[⑤]，这种细水长流坚持不懈的训练，能使写作技能逐步达到熟练的程度。曾被批驳得体无完肤的八股文，就其写作本身的循序渐进、讲求章法结构、培养学生理性思维来看，显示出它当时存在的合理性。不过郑吉雄教授曾指出八股文是一种忠诚训练，通过机械的撰文要求，培养士子服从、不挑战命令的习惯。难怪八股文很难谈得上有人格意识可言[⑥]。多写多练实际上是一种人格意

---

① 赵克明：《倡导“语文养成教育”之动因》，载《中学语文教学参考（上旬）》，2014（3），10-12 页。

② 郑彤：《如何在阅读教学中培养学生的朗读能力》，载《成功（教育版）》，2007（1），70 页。

③ 曹动清：《论传统语文教育思想》，载《中学语文教学参考（教师版）》，2000（8），15-19 页。

④ 苏轼：《东坡志林》，北京，中华书局，2007，43 页。

⑤ 龙启瑞：《私塾课程》，北京，中华书局，1961，3 页。

⑥ 郑吉雄：《章学诚“官师合一”说对科举制度的批判》，载《国学学刊》，2010（4），38-47 页。

识解读文本的反向实践，在拥有了一定的生命感悟之后，在具体的生活和学习过程中，一定会有比较独特的感受，有时不吐不快，而写作刚好就可以满足这样的精神需求。

传统语文教育重视人文精神的培养。国学大师陈寅恪在《吾国学术之现状及清华之职责》一文中曾提出“吾民族所承受文化之内容，为一种人文主义之教育”①。这一论断，一语道破中国传统语文教育的本质。古代中国历来重视少儿教育，《周易》提出“蒙以养正”，说明中国文化早就认识到启迪儿童心灵和智慧的必要性。自周秦至清末，三千年的蒙学教育实践积累了丰富的语文教育经验，编写出了大量的文质兼美、适于教学的蒙学读物。从历史顺序上说，有南朝周兴嗣编纂的《千字文》，唐代的《太公家教》和《兔园册》，宋代的《三字经》，明清的《增广贤文》《弟子规》等。蒙学教育的首要功能就是进行道德的启蒙，《三字经》开首便说“人之初，性本善”，把向善思想深深扎根于人心之中。中国人学习经典、修心养性的最终目的并不是单纯地追求人格上的完善，而是从道德修养出发，经由道德的社会教化，最终实现“化成天下”的道德价值过程。对意志的磨炼和人格修养在蒙学上则表现为对刻苦求学精神的鼓励，这样中国古代经过长期的人文精神熏陶，一些出身寒门的学子，通过自己的努力，从修身、养性到齐家、治国、平天下，实现了自我的伟大抱负。

从以上梳理看来，传统的语文教育贯穿了人文精神，贯穿了对汉字汉语特点的深刻领会和利用，它重视语文学科的育人作用，利用多读多背有效地突破了汉字教学中认读、书写、积累“三关”。在重视读写结合的前提下，通过精读与博览相结合，让学生在语言学习中动口、动手、动脑，注重提高学生的文化素养，这些有益经验对于今天的中学古诗文的文本解读仍具有相当重要的启示意义。

通过以上的哲学、文艺美学和语文学科教育学的观照，中学古诗文的人格意识解读内在地要求解读者认真领会语文学科的本质特征，认真落实语文教学两个基本点。笔者认为，这“两个基本点”一是文章作者对于人生的深刻而独到的见解，即到底应该怎样去做人，做怎样的人。二是表达的方式、表达的技巧：夹叙夹议、托物言志、借景抒情、寓情于景、欲扬先抑、欲抑先扬、想象联想、虚实

① 魏兆锋:《“不要忘了自己是一中国人”：钱穆教育思想研究》，博士学位论文，华东师范大学，2012。

相生、情感变化等。古诗文的教与学就是要明白和落实这两个问题：一是文章对于人生的深刻观照是什么；二是作者传达这种观照的技巧有哪些。把握这两个基本点，有利于教师避免教学的随意性，提升教学的有效性。引导学生关注文本，深入理解文本，感受文本，引导学生理解意思由文本出发，而不是在文本之外东拉西扯、过度拔高或随意拓展，这样的课上得实在，学生真正学有所得。

中学古诗文人格意识解读常常要依据文本以外的补充材料，必要时要提供作者的生平事迹和写作本文的背景，但切记不能漫无边际，无原则拓展，要更多地依赖于文本本身。郑吉雄教授在评价钱穆先生治学特性时指出："我所谓的（钱先生治学）内聚性，指的是他擅于利用原始文献内部互相释证，以得出结论、而不假借外来观念的一种方法；它和'扩散性'的外向有所不同，是一种自足地向内钻研经典、将各类原始文献资料网罗后，经由鉴别、分析、联系、比较，从而得出坚实结论的治学方法。"[①] 这样的治学方法与中学古诗文文本解读策略（尤其是经典文本的解读）是相通的。坚持内聚性，领会一以贯之的思考问题的方法，就可以上引下联，互为印证，理解作者要表达的思想和情感以及作者是如何表达的，从而达到前"呼"后"拥"的解读效果。

① 郑吉雄:《钱穆先生治学方法的三点特性》，载《文史哲》，2000（2），22-26 页。

第三章 中学古诗文人格意识的研究方法与技术路线

一、中学古诗文人格意识的研究方法

（一）文献研究法

本书的“文献研究法”首先奠基于作者三十多年的古诗文的阅读、研究和教学经验，并进一步在研究过程中，考察文史学界关于古诗文诠释注解的研究，并比较不同的诠释策略。尤其在攻读博士期间，郑师鼓励作者注意中国哲学的问题，才能有效地在古诗文阅读研究中和古代作者的精神世界接轨，感知传统作者的人格意识，并对比其和后世解读者之间的差异。接着，通过图书馆和互联网查阅相关文献，包括论文、期刊、专著，对古诗文解读方面的文献进行了整理、鉴别和研究，从而梳理出学术界对中学古诗文人格意识解读策略的系统认识，掌握学术界对中学古诗文人格意识解读策略的研究动态，也对不同时期的研究成果进行比较和鉴别，以便更好地把握人格意识的解读理论和解读策略的研究现状。笔者先后检索了知网和港澳学术期刊网、台湾学术期刊网，从中得到了中学古诗文人格意识解读策略的研究的启发。

（二）问卷调查法

为深入了解中学古诗文教与学的过程中存在的问题，本研究设计了《学生问卷·中学生古诗文学习现状问卷调查》，调查对象为上海市青浦区复旦五浦汇实验学校的初一学生，共发放问卷 79 份，回收问卷 79 份，该问卷由 9 道题构成，分别从古诗文学习的动机、具体的方式方法、学习的成效等方面来发问，每道题大都会有五个选项，旨在分析学生对古诗文学习的态度、了解当前古诗文教学中存在的问题及需要改进的部分，使研究更具有针对性。本研究同时设计了《教师问卷·中学古诗文教学现状问卷调查》，调查对象为2018年云南省昆明市中学语文骨干教师培训班学员，教师问卷发放43份，回收问卷43份，该问卷由9道题构成，分别从单篇文本解读策略、整本书和专题解读组织、学生生命解读意识的提升路径等方面设置问题，每题有五个选项，旨在了解教师层面古诗文解读的现状、问题和成因。

（三）实验研究法

本研究的实验研究法就是通过实验班级在新的解读策略介入之后，该实验班级学生中学古诗文文本解读表现的前后变化来检测人格意识文本解读的效果。本研究以上海市青浦区复旦五浦汇实验学校初一学生为研究对象，针对中学古诗文人格意识解读问题提出自己的五步阅读策略，利用两周的时间进行教学实验，在文本解读的过程中，通过注重诵读、文体的判定、表现对象的确定、表现对象特点的概括，以及手法的鉴赏等环节，来印证基于生命体验的文本解读策略可以在一定程度上改进以往文言文教学费时不少、见效甚微的被动局面。

（四）课例分析法

中学古诗文人格意识解读策略研究不是单纯的理论探讨，而是要解决当下中学文言文课堂教学中的具体问题。以实际应用为根本目的，笔者收集了大量真实而典型的案例，结合案例进行分析研究。笔者所收集的案例，主要是书籍、教学期刊、网络上的经典案例、名师案例，更有笔者自己在古诗文教学的探索中积累下来的大量案例和课堂实录，将这些案例从人格意识解读的角度加以分类、整理、说明、阐发，将生动有趣的教学案例作为中学古诗文生命解读的生动案例进行说明，从而使得理论与实践紧密结合，互为实证，互为补充。

二、解决问题采取的技术路线

（一）语文教师古诗文人格意识解读能力提升的一般路径研究

语文教师的专业素养从某种角度来说直接决定学生学习古诗文的水平。教育政策、教育思想、办学理念、课程标准、教学大纲都需要教师来具体实施，教师从某种意义来说是真正的“校长”。长期以来部分语文老师不读书，不教研，不反思，一本教参打天下的现象确实存在。语文教师的专业化发展是语文教师在专业素质方面不断成长和追求成熟的过程，它既指专业素质各个方面（专业态度、专业知识、专业能力）的成长，也指一个有步骤的阶段性的成长过程。

1.要提升自我，努力使自己成为古诗文教学的行家里手

本书认为，要想改变当下古诗文教学迷失航向的问题，首要是提升语文教师队伍的整体素养。教师自己的古诗文的学养高低与古诗文课堂教学的效果息息相关。语文教师自己要认真钻研教材，研究教法，研究学生。教师所能教给学生的只有自我，语文教师主要不是通过耳提面命的思想灌输为学生提供人之为人的外在规范，而是以行感人、以情动人，使学生具有人之为人的内在需要。

努力使自己喜欢古诗文甚至精通古诗文，这样的老师才能在教学上有底气。

作为一名语文教师，要尽自己最大的力气去提升自己的古诗文功底。除了广泛涉猎，还应背诵大量经典文本。比如诸子散文、唐诗、宋词、元曲等等。劳于读书和背书，逸于作文和教学，说的就是这个道理。另外读《说文解字》《文赋》《文心雕龙》和练字也是非常重要的提升自己语文素养的途径。

每位语文教师的人生轨迹不同，人生观、世界观不同，每个人的发展动力也会各不相同，最关键的是要找到语文专业发展的动力之源：可以是领导、同事对自己的一句不经意的评价；可以是家长学生的由衷的赞美；可以是听了某个专家的一场报告的点拨；可以是读过的一部书忽然激发了他的专业发展的激情；甚至可以是一次严重的教学事故或严厉的指责，从而改弦易辙，悔过自新，一发而不可收。作为教师，要时时刻刻寻寻觅觅，抓住稍纵即逝的心灵的微光。其实动力，就在不远处等着我们。

2. 要广泛涉猎，努力扩大自己的视野，提升自己的教学能力

作为一名不甘平庸的语文老师，作为一个想要在关键时间节点给孩子以生命引领的担当者，扬·阿姆斯·夸美纽斯、瓦·阿·苏霍姆林斯基、霍华德·加德纳、阿弗烈·诺夫·怀海德、约翰·杜威、陶行知等人的著作都要认真读，读这些大家的著作可以时刻提醒我们，要把教育对象作为一个有血有肉、有情感、有思想的活生生的人来看待而不是装东西的容器。教师要力争成为一个杂家，广泛涉猎古今中外人类一切文明成果，如《柏拉图对话集》《小逻辑》《中国哲学简史》《我们如何思维》《神圣家族》《通往奴役之路》《感觉的分析》《教师不可不知的哲学》《人间词话》等等，都可一读。先从自己能看得懂的书开始读起，再结合自己的教育教学实际，渐渐地读一些深奥的理论书籍，自主读书的妙处在于容易沉浸其中，真正有所得。

3. 要勇于大胆实践，力争形成自己的中学古诗文教学特色

“保持思想的独立”是教师教育灵感的生命线。一个优秀的教师绝不是一个人云亦云的人，他们不为现实生活中的诸多乱象所迷惑，能拨开云雾，重见青天。他们遇事喜欢朝着相反的方向思考，朝着改变自我和自己多付出方向思考，常常重常人之所轻，轻常人之所重，喜欢独辟蹊径，能够“知微见著”。“千磨万击还坚劲，任尔东西南北风”，所有有魅力的教师在工作中都能顶住来自各方面的压力，潜下心来，眼光向内，苦练内功，不断地提升和超越自我，结合自己的教育教学实际，长期地深入地思考：教育的本质和真谛是什么？什么是时代需要的教育？怎样才能创造出无愧于历史的教育？怎样的课堂才可以提升他们的生命体验的能力和水平？等等。这些思考使得他们在课堂上时时闪烁着智慧的光芒。笔者在以情动人的生命体验理念观照下用五步文本解读之法来组织教学、预构问题、注重诵读、关注文本本身，都是笔者在自己的教育教学过程中慢慢总结出来的。

古诗文教学首先要诵读，因声求气，读出抑扬顿挫，读出节奏，读出韵律，读出情感变化，读出人生观照；当下诗词教学诵读的困境是绝大多数学生见字赋音，毫无情感可言。古今语音已经发生很大的变化，大量的入声字已经消失，究竟如何来读，人们多有抵牾。笔者以为不必刻意凡字追求古音，尽量依托现代汉

语的读音即可，关键不在读哪个音，而在于学生背诵的方式是高声诵读、五官并用，还是默不作声、死记硬背。只要学生开口诵读，古典诗词的形式之美就会在眼看、口读、耳听、心想中扑面而来，对诗歌的感知就会由平面转为立体，由单一转为丰富。

当前古诗文的解读是一个非常薄弱的环节，很多学生对古诗文望而生畏，实际上他们不是不想喜欢，而是不知道如何喜欢，这与当下的很多老师解读古诗文的方式寡然无味有莫大的关系。现在的古诗文解读似乎落入了一个怪圈：片面强调了诗文的思想性而忽略了它的工具性，每一首诗每一篇文当然有意义，但是意义的呈现方式恰恰是达到目的的凭借，没有诵读、涵咏、浸润的过程，没有对诗文形式的探讨，而是直奔主题，原来水灵灵的古诗文变成了干瘪的躯壳。读诗文都要强调回归文本，在文本的字里行间下功夫，读出显性叙事，更要读出隐形叙事，读出文本的转折，读出文本内部依托矛盾彰显出来的张力，读出文字背后的用眼睛无法看出来的东西来。举个例子来说，杜甫有一首《江汉》，要理解老杜就要将本诗的形式读出来：对比的形式。作者是一个老、穷、病、卑微的流浪者，一个最不需要去忧国忧民的人，但老杜偏不这样，他偏偏将家国的情怀装在心中，在这样的矛盾冲突中，呈现出来的才是一个真实的杜甫，一个超越了世俗的杜甫。我们认识到杜甫这是在与自己争论，才会体会诗人的伟大。唐代崔颢的《长干行》，此诗描写的是一个妙龄船家女，这位船家女看到邻船的一个男孩子，就主动询问对方的情况，这与中国的古代社会对于女子的要求（锁在深闺人不识，行不露足，笑不露齿）是格格不入的，而这样一个个性鲜明的，能够积极主动追求个人幸福的船家女就是通过一系列貌似反常的行为展现出来的，解读的过程中就要抓住这种在今天看来仍然有些不太正常的地方来把握人物性格。另外骆宾王的《鹅》，一般的文本解读大都说此诗是唯美的，描写了一群可爱的充满生机与活力的鹅，关于此诗的思想性，却不甚了了。其实对于这首诗的思想性，窃以为必须将鹅的特点与骆宾王这样一个七八岁的孩子和整个唐朝初期的社会现实联系起来，通篇运用托物言志、类比象征的表现手法，那我们就大体可以读出作者写鹅，实际上是在为那样一个新生的、具有蓬勃气象的时代代言。

中学古诗文教学的意义和价值，个人认为前看一百年，后看一百年，它们意义就出来了。我们的很多语文教师在古诗文教学中坚持不了自己独立的人格，缩手缩脚，不能理直气壮地坚持自己的语文教育理想，不能在人格上给学生以引领。我们语文教师队伍要有冲破重重浓雾的勇气和力量，不能坐而论道，而应付诸实践。中学古诗文教学要展现人格的张力（不同的人在人格上的落差），没有了张力，就没有了中学古诗文教学的魅力，就不会给学生以震撼。教师所能教给学生的只有自我，语文教师主要不是通过耳提面命的思想灌输，不是为学生提供人之为人的外在规范，而是以行感人、以情动人，使学生具有人之为人的内在需要。

（二）人格意识观照下的单篇文本解读路径研究

1. 古诗文的五步解读法概述

单篇文本解读是其他文本解读样态的前提和基础，群文阅读、专题阅读和整本书阅读大都是单篇文本的复制、拓宽、延伸，使得阅读内容变得更丰富、更具体、更立体，可以说是单篇文本解读的变体。中学古诗文的单篇文本解读种类很多，下面介绍一组比较能够体现人格意识文本解读思想的五步解读法。

1）确定所读古诗文的文体

王荣生说："阅读是对某一种特定体式、特定文本的理解、解释、体验、感受。阅读是一种文体思维。"[①] 这意味着必须指导学生用适合特定文本体式的阅读方法"从重要地方看出所传达的意思和意味来"每一种文体都有各自的写作目的、对象和作用，自然有各自写法上的具体要求，呈现出各自的语言特点和风格特征。文言文教学需要正确处理内容和形式的关系[②]。古代文艺理论最讲求区分文体。曹丕的《典论·论文》初步提出"奏议""书论""铭诔""诗赋"等四科八体，并提出"夫文，本同而末异。盖奏议宜雅，书论宜理，铭诔尚实，诗赋欲丽。此四科不同，故能之者偏也；唯通才能备其体"[③] 等独到看法。陆机的《文

① 童曼：《诗歌体式与诗歌教学内容的确定：李仁甫老师〈沁园春·长沙〉课例评析》，载《中学语文》，2016（28），70-71页。

② 李欣荣：《扭转文言文碎片化教学现状的策略》，载《语文知识》，2016（7），70-73页。

③ 夏传才：《古文论译释》，北京，清华大学出版社，2007，143页。

赋》将文体扩充为诗、赋、碑、诔、铭、箴、颂、论、奏、说等十体[①]。刘勰《文心雕龙》则集前人之大成，在“论文叙笔”的二十一篇中分别论述了骚、诗、乐府、赋、颂、赞、祝、盟、铭、箴、诔、碑、哀、吊、杂文、谐、隐、史、传、诸子、论、说、诏、策、檄、移、封禅、章、表、奏、启、议、对、书、记等三十五种文体[②]。文体不同，文章内在的规定性也不同。明代顾尔行在《刻文体明辨序》中说：“尝谓陶者尚型，冶者尚范，方者尚矩，圆者尚规，文章之有体，此陶冶之型范，而方圆之规矩也。”[③]文体的分类历代均有抵牾，各种分类逻辑界限模糊。本着中学古诗文解读实用有效的原则，中学生阅读的古诗文大体可分为记叙、议论、说明三种文体。具体说来，以记叙为主的文体样式大体可以包括：历史故事、人物传记、小说、寓言、山水游记，甚至叙事诗也可以当做一篇记叙文来读；以说明为主的文体样式大体包括：工艺程序介绍，如《活版》；文物介绍，如《核舟记》《陨石》；以议论为主的文体样式大体包括书、表、政论文等，如《稼说送张琥》《进学解》《治生说》等。古诗的读法先要确定体裁与题材，按体裁（式样）来分，可以分为古体和近体；按题材（内容）来分，可以分为叙事诗、咏物诗、山水田园诗、咏史诗、边塞诗、闺怨诗、羁旅行役诗、送别诗、哲理诗等。古诗能够区分出不同的题材，就按不同题材内在规定性来具体展开解读。古诗文不同的文体（体裁或题材）表达方式不同，表现对象不同，手法不同，读法自然不同。教师可引导学生依据文章的标题、文本的行文腔调和文本后的练习题中关于文体方面的表述来确定文体（体裁或题材）。

2）确定所读古诗文的表现对象

“对象”常有两层意思，指行动或思考时作为目标的事物或特指恋爱的对方。学者唐震在《接受与选择》一书中把“对象”看成是“围绕着人的、被人用来接受或选择的特定事物”[④]。“表现对象”通常作为一个文学审美的概念来使

① 夏传才：《古文论译释》，北京，清华大学出版社，2007，153页。

② 牟世金：《刘勰的“论文叙笔”：〈文心雕龙译注〉引论之一》，载《东岳论丛》，1981（2），102-107页。

③ 崔正升：《体欲其辨与用欲其神——论顾尔行“辨体”观的理论贡献及其写作教育价值》，载《写作（上旬刊）》，2017（11），3页。

④ 唐震：《接受与选择》，北京，中国社会科学出版社，2009，4页。

用或阐发。本书中的表现对象是一个解读学的概念，其基本内涵就是任何文章都会有一个表现作者思想和情感的依托物，古诗文和其他文学作品一样大都是借助于形象来表现作者的思想或情感的，没有了表现对象，古诗文的解读就失去了依托。

“表现对象”比较接近于散文中的“形象”，一般指文本中呈现的具体的、感性的，具有艺术概括性的，体现着作家审美理想的，有着审美价值的自然和人生的图画[①]。本书“表现对象”借鉴了散文鉴赏中“形象”的术语，是指古诗文中呈现的具体的感性的、具有艺术概括性的、体现着作家的审美理想的、有着审美价值的人、事、物。“表现对象”除了文学形象之外，还包括说明对象和议论文所谈论的话题。古诗文一般都会有一个确定的“表现对象”，表现对象因文章样式不同而不同：《钵山余霞阁记》的表现对象是作者登余霞阁所看的景象；《畏垒亭记》的表现对象是归有光居畏垒亭的所见所闻；《凌虚台记》和《游万柳堂记》的表现对象就是登凌虚台和游万柳堂的所见所闻；《六一居士传》的表现对象就是作者欧阳修自己；《送区册序》的表现对象就是区册的为人；《棋经十三篇》的表现对象是一个话题，就是如何下棋；《察今》的表现对象是泥古还是察今；《荷塘诗集（序）》作为一篇文论，它的表现对象是一个话题，即做人和作文哪一个更重要，等等。确定所读文言文的表现对象，意在明确作者借助于什么来表现思想和情感的。教师可引导学生依据古诗文的标题、行文的线索、文章的结构、表现的手法来确定古诗文的表现对象。

3）概括所读古诗文表现对象的特点

概括表现对象特点是阅读一篇古诗文的关键，没读懂古诗文主要是没有把握住表现对象的特点。一般来说，表现对象的特点与作者要表现的思想情感是紧密关联的。作者通常是看中了表现对象的某个特点，用它来表现自己的与之相同、相似或相反的思想情感。现实生活中表现对象的特点有很多，选哪一个特点要依据表情达意的需要来定。例如《谏成帝营陵寝疏》中对于是否要营造这样壮观的陵寝，众说纷纭，《六一居士传》中作者笔下的自己是一个为人旷达的读书人，《菊窗记》中作者笔下的“洪氏之居”是一个可以让人拥有自得之乐的所在，《朝

① 唐晓峰：《对话古人，考证历史：大禹治水传说的新证据》，载《新高考：语文》，2015（2），41-42页。

天子·西湖》表现的是西湖的明媚春光,《阿房宫赋》中对阿房宫的“占地面积广”“高大”“宫人生活的奢靡”进行极力的渲染、夸张、铺陈。沈括的《采草药》的表现对象应该为采草药的时间、地点、方式方法。《过秦论》《论贵粟疏》《训俭示康》的表现对象是对于本文所探讨的话题,众说纷纭,莫衷一是。教师可以引导学生在熟悉文本、确定了表现对象的基础上,领会作者是如何围绕表现对象的某一特点多侧面、多角度地强化表现对象的。

4)揣摩作者对表现对象的态度

作者对表现对象的态度实际就是所读古诗文的主旨。作者对表现对象的态度是多种多样的,可以是喜爱的、赞美的、讴歌的;也可以是反对的、讽刺的、抨击的;还可以是惋惜的、遗憾的、无奈的等等。作者对表现对象的态度一般通过对事、景、物的描绘直接或间接地表现出来:《延陵季子将西聘晋》的作者大为赞赏主人公不欺心的守信品格;《陋室铭》中刘禹锡对自己的在外人看来又小又破的书斋的情感是自豪的、大加赞美的。作者对表现对象的态度还常常通过作者对表现对象的态度的变化加以体现,《周处》中作者一开始讨厌周处,但当得知周处知错就改的时候,又是赞美的态度;《岳阳楼记》是通过对乐景和哀景的超越来抒发旷达的情怀的;《赤壁赋》中作者面对月下的赤壁之景时而乐、时而悲、时而喜,旷达的人生态度就在悲喜间体现了出来;《兰亭集序》《滕王阁序》《秋声赋》都是如此。文章至此,才算在总体上把握了文本“写了什么”。《咏史》中对于表现对象“涧底的松”和“山上的苗”,作者认为这是“地势使之然,由来非一朝”,态度显然是抨击和控诉的。教师可引导学生在体会字里行间作者遣词的褒贬、行文的腔调和梳理情感线索中来把握一篇文章中作者对表现对象的态度。

5)鉴赏作者是用什么手法来表情达意的

通过前四步我们对诗文作者的“人生的深刻的观照”有了比较准确的把握,这还属于对古诗文的把握的第一个层次。要想真正登堂入室,非走进文本内部不可,“去求艺术家传达人生观照的技巧”。读出作者的思想情感后,就要再一次走进文本,揣摩、体会、鉴赏文本的表达方式、表现手法和语言特色。一篇《邹忌讽齐王纳谏》,只要明白作者运用的是“对比”兼“类比”的手法,读者大体就知道文章的主旨了。很多人不明白《岳阳楼记》的旷达心胸是怎样表现出来的，其实只要明白作者运用了对比（即人生的顺境与逆境）和象征（以好天气喻顺境，以坏天气喻逆境）的手法，不论顺境还是逆境都要胸怀天下，这就是旷达。而表现手法诸如托物言志、借景抒情、寓情于景、类比、象征、欲扬先抑、对比、衬托则是从文章整体的角度来考虑主旨的彰显、材料的安排和布局。如一篇《卖柑者言》，只要明白“柑”和“官”是类比和象征，就意境全出了。《咏史》一诗作者主要是运用了类比兼对比的手法来表达他对世袭制度的不满和抨击。教师可引导学生反复诵读文本，结合古诗文的主旨来思考文本运用了什么手法，语言上的特色怎样，为什么要这样来表达。这才算走进了文本的内部来领略文本的风采。若长期浸润，学生的阅读能力、表达能力、鉴赏能力定会有大的提升。

表达方式、表现手法、语言特色才是古诗文表现力取之不尽、用之不竭的源泉：就表达方式而言，写景、叙事、状物为抒情和议论而设，这一规律可以解决散文在立意、选材、组材上的诸多问题。如一篇《石钟山记》，只要弄清楚“事不目见耳闻，而臆断其有无，可乎”中的每一个字是怎样与前面的“至暮夜月明，独与迈乘小舟至绝壁下，大石侧立千尺……古之人不余欺也”中叙事、写景相照应的，东坡先生倡导要亲身实践、亲自经历，中心就十分明了了。如一篇《种树郭橐驼传》，只要明白“种树”和“做官”是类比，“郭橐驼”与“他植者”，“好烦其令的官”与“顺天致性的官”之间是对比，本文的寓意就昭然若揭了。语言上的特点很多，如整散结合、长短结合、沉郁顿挫、清新自然、诙谐幽默、华丽绚烂、平实朴素、多用口语等都要潜心体悟才能心领神会。

以上提出中学古诗文的五步解读法虽大都是分析文本的共性内容，但五步解读法遵循了文学的基本规律，发现并利用了文本中隐含的逻辑因素，使古诗文的文本解读沿着人生观照的方向从混沌走向清晰和深入，将文本背后的意蕴挖掘出来，从而丰富解读者对生命的体验和理解。中学古诗文生命解读的五个步骤实际上是从形象出发，运用概念进行演绎、归纳、推理的过程，从而把作者思维的过程比较直观地展示给学生，让学生在阅读古诗文的过程中有章可循。掌握了五步解读中所蕴含的一定的逻辑方法之后，学生运用逻辑思维能力逐渐能独立分析文章的主旨、思路、结构和写作特点，能自主地梳理阅读中获得知识与能力的过程就是由内容到形式。德国接受美学的代表人物伊泽尔曾说："文本未定点和空白本身就是一种能够召唤读者阅读的结构机制，文本中空白图式的连接存在着非连续性，或者叫空缺，它常常需要读者丰富而具体的想象去进行衔接和连续化。读者对作品视域的突破，进而达到读者视域与作品视域的融合，也是一种召唤读者阅读的结构机制"①。在解读中学古诗文中运用五步解读法，学生始终能在总体上把握文本，有全局的意识，而不是细枝末节的、零打碎敲的；运用五步解读法，文本解读精准了，文本的意思读懂了，学生就拥有了个性化解读的前提和基础；才可以透过文本领悟蕴含在文本背后的人文魅力、生命的境界。正如德国姚斯所说："在艺术的历史中，一部过去作品不断延续的生命，不是通过永久的疑问，也不是通过恒久的回答，而是通过疑问与回答、问题与解决之间的动态的阐释，才能够激发一种新的理论并允许重新开始过去与现在的对话。"②这种对话，实际上就是阅读者已有的生命体验与阅读时所获得生命体验之间的一种交汇、融合、补充和升华，生命解读的意义和价值由此得以实现。

2. 使用古诗文五步解读法的意义

中学生学习古诗文，本书主张在读懂了文章的主旨和明确了文章写法的基础上来选择决定串译课文，此时一般就不再需要教师逐字逐句来翻译串讲，而是依据学生仍然不理解、不明白的地方做重点讲解，这样才会有的放矢，省时高效。按此顺序教授古诗文，大体上可以凸显语文学科的本质特征，牢牢抓住两个基本要点，既可以训练学生的思维能力，又可以由表及里地把握一篇文章，所有文本解读始终没有脱离文本本身，这有利于学生核心语文素养的整体提升。

以中学古诗文人格意识解读五步解读法为突破口，学生可以比较自主地进行古典文学作品的研究性阅读，中学古诗文人格意识解读五步解读法的出发点和归宿就是真正理解语文学科的本质特征，即让学生真正弄清楚"写了什么"和"怎样写的"，即虚和实是如何相互照应的，就可以在阅读别人的文章时学会识别主

① 徐牧、董广：《召唤结构：另一种陌生化美学》，载《内蒙古电大学刊》，2012（4），46-48页。

② 张景兰：《在政治理性与文本实践之间：新视野下的〈子夜〉解读》，载《延安大学学报（社会科学版）》，2013（4），80-84页。

旨和体会写法，自己写文章时就会自觉地确定立意和选择运用各种表现手法，从而更加明晰地感受蕴含在文本背后的生命的境界，从而提高阅读者的审美情趣，增加阅读者的文化积淀，充实阅读者的文化底蕴，提升阅读者的文化品位，促进阅读者健全人格素养和良好思想道德品质的形成。中学古诗文的学习不在实用，而在于提升学生的语文素养，即如钱理群先生所言“用我们民族与全人类最美好的精神食粮来滋养我们的孩子，让他们的身心得到健全的发展，为他们的终身学习与精神成长打底。”[①] 具体说来，真正明白这一点，意义非常重大。

1）有利于教师全面提升教育教学的能力和水平

在日常教学过程中，要结合教学重点和难点把握古诗文的切入点，并条理清晰地组织课堂教学。古诗文教学的随意性和无效性就会相对减少，教学的有效性和针对性就会大大提升。在《荷塘诗集（序）》中，作者先提出了一个问题，那就是现实生活中什么样的人才是真正的诗人，作者姚鼐先用了一组对比，即不自命为诗人者和自名为诗人者，两种人的精神境界完全不同，差别在于做人的高下；接着作者说张君就是一个不自我标榜是诗人的“高人”，并将张君与杰出诗人相比较，尽管诗的水平稍逊，但人做得好，一样是值得我们尊重的人。由此得出作者的主张：做人永远是第一位的。读完此文，掩卷遐思，生命中的林林总总，不论是顺境逆境，还是祸与福，哪一件事不与做人有关呢？有了这样的解读，相信自己的精神世界一定会收获满满。

2）有利于学生从生命的高度来把握古诗文的主要内容

诗词的语言表达总是简洁、凝练的。简洁、凝练的语言之中通常会有概括性极强的词语，这为从生命的角度立意去解读古诗文提供了天然的抓手。《诗经》中的《氓》，从人格意识解读五步解读法来看，这是一首闺怨诗。表现对象为抒情主人公“我”，我是一个一度追求真爱而遭遇家暴和遗弃的女子，走在回家的路上“躬自悼矣”。这是一个勇敢、勤勉、忠贞、坚韧、自尊的女子。“作者的态度”无疑是对抒情主人公深切的同情和由衷的钦佩，以及对无情的氓的鞭挞。从表现手法的角度看，这首诗运用了对比的手法，将氓的始乱终弃、忘恩负义表现得淋漓尽致。读过这首诗，相信所有的阅读者都会在如何处理自己的感情问题上

① 钱理群:《我对经典作品教学的一些看法》，载《中学语文：教学大参考》，2007（24），3页。

有所思考。

3）有利于师生提升语文教与学的两个方面的积极性、主动性、创新性

语文学科区别于其他学科最本质的特质是它是用形象来反映和表现现实生活的，大凡能够流芳百世的作品，它所蕴涵的人生哲理必然是普适的，打动了不同时代的众多读者，因此既能跨越时空，又给一般读者司空见惯、习以为常的感觉，但是它用来表现思想和情感的表现手法、表达方式、语言形式一定会有它的独到之处、可圈可点之处。明白了这一点，我们就会在阅读与写作中把握语文学科这一本质特征，抓住关键，较为迅速地提升把握、驾驭文本和表现思想情感的能力和水平，从中感受到蕴含在文本背后的人文精神。《廉颇蔺相如列传》洋洋洒洒数千言，人物繁多，情节复杂，乍读起来，确实让人“丈八金刚，不着头脑”，但细读起来，运用五步分析之法鉴赏此文还是有章法可寻的：文体上说，这是一篇人物传记，传主就是蔺相如，要理解“传主”的人格，倘能抓住“臣窃以为其人勇士，有智谋，宜可使”一句就可以迎刃而解：其实整篇选文就是围绕蔺相如的“勇”和“智”来展开的，无论是完璧归赵、渑池相会还是将相和，都体现了蔺相如在危急时刻沉着冷静、审时度势的“大勇”和“大智”，蔺相如的睿智、勇敢、谦让和以国家为重的高贵品质就呼之欲出，无论是教还是学都有了一个可以牵一发而动全身的切入点。

在阅读庄子的《秋水（节选）》中也是如此，从文体上讲，这是一篇记叙类的寓言；论表现对象，秋水是也。秋水的特点就是很盛大，两涘渚崖之间，不辨牛马。至于作者对“秋水”的态度，大可以只抓住一句：“今尔出于涯涘，观于大海，乃知尔丑，尔将可以语大理矣。”教师只要抓住此句话，引导学生找出上下文中的“出于涯涘”“观于大海”“尔丑”“大理”分别指的是什么，《秋水》一文的文脉就会清晰地凸显在我们的面前。

荀子的《劝学》和韩愈的《师说》都是议论文的典范。运用五步解读法，要理解这两篇文章也就不算难题了：首先判定文体，不论从文章的结构还是行文的方式和强调的重点，这两篇文章都是议论文。议论文涉及话题的问题，《劝学》探讨的话题是要不要努力学习，《师说》探讨的话题是要不要从师。而对这两个问题的看法又都是众说纷纭，不一而足。作者的态度就是作者在文本中提出的观

点。《劝学》的观点就是“学不可以已”,《师说》的观点就是“道之所存,师之所存也”。至于两篇议论文所使用的论证方法,比喻论证、对比论证和因果论证在文本中几乎俯首可拾。两篇文本中作者所提出来的主张即“活到老,学到老”和要善于从师学习也就能够充分说服阅读者了。

在教学过程中,老师与学生如果明白了语文学科通常是借助形象来抒发思想情感的特点,就会自觉地运用五步分析法来把握一篇文章写了什么,怎样写的,在阅读与写作中真正明白文章到底是怎样一回事。由此可见,中学古诗文尽管从表现手法上来看纷繁复杂,形式多样,但我们只要善于识别和把握流露在行文中的那些概括性的意蕴深刻的词或句子甚至一个段落,就可以纲领在握,虽多而不乱了。

3. 在中学古诗文人格意识解读实施过程中的注意事项

1)要以表达方式、表现手法为切入点进行知识的梳理

要以表达方式(记叙、说明、描写、抒情、议论)、表现手法(象征、对比、衬托、托物言志、寓情于景、借景抒情等大体十几种)为切入点去直接诵读文本。其实语文学习的真正目的之一是自如运用语言来清晰、生动地表达自己的思想,这当然就离不开表达方式和表现手法。很多人学了若干年的语文,学到最后总感觉语文学习空泛得很,这其中很重要的因素是没有从学习别人如何表达思想情感入手来学习语文。梳理表达方式、表现手法的目的有三个:一是阅读鉴赏文章时,别人运用了表达方式、表现手法你能看得出来。二是自己在写作过程中能自觉地运用表达方式和表现手法,试想一篇比较好地运用托物言志手法的考场作文得分一定不会低。三是可以借此把课本上学过的文章全面梳理,从更高的层面上来重新认识、理解、把握课文。诵读流传千古的《滕王阁序》,如入大山探宝:正大高峻的立意、目不暇接的意象、精彩神奇的想象、激情飞扬的辞采令人叹为观止,如能从铺陈、渲染、烘托、排比、反复,描写景物的远近、高低、声音、色彩、虚实以及叙事写景抒情议论的有机结合的角度来审视、体验、感悟《滕王阁序》就会锦上添花、别有洞天。读者的审美情趣、文学修养就是在这种体验和感悟中逐步提升的。宋词名篇范仲淹的《渔家傲》:“塞下秋来风景异,衡阳雁去无留意。四面边声连角起。千嶂里,长烟落日孤城闭。浊酒一杯家万里,燕然未

勒归无计！羌管悠悠霜满地。人不寐，将军白发征夫泪。”这首词只要抓住开篇一个议论性的“异”字，就可以自然理解作者对于边关塞外风景的描写异在何处，与下文的“燕然未勒归无计”的典故合在一起，也就不难理解作者报效祖国、保家卫国的壮志豪情和深沉的思乡之情。由此可见，在教与学的过程中，明确表达方式、表现手法无疑会大大提升理解和把握文章的能力。

2）在知人论世的基础上抓住关键词，准确地概括古诗文的中心

要明晰地感受作者的思想和行文思路，体会作者如何在文章中把相同、相异、相反的材料有机地组织在一起，抓住了关键句，而后就看作者是如何把此关键句的词语具体化的。关键句要到议论与抒情的语句中去找；到总分关系中总的句子中去找；到运用了类比、对比、反衬的手法的句子中，表达核心观点的句子中，起承转合的句子中，去找转折、承接、递进关系中强调的分句。其实一篇文章中提纲挈领的词语也有区别：它们是有“辈分”的，有包含与被包含、说明与被说明的关系，也有一级词、二级词、三级词。材料间上下打通，左右打通，虚实打通、具体与抽象打通，就可以迅速抓住文眼，领会文意，有利于养成整体阅读的习惯：抓住《琵琶行（并序）》《孔雀东南飞（并序）》两题目中“并序”两字，再整体阅读感知，你就可以清晰地体会序文与正文是怎样照应的。陆游的《十一月四日风雨大作》的“哀”字，与杜甫的《闻官军收河南河北》的“喜”字都是这样意蕴丰富、言简意赅的词，从抽象的“哀”字和“喜”字入手，看文中是如何表现这种“哀”和“喜”的，以此入手就不难理解蕴含在文学作品中的忧国忧民的思想情感了。《秋声赋》的主旨是秋的来临是不以人的意志为转移的。文中关于秋声的描写，“如波涛夜惊，风雨骤至。……又如赴敌之兵，衔枚疾走，不闻号令，但闻人马之行声”。“四无人声，声在树间”这是自然的规律，是不会因人而变的，这已在文中做了充分的铺垫。由此可见，抓住关键核心词句，对于准确概括古诗文的中心及领会人物的思想情感意义重大。

3）在日常的古诗文解读中要自觉地由把握中心到体悟人格意识

任何文章都不会离开叙事、写景、状物、抒情、议论的表达方式，叙事、写景、状物为抒情、议论而设，抒情、议论从叙事、写景、状物中引发出来。古语云“诗言志”，所谓的志就是文章的中心。文章的所有材料都由中心来统帅，文

章的阅读和写作都离不开中心，阅读文章，答题时要注意几乎所有的答案都要落到表达了怎样的中心，是如何表现中心的。唐人李峤的《咏风》是一首咏物诗，表现了风不论来到何处，都会根据具体情况有所作为。由此中心进一步联想，由物及人，这无疑可以将“风”比喻为人，真正有能力、有水平的人，不论命运将他安置在何处，他都会有所作为。这就是体悟人格意识。这和王勃的《咏风》有异曲同工之妙。阅读《世说新语》的《咏雪》，我们不能仅仅满足于谢道韫的“咏絮才”，我们还应该看到，谢太傅一家与诗书为伴的雅致的生活，以及高贵的人格意识，这样我们才算读出了文章的意趣。

（三）人格意识观照下的单元贯通写作

单篇文本阅读是当下中学古诗文阅读的基本样态，但是单篇文本阅读有一定的局限性。打破单篇教学常规模式，辅以相近资料，整合单元灵魂，放手让学生去挖掘古诗文的意蕴，建立学习上的联系，将生命体验贯通，获得能力。复旦附中黄荣华老师认为，思维方式是单元贯通的联系点，表面上看是文本的逻辑，实际上涉及的是阅读文本的顿悟的问题。

单元贯通以课文为手段，以课文以外的能涉猎到的相关知识为依托，利用课本中的一个细节讲到古今中外的教育、哲学、美学、人生的内容，然后再给学生提供一些材料，再阅读、再讨论、再体会。在这样的课堂状态下，学生其实不再是学习死的知识，而是在砥砺生命的智慧，古诗文学习的过程就是生命交往的过程，是生命相互学习、相互理解、相互宽容、相互尊重、相互激发、相互妥协的过程，古诗文课堂也应当没有时间与空间的限制，古诗文本身就是充满智慧与魅力的人生轨迹，弥散着生命的气息。这将避免仅从文章的一般意义上开展教学，避免仅从语言的角度开展古诗文教学，因而也就必然会避免因偏重于“技术”教学而阉割语言文字背后的思想，必然会避免因偏重于“知识”传授而掩盖语言文字背后丰富的文化信息。

单元贯通首先要确立单元主题意识，所以它将必然会避免教师孤立地看待文本，因而也就必然会避免文本教学的面面俱到或杂乱无序，而能将每篇课文当成完成某一“单元教学主题”的重要一环去突出重点、突破难点。在这一教学过程中，需要打破传统的单篇文本处理的方法，要将单元全部或部分文本（包括根据需要适当补充的文本）组合在一起教学，开展组合学习、讨论。

每一次“单元贯通”写作交流都给每一位学生以机会，并由学生自己根据精彩的程度决定展示时间的多少，相对而言它较好地体现了课堂的公平性，因而也就将真正体现对每一位学生的学业的尊重，体现对每一位学生在事实上的关爱。现在我们的教育堕落于追求功利，对给每一位学生以学业的尊重与事实上的关爱考虑得很少，落实到行动上则更少。因此，单元贯通写作自主交流对学生潜在的影响将是非常重要的，也是极其深远的。

（四）人格意识观照下的整本书阅读操作办法

1941 年，叶圣陶在《论中学国文课程标准的修订》中对“读整本的书”提到：“把整本书作主体，把单篇短章作辅佐”，这是叶老第一次明确提出要读整本书[①]。在单元学习的过程中，选择一本与单元主题相关的书籍，深入阅读，在思想认识上与单元主题建立深刻的联系。当然，我们在书的来源、质的甄别、量的确定方面要有所取舍，在整本书阅读的过程中，教师要注意阅读前提示方法，阅读中进行有效指导，阅读后要组织讨论。讨论是对整本书进行阅读指导的重要环节，它不但能深化学生对书籍的理解，还能培养学生持续的阅读兴趣[①]。在强调整体感知的同时，教师应该注意引导学生逐步深入阅读。整本书阅读，既要关注学生的个性体验，又要通过细节的挖掘，牵一发而动全身，促使学生对整本书的理解有进一步的提升。

（五）人格意识对古诗文解读促进意义的实验研究

教育学是一门社会科学，它的每个问题都涉及人的方方面面的因素。中学古诗文文本解读也不例外。要想解决当下中学古诗文文本解读存在的诸多问题，要语文教师、学生、学校、社会形成合力，多管齐下，才能从根本上解决问题。关于教师的生命体验理念观照下的专业素养的提升，前面稍有涉及，不再深入展

① 李怀源：《由叶圣陶“读整本书”思想谈小学整本书阅读》，载《课程·教材·教法》，2009（4），31-34 页。

开，本书仅选取生命体验理念观照下的古诗文文本解读策略作为研究对象，通过生命体验策略的实施，分析前后所表现出来的差异来印证，生命体验式的文本解读是一种比较有效的古诗文文本解读的方法。

本部分内容将在第四章进行详细阐述。

第四章　人格意识对中学古诗文解读促进意义的实验研究

（1）研究名称：人格意识理念对中学古诗文文本解读促进意义实验研究

（2）研究对象：笔者执教下的上海市青浦区复旦五浦汇实验学校七年级 1 班和 3 班学生（共计 79 人），参与本实验研究的教学人员为笔者和实验学校相关班级的语文教师夏桂林老师和陈燕老师。

上海市青浦区复旦五浦汇实验学校是民办初级中学。学校充分借鉴复旦附中开办兰生复旦中学、复旦二附中和复旦万科实验学校的成功经验，依托各校优秀教师资源和学生资源，积极探索初、高中一体化的培养与管理模式。现任校长为黄玉峰先生，为复旦大学附属中学特级教师，上海写作学会副会长，上海语文学会理事，上海诗词学会理事，深耕教坛 50 载，倡导“独立，善良，智慧，美丽”教育理念，致力于传播“人”的教育，学校除了开设基础性课程之外，还开设了诗词创作、戏剧、书法、篆刻、木工、射箭、游泳、棒球、健美操、日语、法语、德语等拓展型和研究性课程。

上海义务教育阶段是“5+4”模式，即小学 5 年，初中 4 年。七年级为进入中学的第二个年级，此年级的同学已经比较完整地接受了复旦五浦汇实验学校的办学理念，学生视野比较开阔，动手能力比较强，综合素养相对较高。

夏桂林老师为青浦本地资深中学语文教师，一直在青浦区某市重点高级中学任教，现为退休返聘教师。陈燕老师是拥有十多年教龄的中年教师，教育教学经验比较丰富。

（3）研究时段：2018 年 5 月 14 日—2018 年 5 月 28 日。

本研究实验在教学过程中采用一系列的解读古诗文的策略，集中讲授一个单元的课文，这样做一方面是因为初中语文日常的单元教学大都是古诗文与白话文交错进行的，考虑实际安排的可行性，实验教学不能过于干扰正常的教学进度；另一方面上海初中语文教学一般以一个单元教学实践为单位，组织单元教学实验，实验环节相对完整，也比较有说服力。

整个研究实验的课时数是每班 10 节，随课表上课。如此安排，一方面不太影响班级的日常教学；另一方面可以给研究者提供比较充裕的时间来实施阅读策略，两周时间相当于一个单元教学的时间，能比较科学、比较从容地完成单篇文本解读、单元贯通的全过程。

实验课程选自沪版初中七年级语文教材下册第七单元，单元主题为“议论纵横”，尽管是四篇先秦诸子的小故事，但每一个文本都在彰显着作者对治国理政、为人处世的根本看法，是提升学生生命体验不可多得的好文本。

（4）指导团队：香港教育大学郑吉雄教授、王秉豪教授、高宝玉教授，以及上海市语文特级教师、复旦五浦汇实验学校校长黄玉峰老师，复旦附中青浦分校杜虹老师。

（5）研究内容：人格意识观照下中学古诗文文本解读。

（6）具体路径：人格意识解读古诗文的策略构建 → 单篇文本解读 →单元贯通。

（7）方案调适：要考虑以下两个方面，适时对实验研究的内容作出一定的调整。

①根据学生的实际做出调整：能力强的快一点，能力弱的慢一点。

②本实验研究方案与日常课程的整合：本研究在设计文本解读策略教学课程时，除了关注学生的人格意识培养之外，还必须配合课程标准，使得古诗文文本解读策略训练可以融入中学生的日常课程中，在日常的教学过程中加以应用和实施。因此，笔者在设计文本解读教学策略时特别考虑到在具体实施方面与日常教学之间的配合。

（8）研究理念：实验研究的方案是以借助古诗文提升学生的思维水平和生命境界为终极目的。教师除了要传道、解惑之外，更要帮助学生“掌握学习方法，养成学习习惯，提升认识自己、超越自我的人格意识”。

（9）研究原则：本实验研究将坚持以学生为本、以能力为导向的原则，重视启发诱导，关注学生的个体差异，引导学生自学，积极创设环境对学生进行思维训练，使之成为独立、主动、灵活的学习者。

（10）研究组织：本实验研究拟以上海教育出版社七年级第七单元（单元主题为“议论纵横”）的单元教学为基本组织形式，在单篇文本教学的基础上注重单元贯通，使能力训练的学习目标更清晰，避免以往单篇范文教学缺乏连贯性、整体性的问题，从而将学生的生命获得感提升到一个新的高度。

一、研究一：中学古诗文教与学现状

（一）研究方法及研究的问题

研究一采用问卷调查的方法，以七年级学生当下所接受的古诗文文本解读策略为调查重心，分别向语文教师及七年级学生派发问卷，从两个不同的角度收集有关当下古诗文文本解读策略的资料，其具体研究问题如下：

（1）从学生的角度看，当下中学古诗文文本解读的策略是怎样的？

（2）教师是否经常从培养学生人格意识的角度来组织有效的单篇文本解读？是否经常组织有效的单元贯通？是否经常组织有效的专题阅读？

（3）从教师的角度看，自己在日常的教学过程中古诗文的文本解读的策略是怎样的？都采用了哪些具体的教学方法？有何体会和困惑？

（二）研究的参与者

教师问卷的参与者为云南省昆明市中学语文教师培训班的43位学员，他们是昆明市乃至云南省的中学语文骨干教师，男教师16位，女教师27位，在一定层面上代表着中学语文教师的整体水平。

学生问卷的参与者为上海复旦五浦汇实验学校七年级79名学生：男生35名、女生44名，学生的总体能力水平在上海地区为中等偏上，实验研究的结果大体可以反映出上海地区中学古诗文文本解读的一般状况。

（三）研究工具

1. 教师问卷（图 4.1 至图 4.2）

教师问卷：中学语文教师古诗文解读现状问卷调查 2018.9.17

尊敬的各位同仁：

现邀请您参与本次调查，请您就中学古诗文文本的解读现状填写本次问卷。本次调查不记名，恳请您如实作答。此调查仅作为课题研究使用，不做任何其他的用途。

您的性别（女）　教龄（0）职称（　　）学段（高一）

1、在日常的教学过程中，你在课堂上是如何解读一篇古诗文的？试写出主要的教学步骤或教学环节。（以《宴诸从弟桃李园序》为例）

《春夜宴诸从（zòng）弟桃李园序》　李白

夫天地者，万物之逆旅；光阴者，百代之过客。而浮生若梦，为欢几何？古人秉烛夜游，良有以也。况阳春召我以烟景（yìng），大块假我以文章。会桃李之芳园，序天伦之乐事。群季俊秀，皆为惠连；吾人咏歌，独惭康乐。幽赏未已，高谈转清。开琼筵以坐花，飞羽觞而醉月。不有佳作，何伸雅怀？如诗不成，罚依金谷酒数。

一、导入

二、字词正音、解释

三、翻译、重点句式的学习、实词、虚词的学习

四、从重点句子理解作者的感情、人生观照，辅以作者及背景介绍.

五、比较阅读，同一作家同一时期/不同时期作品的表现风格，

六、课文掌握情况检查，以作业形式呈现，将文章改写成散文.

2、您在古诗文课上所讲授的内容一般来自教参、网络或诗文鉴赏辞典吗（　　）

A	B	C	D	E
基本上都是	绝大多数是	有一半是	大部分不是	完全自己的理解
√				

3、您在古诗文的课堂上经常会注重文本解读策略的训练吗（　　）

A	B	C	D	E
从未考虑过	很少考虑	有时会考虑	常常会考虑	一直在考虑
			√	

图 4.1　教师问卷（1）

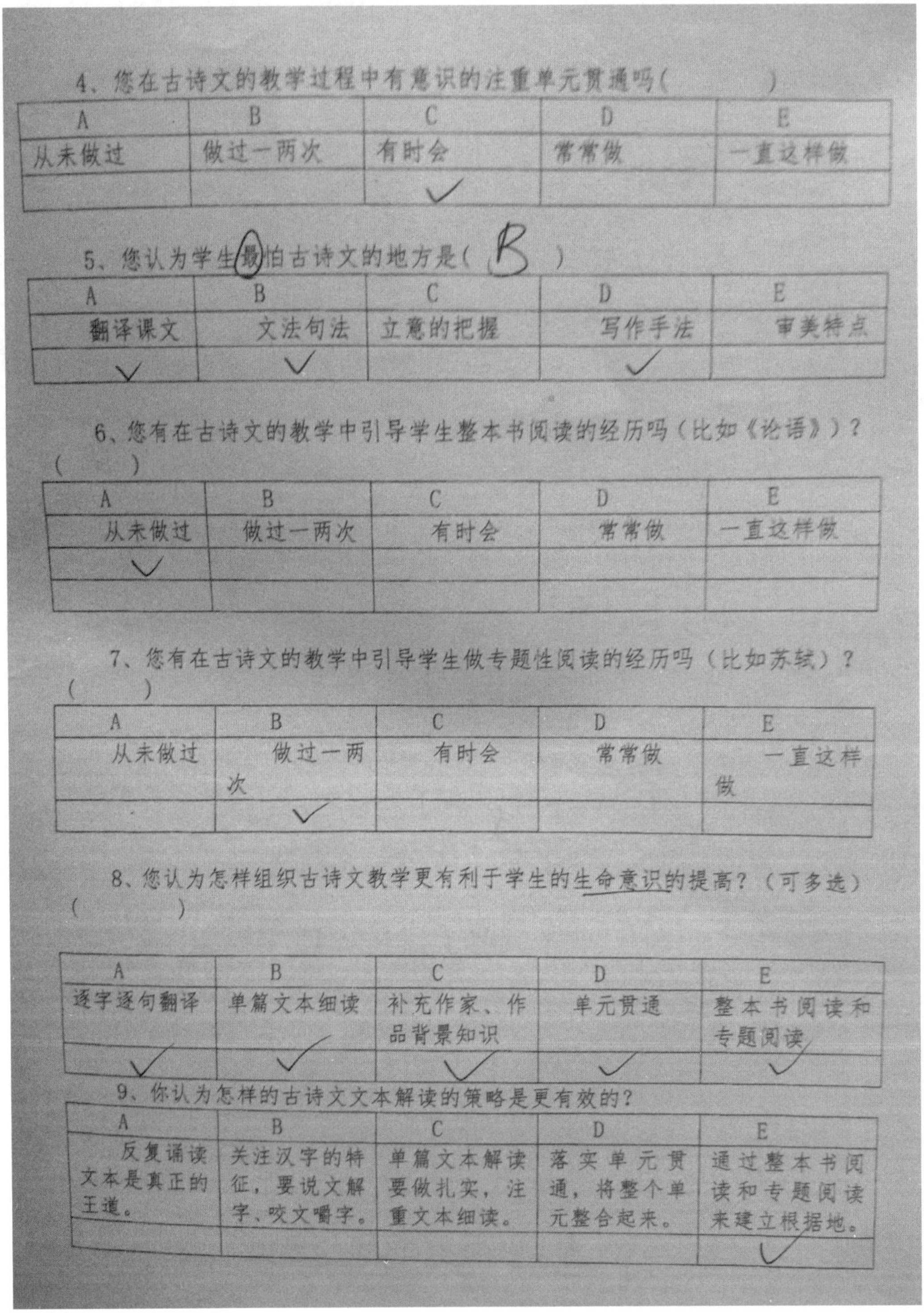

4、您在古诗文的教学过程中有意识的注重单元贯通吗（　　　）

A	B	C	D	E
从未做过	做过一两次	有时会	常常做	一直这样做
		✓		

5、您认为学生最怕古诗文的地方是（ B ）

A	B	C	D	E
翻译课文	文法句法	立意的把握	写作手法	审美特点
✓	✓		✓	

6、您有在古诗文的教学中引导学生整本书阅读的经历吗（比如《论语》）？（　　）

A	B	C	D	E
从未做过	做过一两次	有时会	常常做	一直这样做
✓				

7、您有在古诗文的教学中引导学生做专题性阅读的经历吗（比如苏轼）？（　　）

A	B	C	D	E
从未做过	做过一两次	有时会	常常做	一直这样做
	✓			

8、您认为怎样组织古诗文教学更有利于学生的生命意识的提高？（可多选）（　　）

A	B	C	D	E
逐字逐句翻译	单篇文本细读	补充作家、作品背景知识	单元贯通	整本书阅读和专题阅读
✓	✓	✓	✓	✓

9、你认为怎样的古诗文文本解读的策略是更有效的？

A	B	C	D	E
反复诵读文本是真正的王道。	关注汉字的特征，要说文解字、咬文嚼字。	单篇文本解读要做扎实，注重文本细读。	落实单元贯通，将整个单元整合起来。	通过整本书阅读和专题阅读来建立根据地。
				✓

图 4.2　教师问卷（2）

2. 学生问卷（图 4.3 至图 4.4）

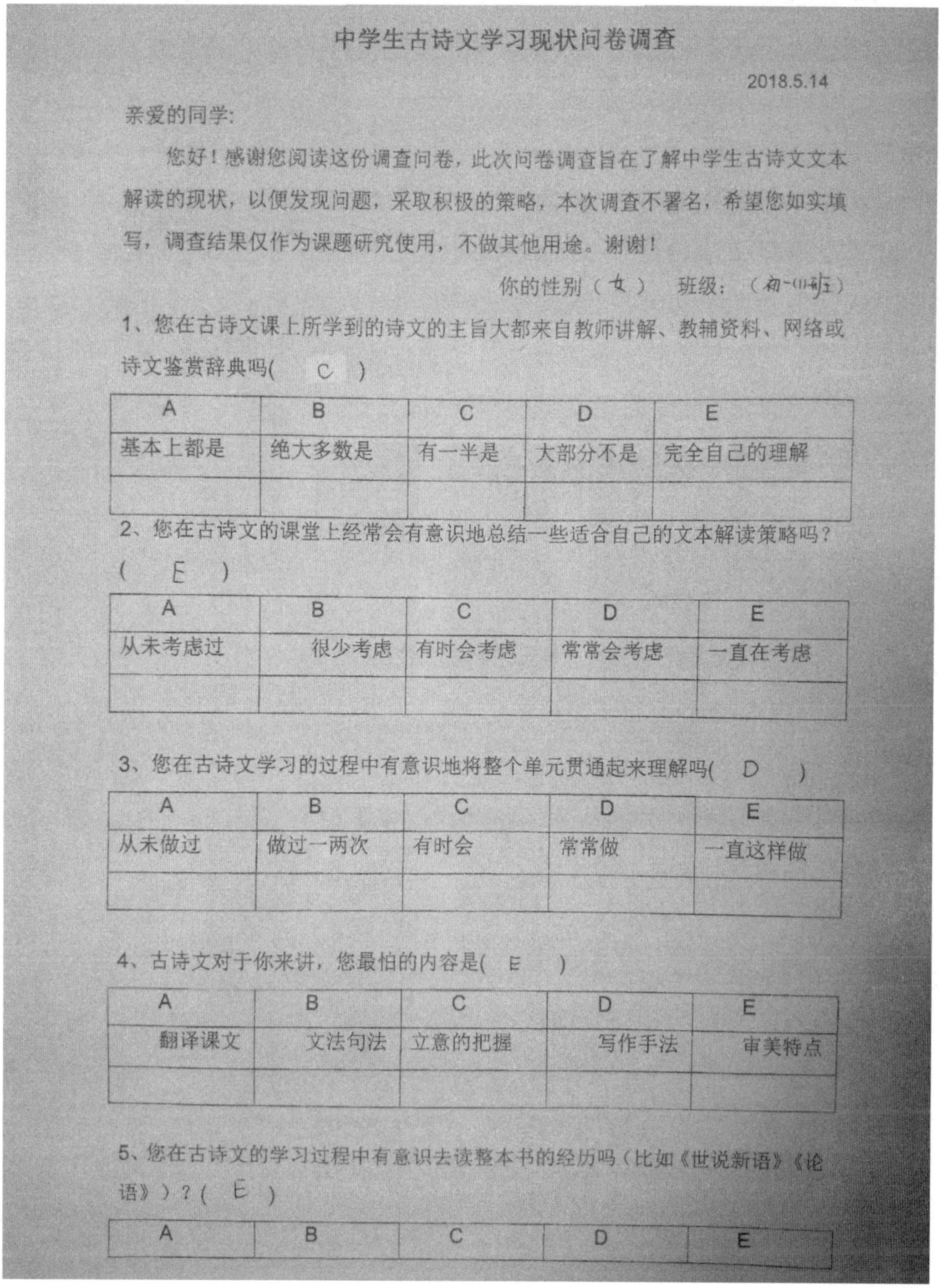

中学生古诗文学习现状问卷调查

2018.5.14

亲爱的同学:

您好！感谢您阅读这份调查问卷，此次问卷调查旨在了解中学生古诗文文本解读的现状，以便发现问题，采取积极的策略，本次调查不署名，希望您如实填写，调查结果仅作为课题研究使用，不做其他用途。谢谢！

你的性别（ 女 ）　班级：（初一(1)班）

1、您在古诗文课上所学到的诗文的主旨大都来自教师讲解、教辅资料、网络或诗文鉴赏辞典吗(C)

A	B	C	D	E
基本上都是	绝大多数是	有一半是	大部分不是	完全自己的理解

2、您在古诗文的课堂上经常会有意识地总结一些适合自己的文本解读策略吗？(E)

A	B	C	D	E
从未考虑过	很少考虑	有时会考虑	常常会考虑	一直在考虑

3、您在古诗文学习的过程中有意识地将整个单元贯通起来理解吗(D)

A	B	C	D	E
从未做过	做过一两次	有时会	常常做	一直这样做

4、古诗文对于你来讲，您最怕的内容是(E)

A	B	C	D	E
翻译课文	文法句法	立意的把握	写作手法	审美特点

5、您在古诗文的学习过程中有意识去读整本书的经历吗（比如《世说新语》《论语》）？(E)

A	B	C	D	E

图 4.3　学生问卷（1）

从未做过	做过一两次	有时会	常常做	一直这样做

6、您有过在古诗文的学习过程中有意识地去做专题性阅读吗（比如司马迁、苏轼）？（ E ）

A	B	C	D	E
从未做过	做过一两次	有时会	常常做	一直这样做

7、您觉得老师怎样解读古诗文会提高你古诗文学习的获得感？（可多选）（ C.D.E ）

A	B	C	D	E
逐字逐句翻译	单篇文本细读	补充作家、作品背景知识	单元贯通	整本书阅读和专题阅读

8、你认为怎样的古诗文文本解读的策略是有效的？ （E）

A	B	C	D	E
自己多背多记多练	关注汉字的特征，要说文解字、咬文嚼字。	单篇文本解读要做扎实，注重文本细读。	落实单元贯通，将整个单元整合起来。	通过整本书阅读和专题阅读来建立根据地。

9、在日常的阅读过程中，你是如何解读一首很普通的古诗的？试写出你对骆宾王《咏鹅》的一些理解。

《鹅》　骆宾王

鹅鹅鹅，曲项向天歌，白毛浮绿水，红掌拨清波。

你解读这首诗的方式：

1、翻译文本；2、到网上或相关的书上查一下作者介绍或关于文本的赏析 3、去找老师请教；4、你所采用的其他办法：

①②

图 4.4　学生问卷（2）

（四）研究程序

以上两种问卷均由研究者派发给教师或学生填写，每一份问卷均有一份问卷导引，他们需要按照问卷上的作答指引向学生讲解如何填写问卷，并向师生保证作答的内容会保密以及仅用于研究，有不明白的地方可以向研究者发问，教师和学生作答全份问卷的时间为 15 钟左右。

（五）问卷结果

1. 教师问卷结果

1）平时在课堂上你是如何解读一篇文本的？

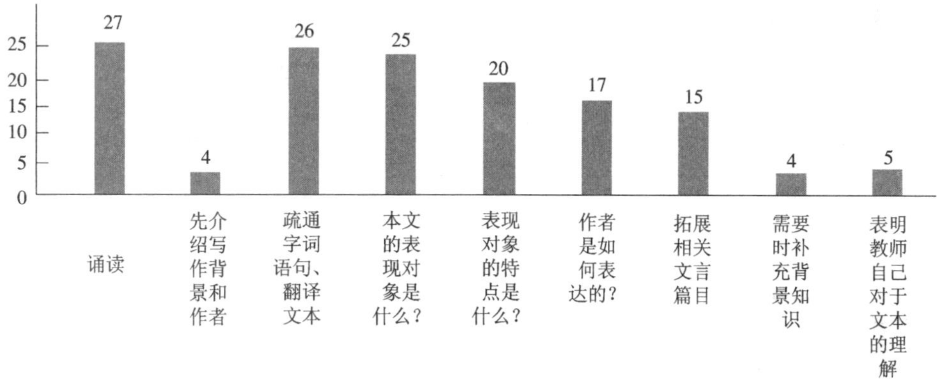

图 4.5　教师问卷结果（1）

问卷表现：诵读是语文教师普遍接受的解读策略之一，43 名语文教师中有 26 名坚定地认为疏通文本意思是诵读文本之后的首选环节，认为不疏通文本，文本的意思学生自己就读不出来，会直接影响一下环节的进行。殊不知，当一篇优美的文言文被人为地转换成一篇词法句法不太通顺的白话文时，学生学的还是文言文吗？学习语文的关键是学习语言，语言的形式变了，学习的内容也会随之而改变。

2）您在古诗文课上所讲授的内容一般来自教参、网络或诗文鉴赏辞典吗？

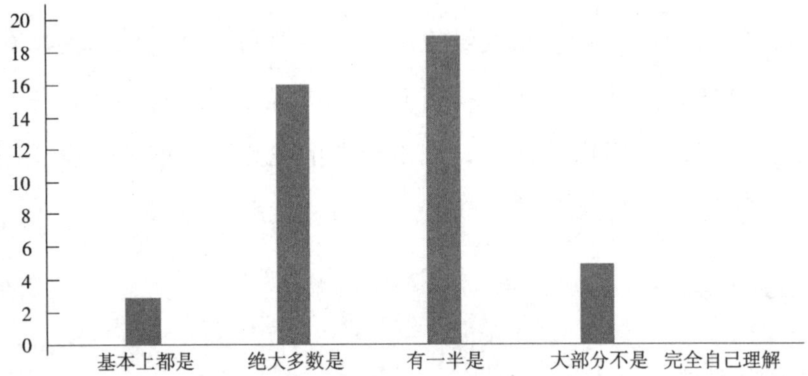

图 4.6　教师问卷结果（2）

问卷表现：学习一篇文本，首先要读出文本的意思，即人生关照。如何读出来而不是由别人告知，这是古诗文文本解读必须面对的一面镜子。试想，如果学习文言文首先就是翻译文本，翻译文本之后紧接着就是去查一查此文的主旨或中心，那解读文本的那种攻城拔寨、翻山越岭、自我超越的乐趣又如何得到呢？问卷结果不甚乐观，43 名参与问卷的老师中，有 3 位老师认为自己在课堂上解读的文本的主旨基本上来自教参、网络和教辅资料；16 位老师认为自己在课堂上解读的文本的主旨绝大多数来自教参、网络和教辅资料；19 位老师认为自己在课堂上解读的文本的主旨有一半来自教参、网络和教辅资料；这是一组令人担忧的数字，如果我们的教师不具备基本的文本解读的能力，文本的意思不是自己真正读出来，不能做到“其意皆出于吾之心”，那他如何在课堂上去一步步引导学生读出文本背后的人生观照呢？又怎样引领学生的生命成长呢？

3）您在古诗文的课堂上经常会注重文本解读策略的训练吗？

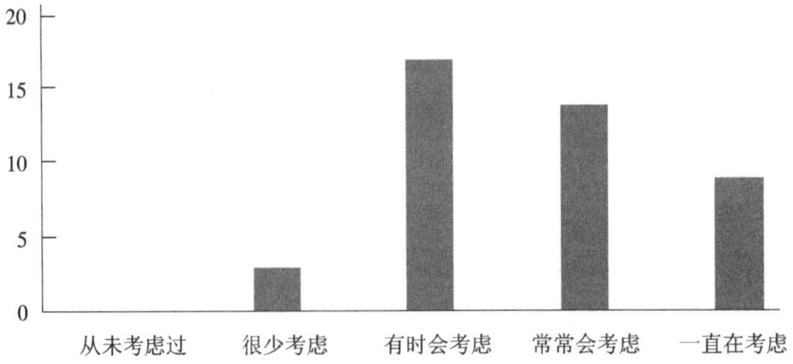

图 4.7　教师问卷结果（3）

问卷表现：这是一个关于语文教师在教学的过程中对中学古诗文文本解读策略的反思和总结，43 名参与教师中有 39 位会常常对文本解读的策略进行有意识的归纳、总结、固化。古诗文文本解读策略一般具有以下三个特点。①教师的文本解读策略与他的语文教育观念有极其密切的关系，透过他的解读策略，可以照见他有没有真正把学生放在教学的核心环节。一切从学生生命成长需要出发，一切为了学生。②文本解读的策略具有很强的程序性，文本解读的策略不同，文本解读的效果可能截然相反；③教学的过程中遇到的文本解读问题会促进语文教师去反思和完善自己的解读策略，笔者就是在教学过程中发现导入有先入为主的误导作用；学习古诗文先翻译文本有时会降低学生学习古诗文的兴趣，使得古诗文背后的生命教育无的放矢。

4）您在古诗文教学过程中会有意识地注重单元贯通吗？

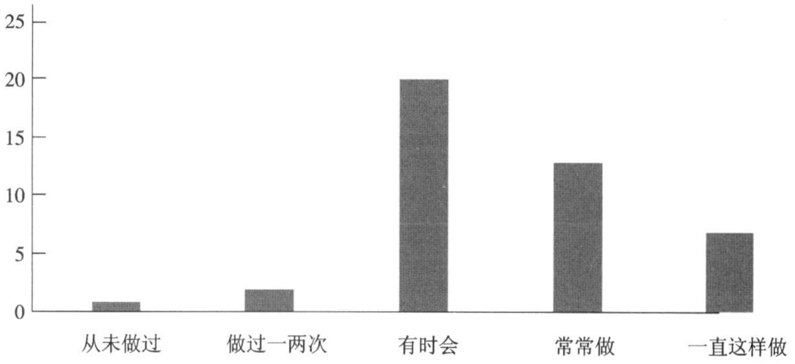

图 4.8　教师问卷结果（4）

问卷表现：单元贯通是将一个单元学习的内容串联起来理解的重要环节，43 位参与问卷的老师中，有 20 位老师能够经常地进行文本的单元贯通，有 20 位老师有时组织单元贯通，总之可以看出，中学语文教师对单元贯通的认识程度还是非常高的。只是不知这样的单元贯通的效果是否真正达到了启迪孩子生命的高度，因为这样的单元贯通是建立在文本的意思不是学生自己读出来的基础之上的。

5）您认为学生最怕古诗文的地方是什么？

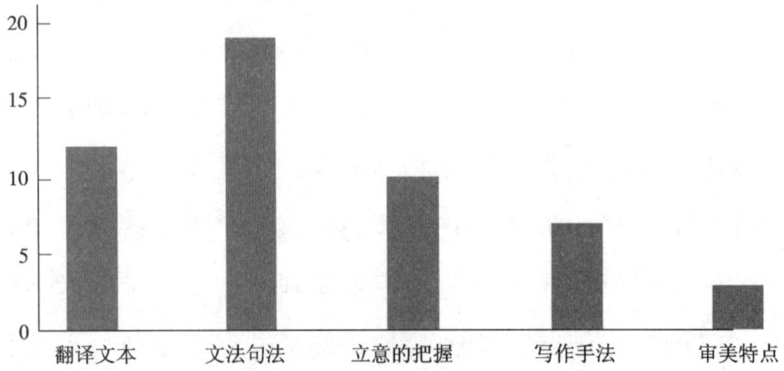

图 4.9　教师问卷结果（5）

问卷表现：这个问卷结果耐人寻味。43 名受访者中，有 31 名认为学生是怕翻译文本、文法句法，再一次印证了我们的师者因为平时过于看重翻译文本和文法句法，始终觉得学生们翻译得不够好，词法句法掌握得不太好，使得学生丢了西瓜，捡了芝麻。常常忽略写作手法的具体体现，忽略由领悟写作手法体现出来的思想和情感，忽略了在此基础上，运用古诗文行文的特点去猜测自己一时还不太理解或明白的字词。这种担心实际上是老师自己心目中认为的学生有可能存在的问题，如果能够改变阅读策略，能够充分调动同学们学习古诗文的兴趣，让同学们在生命体验感悟中自然而然地融会贯通，无疑是我们共同的愿景。

6）您有在古诗文的教学中引导学生阅读整本书的经历吗？

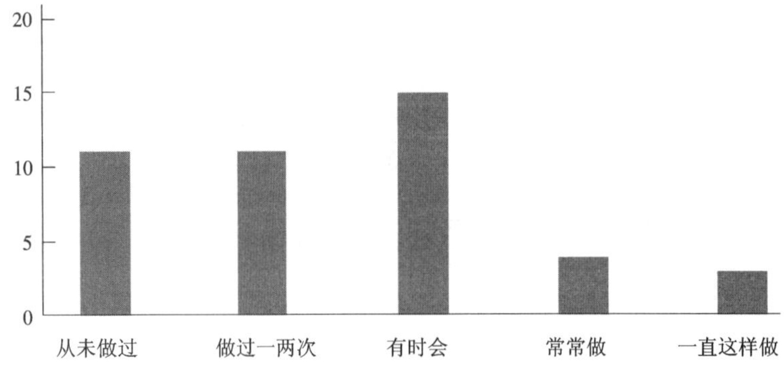

图 4.10　教师问卷结果（6）

问卷表现：整本书阅读是单篇文本阅读的进一步发展和提升，从某种角度上来说，它是单篇文本阅读、单元贯通和专题阅读的延伸，它有利于培养学生持续的阅读兴趣和良好的阅读习惯，读整本书有利于全面地把握作者的思想和情感，有利于让同学们浸润其中，涵养他们的性情，提升他们的生命境界。但是有超过一半的老师基本没有领学生做过整本书阅读，说明他们还大都停留在单篇文本解读和单元教学层面，没有“更上一层楼”，和更好的阅读效果失之交臂。

7）您有在古诗文的教学中引导学生做专题性阅读的经历吗？

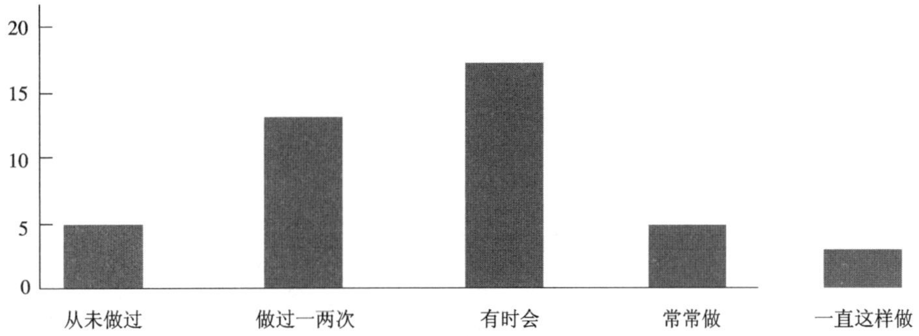

图 4.11　教师问卷结果（7）

问卷表现：有接近一半的老师很少做专题阅读，这样的问卷结果不尽如人意。专题阅读的意义和价值在于：通过若干专题阅读会丰富与加深同学们对于某一方面问题的认识和理解，而若干个专题阅读正好可以形成一个同学们认识世界的圆。这也内在地要求我们的老师对孩子生命成长要有通盘考虑，善于挖掘生活中有关于孩子生命成长的各个专题，并在大量阅读的基础上向同学们提供阅读的资料，并通过阅读渐渐形成对这一问题的比较理性的、比较深刻的看法。而问卷表明我们太多的老师并没有给孩子们提供这样的促进他们生命成长的路径。

8）您认为怎样组织古诗文教学更有利于学生的人格意识的提升？

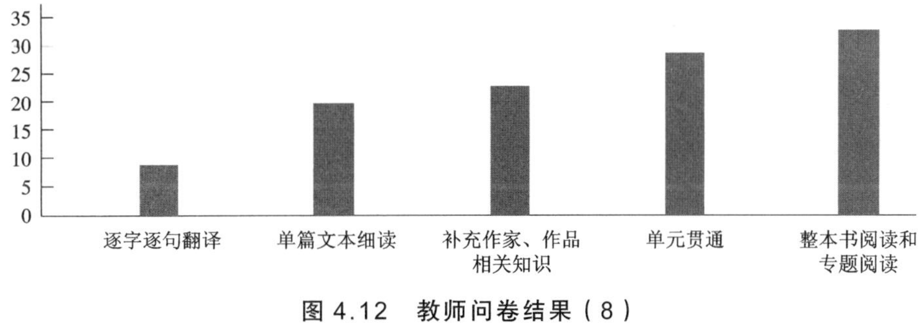

图 4.12　教师问卷结果（8）

问卷表现：越来越多的老师已经认识到单元贯通、专题阅读和整本书阅读的重要性。回答单篇文本阅读的老师不足一半，这也表明，很多老师在单元贯通、专题阅读和整本书阅读的浪潮下，有忽略单篇文本阅读的倾向，殊不知，单篇文本于阅读永远是阅读的根基所在。要想让同学们获得更多，就必须将单篇文本学扎实，将同学们的单篇文本的解读能力提升上来，学生的生命文本解读才有了坚实的基础，所以，不论是平时的阅读还是考试，单篇文本解读策略永远是最重要的。

9）您认为怎样的古诗文文本解读的策略是更有效的？

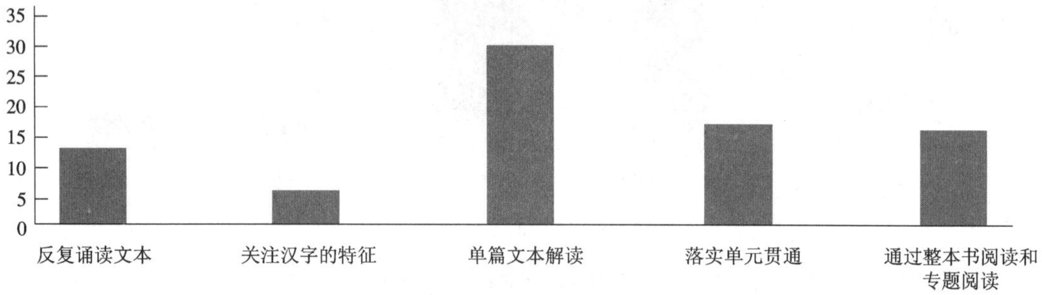

图 4.13　教师问卷结果（9）

问卷表现：此题的问卷结果正好印证了第 8 题的分析，人们对单篇文本阅读的重要性的认识依然坚挺，但应该拥有怎样的单篇文本解读策略却是一个值得深入探讨的问题。除此之外，反复诵读、认真落实单元贯通、组织有效的整本书阅读和专题阅读，也都是非常重要的能够培养学生人文情怀的文本解读策略，关键在于我们的教师在课堂上应该如何将学生的人格意识通过文本的解读得以最大限度的落实。

2. 学生问卷的结果

1）您在古诗文课上所学到的诗文的主旨大都来自教师讲解、教辅资料、网络或诗文鉴赏辞典吗？

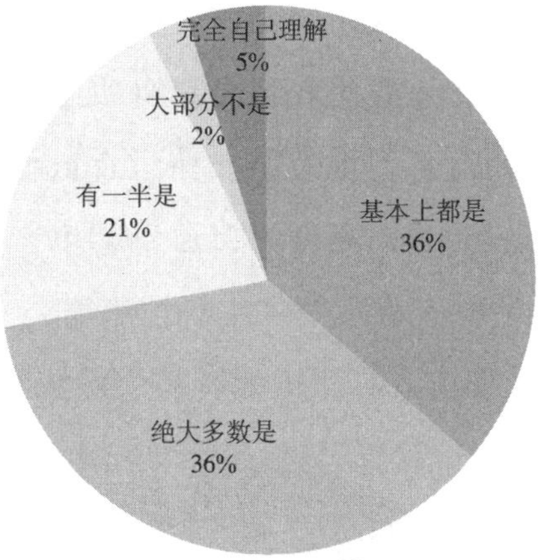

图 4.14 学生问卷结果（1）

问卷表现：在 79 份问卷中，有 60 名同学表示自己所学的古诗文的主旨来自教师的讲解、辅导资料、网络或古诗文鉴赏辞典，另有 17 名同学表示一半以上来自上述途径；只有不到十分之一的同学表示古诗文的主旨是自己读出来的。这是一个令人深思的现象，原来我们同学对古诗文主旨的理解和把握是如此生疏，试想一篇（首）古诗文的立意主旨不是自己读出来的，而是来自道听途说、别人生硬地告诉他或他不假思索地将其收入囊中，这样的统计结果已经从某种角度反映出当下古诗文教学积重难返的现状了。如此前提下的古诗文鉴赏能有怎样的效果呢？在文本解读中如何才能发现自我呢？学生的人格意识的培养如何才能够落到实处呢？

2）您在古诗文的课堂上经常会有意识地总结一些适合自己的文本解读策略吗？

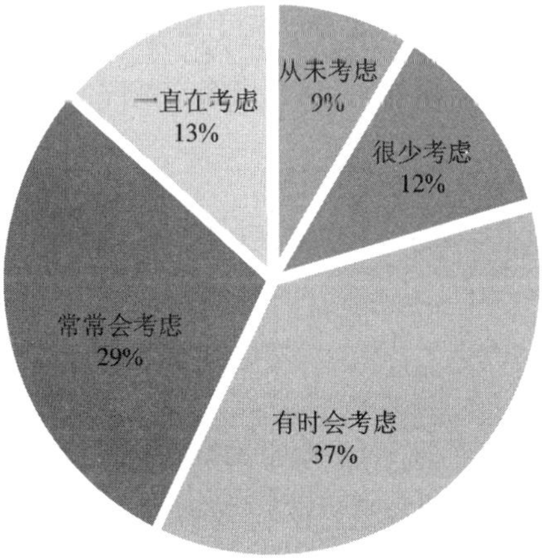

图 4.15 学生问卷结果（2）

问卷表现：面对当下古诗文教学中偏重于长驱直入的讲授的现状，学生内心的困惑与日俱增，他们一直在寻找比较适合自身实际的古诗文解读策略，有近一半的同学在学习的过程中会有意识地总结一些适合自己的文本解读策略，但他们毕竟不是专业人士，很难从学理的高度为自己设计出一套比较符合中学生身心发展的既有利于教又有利于学的古诗文的文本解读策略。

3）您在古诗文学的过程中会有意识地将整个单元贯通起来理解吗？

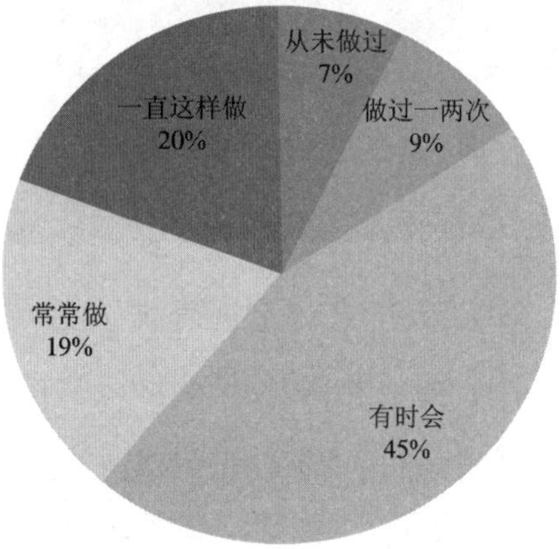

图 4.16　学生问卷结果（3）

问卷表现：在同学们的内心当中，单元贯通是他们在学习古诗文的过程中寻找已经得知的古诗文主旨的另外的一种有效途径，他们会在学习的过程中将自己所学的古诗文放在一起进行比较阅读，在阅读的过程中相互比较、相互鉴别，相互启发，有超过 80% 的同学会在学习的过程中把整个单元的古诗文贯通起来理解，只是由于没有老师的指导，他们的单元贯通停留在比较浅的层次，单元文本解读的指向还匍匐在低层次的初步感知故事的层面，很少上升到生命的层面。

4）古诗文对于您来讲，最怕的部分是什么？

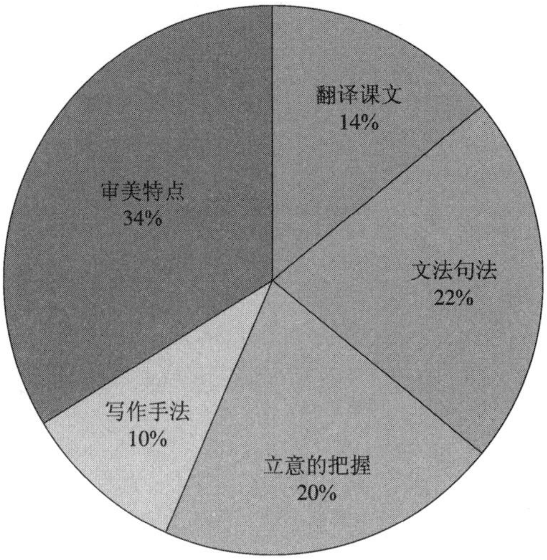

图 4.17　学生问卷结果（4）

问卷表现：同学们怕文言文，怕对于文本立意的把握，怕翻译句子，更怕对于文本进行审美角度的鉴赏，而这几点也正是古诗文学习的难点所在，因为在学习的过程中同学们没有真正的文本解读，所以学生在古诗文关键和核心要素方面就难免捉襟见肘，连平时同学们接触最多的翻译课文在同学们的眼里也变成了奢侈品，关键是在平时学习古诗文的时候本来就没有进行过真正的有效训练。

5）您在古诗文的学习过程中有过读整本书的经历吗（比如《世说新语》《论语》）等？

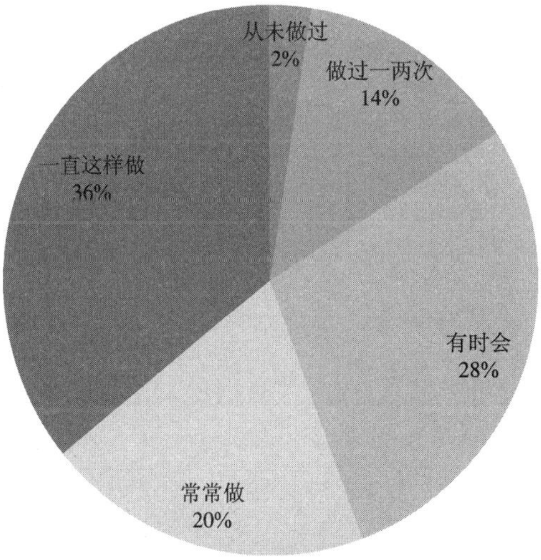

图 4.18　学生问卷结果（5）

问卷表现：整本书阅读是学生培养语感的重要途径，有超过 80% 的同学有过整本书阅读的经历，这对于提升同学们的阅读水平帮助很大，有这样的基础在，如果老师适度加以阅读策略的点拨，同学们的古诗文的阅读能力和水平将很快得到提升。

6）您在古诗文学习过程中会有意识地去做专题性阅读吗（比如司马迁、苏轼等）？

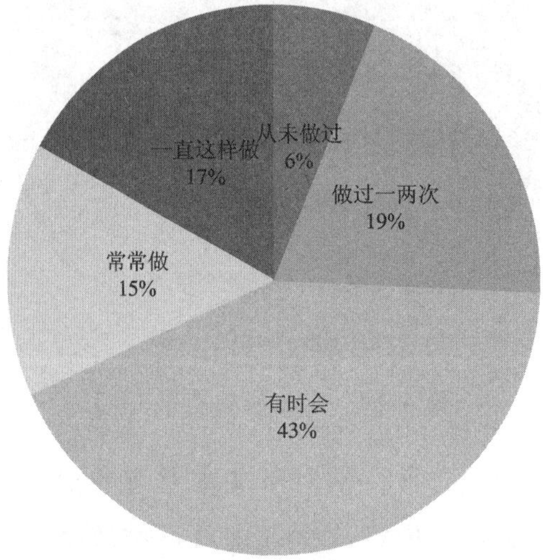

图 4.19　学生问卷结查（6）

问卷表现：按图索骥，在已学的感兴趣的课文的指引下，超过 70% 的同学都有过专题阅读的经历，这说明同学们对古诗文的阅读兴趣很浓，如果再加上科学的阅读策略，就会如虎添翼。

7）您觉得老师怎样解读古诗文会提高你古诗文学习的获得感？

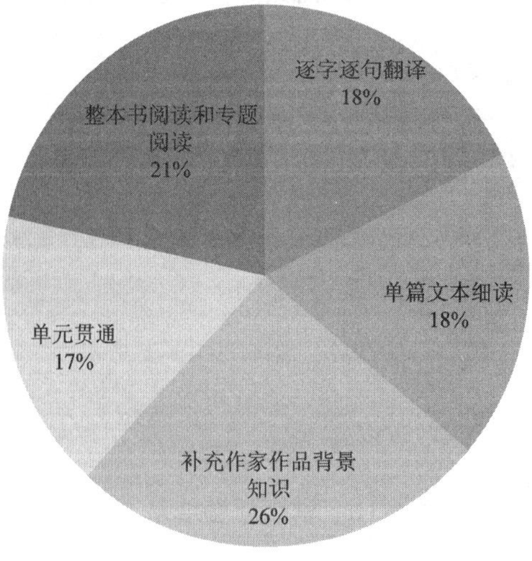

图 4.20　学生问卷调查（7）

问卷表现：以上罗列的古诗文的文本解读，同学们认为都会增加他们的获得感，仍然有18%的同学认为逐字逐句翻译文本可以提升古诗文的语感，如果同学们对于古诗文解读认识上没有新的突破，那在具体的学习过程中难免穿新鞋走老路。

8）您认为怎样的古诗文文本解读的策略是有效的？

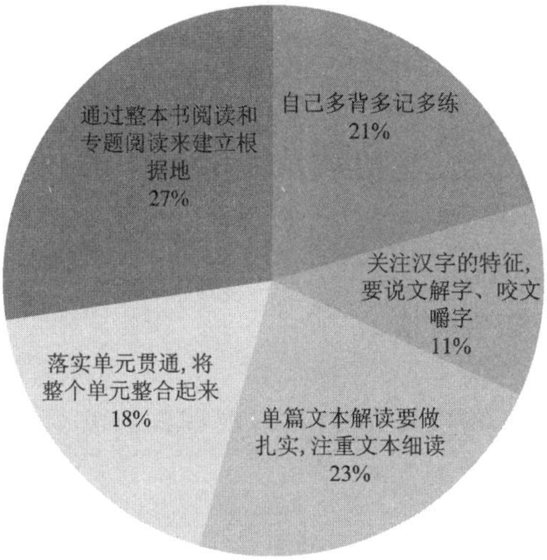

图4.21　学生问卷调查（8）

问卷表现：23%的同学认为单篇文本解读要做扎实，注重文本细读。27%的同学认识到整本书阅读和专题阅读的重要性。这些路径都相当重要，要相互配合，最关键的是要有一整套能够唤起学生人格意识的文本解读的策略。

9）在日常的阅读过程中，您是如何解读一首很普通的古诗的？

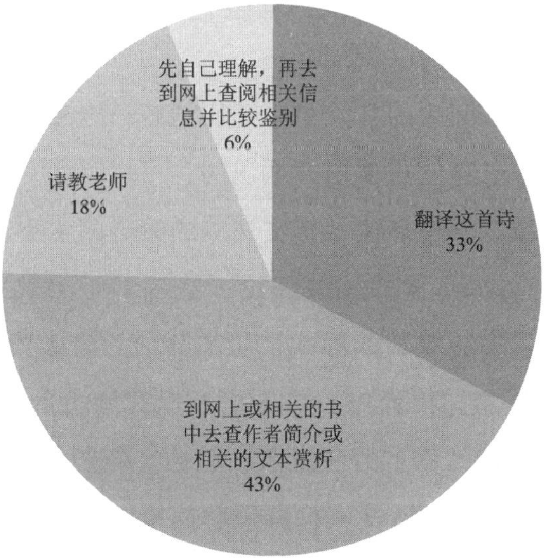

图4.22　学生问卷调查（9）

问卷表现：此题照应了问卷的第一题，同学们以往的古诗文的学习方式和学习方法大都是在被动接受的情况下进行的，61% 的同学认为读一首诗要去网上查阅资料或去请教老师，还有 33% 的同学认为学习这首诗就是翻译这首诗，较少采用其他的文本解读策略或方法。先自己理解再去网上查资料或请教老师的同学只占 6%。

二、研究二：古诗文五步解读法在教学中的效果

（一）研究的问题及研究方法

（1）研究的问题：研究拟采用的五步解读法在实际教学过程中的成效如何，还有哪些需要完善之处。

（2）研究的方法：纸笔前后测、教学实施、问卷、实施效果访谈等。

组织前测：本次评估测试的题目是七年级学生的两道阅读题，题目的形式相似：首先提供古诗和古文各一，要求学生把握诗文思想或情感；其次要求学生讲出诗文主旨是如何得出来的；看看本文在写法上有何特点，最后，再看看如有不懂的字词怎样翻译。

为了使所设计的试题内容能收到较好的效果及能更好地反映学生课堂前后情况的学习实况，研究团队明确以下准则：

①所选的文本是学生陌生的并且与单元所学有一定相关性；

②文本的主旨是可以通过整体把握认识的；

③检测的结果能显示学生解读古诗文文本的策略的水平。

根据中学古诗文文本解读的相关理论、笔者多年的教育教学经验和“研究一”采集到的数据，以实验设计的形式试验和评估为改善中学古诗文解读的策略的教学课程，通过集中的课程介绍，将人格意识观照下的单篇文本的阅读方法、单元贯通写作及专题阅读（略）的注意事项整体介绍给参与本次实验的师生。再通过前测和后测来检测中学古诗文人格意识解读策略的有效性。

本研究提出的古诗文的人格意识五步解读法作为文本解读的策略绝不是中学

生解读古诗文的唯一办法，但透过此策略可以让学生减少语文学习的盲目性，增强学生对语文学科本质的认识水平，学生可以逐步养成独立自主地整体把握文本的习惯，在解读文本的过程中通过对文本主旨的探究实现对生命意义的发现。

（二）研究参与者

同研究一。

（三）研究工具

单篇文本阅读的一般方法（五步解读法）、单元贯通写作指导和专题阅读指导（略）。

（四）研究程序

1. 相关前测

笔者从日常的教育教学中发现，部分学生尽管明白一些古诗文的意思和写法，但大都是教辅书上的意思、教师告诉的意思、诗文鉴赏辞书的意思而不是学生自己读出来的意思，譬如一部分同学会死记硬背所谓的翻译和结论性的主旨，而大半不清楚这些主旨和翻译是怎样得出来的。阅读古诗文时，学生常常只会摘抄一些句子，或似是而非的语段，很少能够真正独立读懂一篇文章，更不会想到将一个单元贯通起来读，阅读一个专题。为了进一步了解学生对学习内容的认知情况，笔者设计了一份前测试题（见图 4.23，图 4.24）。

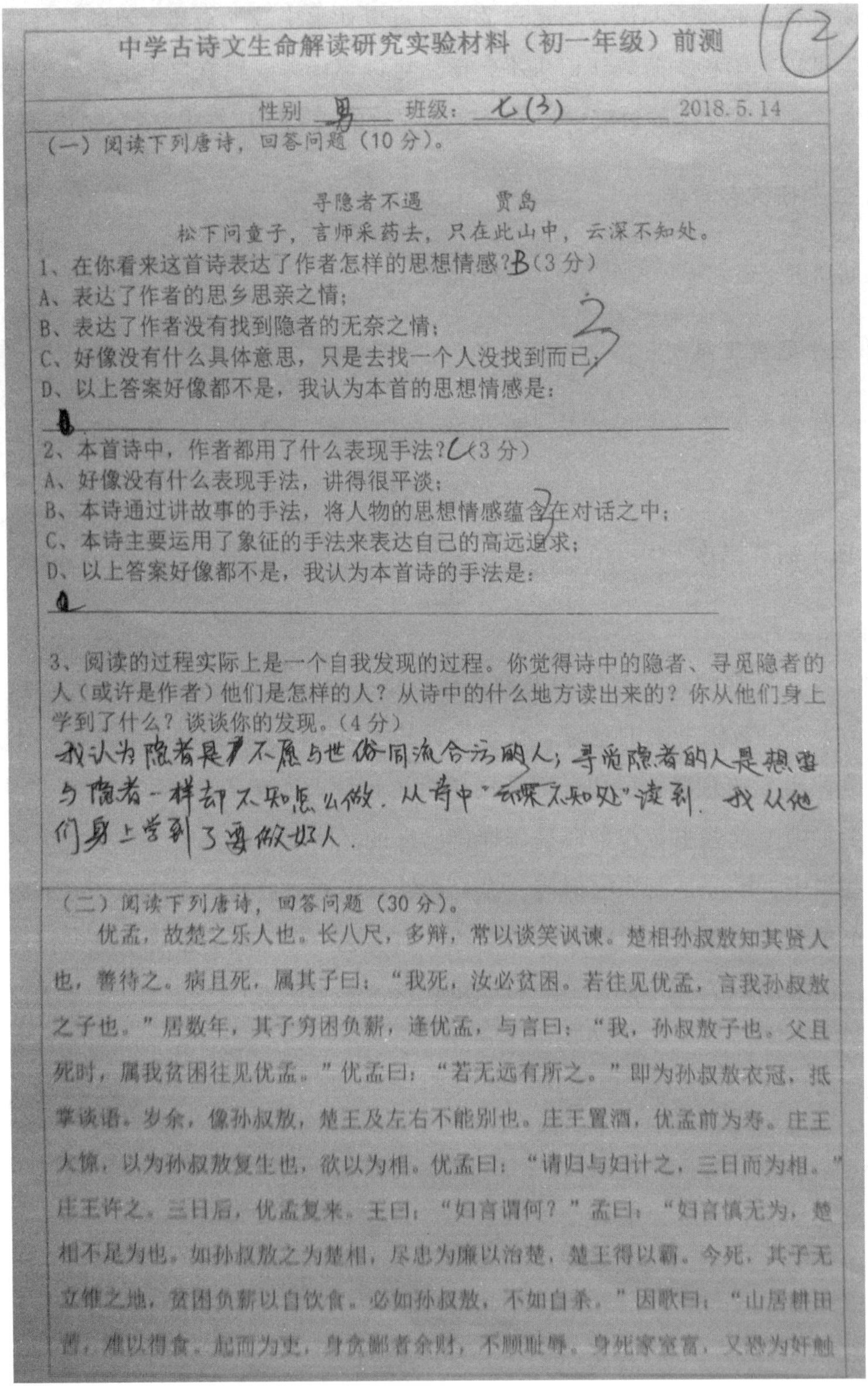

中学古诗文生命解读研究实验材料（初一年级）前测　　12

性别　男　　班级：七(3)　　2018.5.14

（一）阅读下列唐诗，回答问题（10分）。

寻隐者不遇　　贾岛

松下问童子，言师采药去，只在此山中，云深不知处。

1、在你看来这首诗表达了作者怎样的思想情感？B（3分）

A、表达了作者的思乡思亲之情；

B、表达了作者没有找到隐者的无奈之情；

C、好像没有什么具体意思，只是去找一个人没找到而已；

D、以上答案好像都不是，我认为本首的思想情感是：

2、本首诗中，作者都用了什么表现手法？C（3分）

A、好像没有什么表现手法，讲得很平淡；

B、本诗通过讲故事的手法，将人物的思想情感蕴含在对话之中；

C、本诗主要运用了象征的手法来表达自己的高远追求；

D、以上答案好像都不是，我认为本首诗的手法是：

3、阅读的过程实际上是一个自我发现的过程。你觉得诗中的隐者、寻觅隐者的人（或许是作者）他们是怎样的人？从诗中的什么地方读出来的？你从他们身上学到了什么？谈谈你的发现。（4分）

我认为隐者是不愿与世俗同流合污的人；寻觅隐者的人是想要与隐者一样却不知怎么做。从诗中"云深不知处"读到。我从他们身上学到了要做好人。

（二）阅读下列唐诗，回答问题（30分）。

优孟，故楚之乐人也。长八尺，多辩，常以谈笑讽谏。楚相孙叔敖知其贤人也，善待之。病且死，属其子曰："我死，汝必贫困。若往见优孟，言我孙叔敖之子也。"居数年，其子穷困负薪，逢优孟，与言曰："我，孙叔敖子也。父且死时，属我贫困往见优孟。"优孟曰："若无远有所之。"即为孙叔敖衣冠，抵掌谈语。岁余，像孙叔敖，楚王及左右不能别也。庄王置酒，优孟前为寿。庄王大惊，以为孙叔敖复生也，欲以为相。优孟曰："请归与妇计之，三日而为相。"庄王许之。三日后，优孟复来。王曰："妇言谓何？"孟曰："妇言慎无为，楚相不足为也。如孙叔敖之为楚相，尽忠为廉以治楚，楚王得以霸。今死，其子无立锥之地，贫困负薪以自饮食。必如孙叔敖，不如自杀。"因歌曰："山居耕田苦，难以得食。起而为吏，身贪鄙者余财，不顾耻辱。身死家室富，又恐为奸触

图 4.23　前测试卷（1）

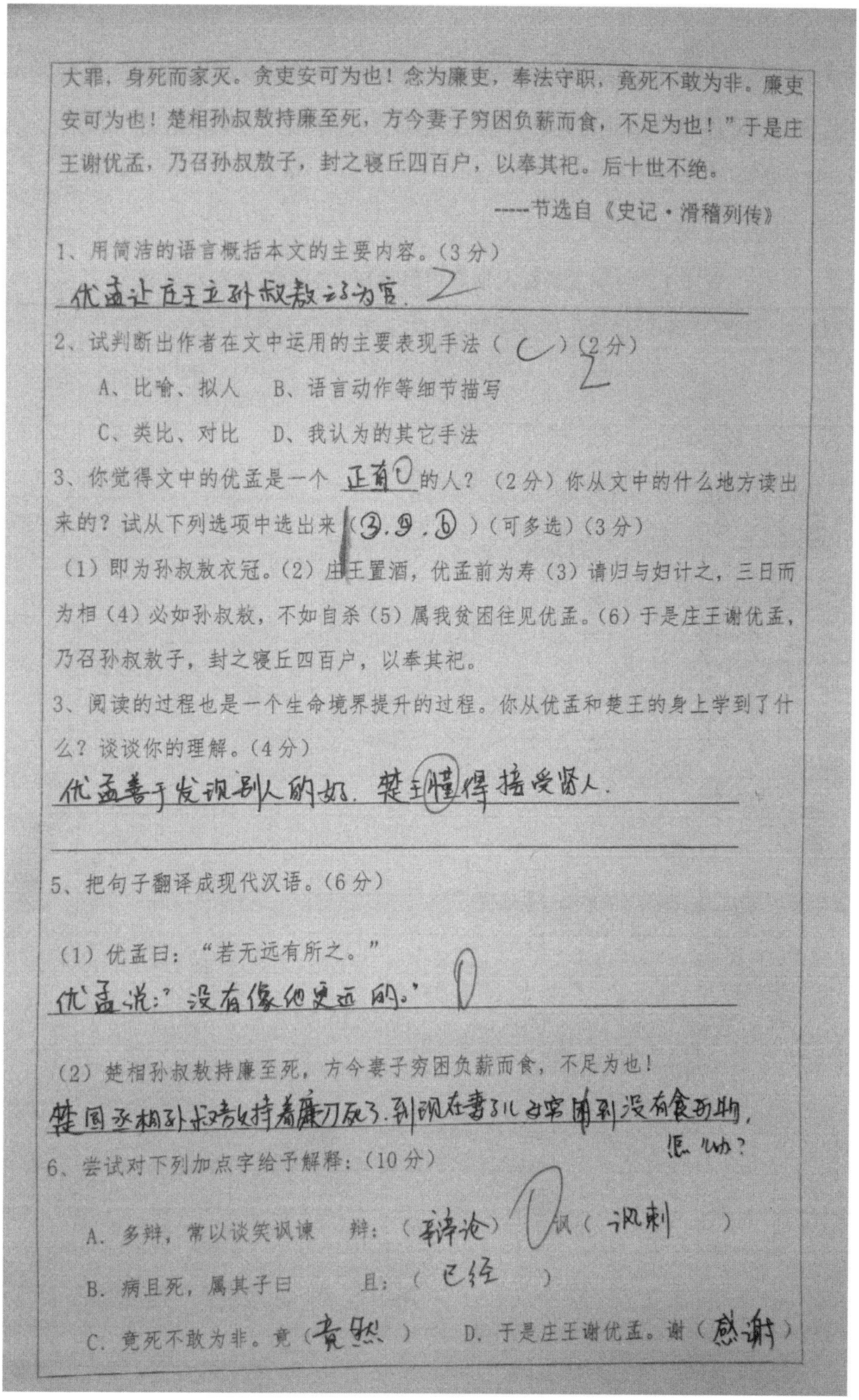

大罪，身死而家灭。贪吏安可为也！念为廉吏，奉法守职，竟死不敢为非。廉吏安可为也！楚相孙叔敖持廉至死，方今妻子穷困负薪而食，不足为也！”于是庄王谢优孟，乃召孙叔敖子，封之寝丘四百户，以奉其祀。后十世不绝。

-----节选自《史记·滑稽列传》

1、用简洁的语言概括本文的主要内容。(3分)

优孟让庄王立孙叔敖之子为官　2

2、试判断出作者在文中运用的主要表现手法（ C ）(2分)　2

A、比喻、拟人　B、语言动作等细节描写

C、类比、对比　D、我认为的其它手法

3、你觉得文中的优孟是一个 正直① 的人？（2分）你从文中的什么地方读出来的？试从下列选项中选出来（③.④.⑥）（可多选）(3分)

（1）即为孙叔敖衣冠。(2) 庄王置酒，优孟前为寿 (3) 请归与妇计之，三日而为相 (4) 必如孙叔敖，不如自杀 (5) 属我贫困往见优孟。(6) 于是庄王谢优孟，乃召孙叔敖子，封之寝丘四百户，以奉其祀。

3、阅读的过程也是一个生命境界提升的过程。你从优孟和楚王的身上学到了什么？谈谈你的理解。(4分)

优孟善于发现别人的好，楚王懂得接受贤人。

5、把句子翻译成现代汉语。(6分)

(1) 优孟曰：“若无远有所之。”

优孟说：“没有像他更远的。”　0

(2) 楚相孙叔敖持廉至死，方今妻子穷困负薪而食，不足为也！

楚国丞相孙叔敖持着廉洁死了，到现在妻子儿女穷困到没有食物吃，怎么办？

6、尝试对下列加点字给予解释：(10分)

A、多辩，常以谈笑讽谏　辩：（辩论）0　讽（讽刺　）

B、病且死，属其子曰　且：（已经　）

C、竟死不敢为非。竟（竟然　）　D、于是庄王谢优孟。谢（感谢）

图 4.24　前测试卷（2）

之所以选择《滑稽列传（节选）》作为前测试题，是因为本单元的课文都是先秦的散文，而《滑稽列传（节选）》中的人物也都是春秋战国的人，文章以记叙为主，主旨都是臣子运用讽谏的形式给君王提意见。所以此文可以作为本单元的拓展阅读检测篇目。

前测采集的数据（前测结果），如表 4.1 所示。

表 4.1　中学古诗文人格意识解读研究教学实验前测数据

学生编号	题目（一）1	题目（一）2	题目（一）3	题目（二）1	题目（二）2	题目（二）3.1*	题目（二）3.2	题目（二）4	题目（二）5.1	题目（二）5.2	题目（二）6	总分
1	0	0	1	0	2	0	1	1	0	1	0	6
2	3	3	2	2	2	0	1	0	0	1	0	14
3	0	0	0	3	2	2	1	2	0	1	4	15
4	1	3	3	3	2	2	1	3	0	0	4	22
5	1	3	1	1	0	1	2	3	0	2	4	18
6	0	0	3	1	0	1	1	1	0	2	4	13
7	3	0	4	0	0	1	0	1	0	0	4	13
8	1	3	0	0	2	1	2	1	0	1	0	11
9	0	0	1	0	0	1	0	1	0	1	4	8
10	0	1	2	0	0	1	1	1	0	1	0	7
11	3	3	1	1	0	2	1	2	0	2	0	15
12	0	3	0	0	0	1	0	1	0	1	4	10
13	1	3	0	0	0	0	0	0	0	0	0	4
14	3	0	2	2	2	1	3	4	0	0	0	17
15	3	0	2	1	0	1	1	1	0	1	4	14
16	3	0	2	3	0	1	0	4	0	2	2	17
17	0	0	1	0	2	1	1	1	0	1	0	7
18	3	0	2	2	0	1	0	0	0	0	2	10
19	2	0	1	0	0	0	0	0	0	0	0	3
20	3	3	2	2	0	2	1	0	0	0	0	13
21	3	3	2	0	0	0	0	1	0	0	2	11
22	0	0	0	1	0	1	0	0	0	1	2	5
23	3	0	3	1	0	1	1	4	0	1	0	14
24	3	0	2	2	0	1	1	1	0	2	2	14
25	3	0	0	2	0	1	1	1	0	0	4	12
26	3	3	0	0	0	1	0	1	0	0	2	10

续表

学生编号	题目（一）1	题目（一）2	题目（一）3	题目（二）1	题目（二）2	题目（二）3.1*	题目（二）3.2	题目（二）4	题目（二）5.1	题目（二）5.2	题目（二）6	总分
27	3	0	0	0	2	0	2	0	0	0	0	7
28	0	0	0	0	0	0	1	0	0	0	0	1
29	0	0	0	0	0	0	0	0	0	0	0	0
30	3	0	0	0	2	0	0	0	0	1	2	8
31	3	0	0	0	2	1	1	0	0	0	0	7
32	0	0	0	0	0	0	0	0	0	0	0	0
33	0	0	1	0	0	0	1	0	0	1	0	3
34	0	0	1	0	2	0	2	1	0	0	0	6
35	0	0	2	2	2	1	2	1	0	2	0	12
36	3	0	2	0	2	2	2	1	0	0	0	12
37	0	0	0	0	0	0	0	0	0	0	2	2
38	0	0	0	0	0	0	1	2	0	0	2	5
39	0	0	0	0	0	0	1	2	0	0	0	3
40	0	0	0	0	0	0	2	1	0	0	0	3
41	0	2	1	0	0	2	1	0	0	2	2	10
42	0	3	3	0	0	1	1	1	0	1	0	10
43	2	0	0	3	0	1	1	1	0	2	2	12
44	0	3	2	2	0	1	3	0	0	0	2	13
45	1	0	2	0	0	0	1	0	0	1	2	7
46	0	3	2	1	0	1	1	2	0	3	2	15
47	1	0	0	0	0	1	3	1	0	1	2	9
48	1	0	1	0	0	0	1	1	0	1	4	9
49	3	3	2	0	0	0	2	0	0	2	2	14
50	1	3	2	3	0	1	2	1	0	0	0	13
51	3	0	2	3	0	2	1	0	0	0	2	13
52	0	3	1	1	0	1	1	1	0	1	4	13
53	1	3	2	1	0	0	1	0	0	0	2	10
54	1	0	1	3	0	0	1	0	0	3	4	13
55	0	3	2	2	0	1	0	2	0	2	4	16
56	0	3	2	0	0	0	1	1	0	0	2	9
57	1	0	2	0	0	1	0	0	0	0	2	6
58	2	3	3	0	0	1	2	0	0	2	4	17

续表

学生编号	题目（一）1	题目（一）2	题目（一）3	题目（二）1	题目（二）2	题目（二）3.1*	题目（二）3.2	题目（二）4	题目（二）5.1	题目（二）5.2	题目（二）6	总分
59	3	3	0	0	0	2	0	0	0	0	0	8
60	3	3	3	0	0	1	2	2	0	0	2	16
61	1	3	2	3	2	1	1	2	0	1	4	20
62	1	3	0	3	2	2	1	1	0	2	4	19
63	3	0	1	0	2	0	0	0	0	0	0	6
64	3	3	0	0	0	0	0	0	0	2	0	8
65	3	0	2	3	2	1	0	2	0	2	0	15
66	3	1	3	1	0	2	1	3	0	2	0	16
67	3	0	2	0	0	0	0	2	0	0	2	9
68	3	3	4	1	0	1	1	2	0	2	0	17
69	0	0	1	1	0	1	2	0	0	0	4	9
70	0	3	1	0	2	0	0	0	0	0	0	6
71	0	3	1	3	0	1	1	2	0	2	2	15
72	0	3	0	0	0	1	0	0	0	1	0	5
73	0	3	0	0	2	1	1	0	0	0	2	9
74	1	0	0	2	0	2	0	1	0	3	2	11
75	1	3	1	1	0	0	0	0	0	2	0	8
76	0	3	2	0	0	1	1	1	0	2	0	10
77	3	0	2	0	2	0	0	1	0	2	2	12
78	0	0	2	1	0	0	1	4	0	1	2	11
79	0	0	1	1	0	2	0	1	0	1	0	6

*3.1 为第三大题的第一小题，3.2 为第三大题的第二小题，以此类推。

2. 组织学生个别访谈

具体的前测访谈提纲见图 4.25。

中学古诗文文本解读生命意识解读实验研究

前测访谈提纲　　2018.5.14

性别（　　）　班级（　　）

阅读下列文章，试回答问题：

公输　　《墨子》

公输盘为楚造云梯之械，成，将以攻宋。子墨子闻之，起于鲁，行十日十夜，而至于郢，见公输盘。

公输盘曰："夫子何命焉为？"

子墨子曰："北方有侮臣者，愿借子杀之。"公输盘不说。

子墨子曰："请献十金。"

公输盘曰："吾义固不杀人。"

子墨子起，再拜，曰："请说之。吾从北方闻子为梯，将以攻宋。宋何罪之有？荆国有余于地，而不足于民，杀所不足而争所有余，不可谓智；宋无罪而攻之，不可谓仁；知而不争，不可谓忠。争而不得，不可谓强。义不杀少而杀众，不可谓知类。"

公输盘服。

1、请说出你阅读此文将采用的一般步骤和方法。

2、你认为这篇文章的作者告诉了我们怎样的中心？说说这个中心是怎样得出来的？

3、以本文为例，你认为我们阅读一篇文章，读到怎样的程度，才算真正读懂了这篇文章？

4、在没有给注释的情况下，文中哪些字词你还有疑问，不知怎样翻译？你将采取怎样的策略弄懂它？

图 4.25　前测访谈提纲

本次访谈提纲的设计参考了教师发现的诸多学生解读古诗文的难点。

①学生一般不能用自己的语言概括文章的主旨，所以要他们写出来，这样可以检测他们的整体感知和概括能力。

②这样的结论学生是如何得出来的，这一点也很重要。因为一般学生不会主动去寻找理由。

③学生一般不会主动鉴赏文章的写法。

访谈数据统计如下。

1）请说出你平时阅读古诗文采用的一般步骤和方法（图 4.26）

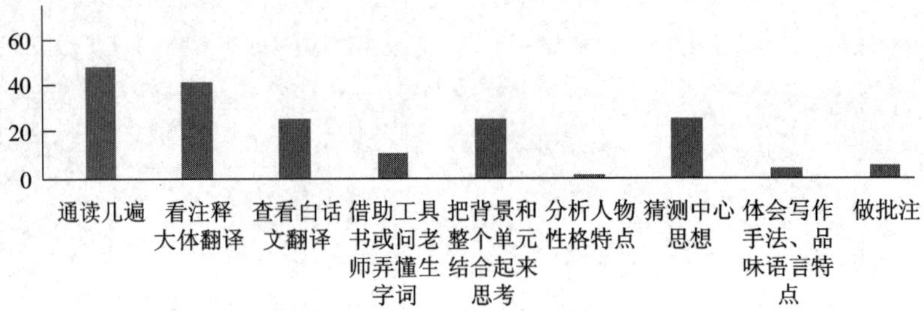

图 4.26　学生访谈数据（1）

访谈表现：这样的结果刚好照应了问卷第一题的结论，这也是当下古诗文解读中存在的最为普遍的现象，同学们解读古诗文以疏通文义、理解文本意思为最高追求，远离了生命体验和发现，这是当下中学古诗文文本解读最突出的问题所在。

2）说说你是怎样得出来本文主旨的（图 4.27）

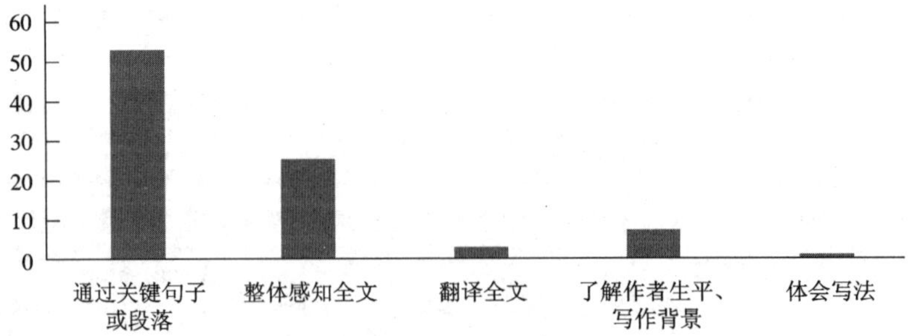

图 4.27　学生访谈数据（2）

访谈表现：绝大多数受访的同学通过关键句子或段落来把握文本的主旨，实际上是带有偶然性和盲目性的。在不知道文章主旨的情况下如何来确定哪个句子是关键句子？是否要找议论和抒情的句子？但是如果议论和抒情的句子在文本里不直接出现那该怎么办呢？古诗文的文本解读策略也就呼之欲出了。

3）你认为阅读一篇文章，读到怎样的程度才算真正读懂了文章（图 4.28）

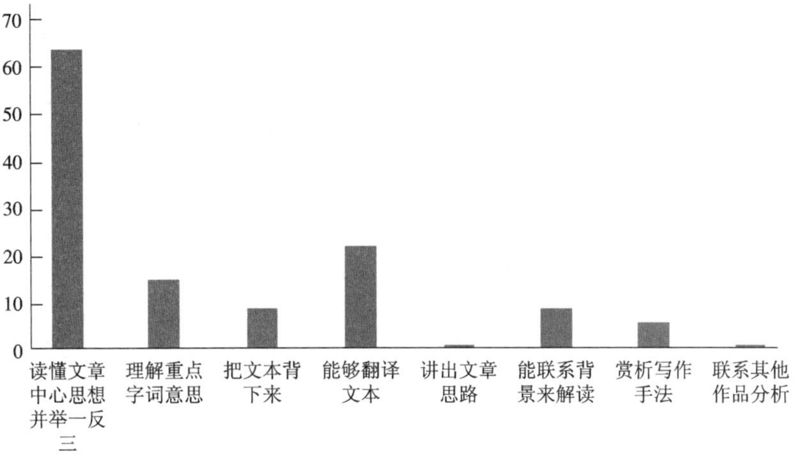

图 4.28　学生访谈数据（3）

访谈表现：绝大多数同学都能认识到读古诗文的主旨是读懂古诗文的核心，有 23 名同学认为准确翻译文本是读懂文章的标志，这可能是与此前同学们认为能够翻译文本就等于读懂了文章的全部有关系。很多同学没有认识到读出文章的写法也是很重要的，只有 6 名同学认为掌握赏析手法是读懂文章的标志，这与中学语文教学中重视逐字逐句翻译而忽视整体把握有很大关系。

4）在没有注释的情况下如何解释字词（图 4.29）

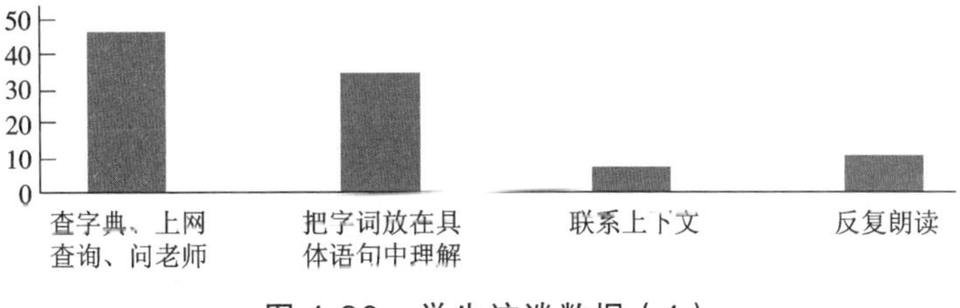

图 4.29　学生访谈数据（4）

访谈表现：有超过一半的同学仍然习惯于一旦遇到不会的字词，就会第一时间去查字典、问老师、看教辅资料，这不是疏通字词最科学的办法。也有近一半的同学已经认识到在具体的文本中猜测不懂的字词的意思是非常有效的学习古诗文的方法，并在日常学习中加以运用。

通过前测，我们可以了解到学生对古诗文解读的认识：参加测试的几位学生虽都能大略地写出文本所叙述的故事，但是却讲不出作者通过文本究竟要告诉我们什么，而且一般以抄写原文为主，不但未能用自己的话表述，也找不出文本的主题句。通过前测研究发现，学生最大的学习困难，在于无法用一定的解读策略读懂文本的意思，鉴于此，研究团队集中将人格意识观照下的单篇文本的阅读方法、单元贯通写作的注意事项和专题阅读方法整体介绍给参与本次实验的师生。

3. 教学实施过程

教学实施前要进行动员及准备。笔者先引导同学阅读朱光潜先生的《谈读诗与情趣的培养》一文，重点弄清楚解读一篇文本到底要抓住哪些要素。最后师生达成一致，即“如果要真能欣赏文学，就一定要超过原始的童稚的好奇心，要超过对于《福尔摩斯侦探案》的爱好，去求艺术家对于人生深刻的观照以及传达这种关照的技巧”。从日常的观察和访谈、问卷中发现，学生尽管明白一些古诗文的意思和写法，但大都是教辅书上的意思、教师告诉的意思、诗文鉴赏辞书的意思而不是学生自己读出来的意思。譬如一部分同学会死记硬背所谓的翻译和结论性的主旨，而大半不清楚这些主旨和翻译是怎样得出来的。阅读古诗文时，常常只会摘抄一些句子，或所谓精彩的语段，很少能够真正独立读懂一篇文章，更不会想到要将一个单元贯通起来读，整本书阅读和阅读一个专题，无法让专题的这个人物的精、气、神走进自己的心里。

向大家推荐自己的一篇介绍五步解读法的文章。让同学明白五步解读法的具体内容，在具体的古诗文解读中应如何操作。

由于时空的隔阂，中学生古诗文的解读能力不强。在阅读的过程中，往往会因为遇到障碍而放弃解读。阻碍学生进一步阅读的原因在于他们没有一套有效的阅读策略。笔者认为只有让学生掌握有效的古诗文的解读策略，才能使学生在古诗文的阅读中独立地“学会解读文本”。希望通过此项研究，让学生掌握一套能根据整体把握文本主旨的阅读策略来达到对古诗文文本的人格意识理解，从而对学生的人格产生积极影响。

确定教学内容之前，首先明确几个问题：①如何通过教学让学生掌握阅读策略；②学生掌握阅读策略的困难是什么；③如何使学生在阅读时有意识地运用相关的策略。课堂教学从三个不同的层面应对上述问题，因此初步确定教学目的应该是让学生知道，透过整体把握和文章手法的把握，得出的文意和词意更准确。

1）教学内容之《公输》

教学时间：2018 年 5 月 15 日。

文本解读步骤：学生在课堂上诵读若干遍后，依据老师此前向大家介绍的人格意识五步解读法自行在诵读的基础上完成任务单（图 4.30、图 4.31）。

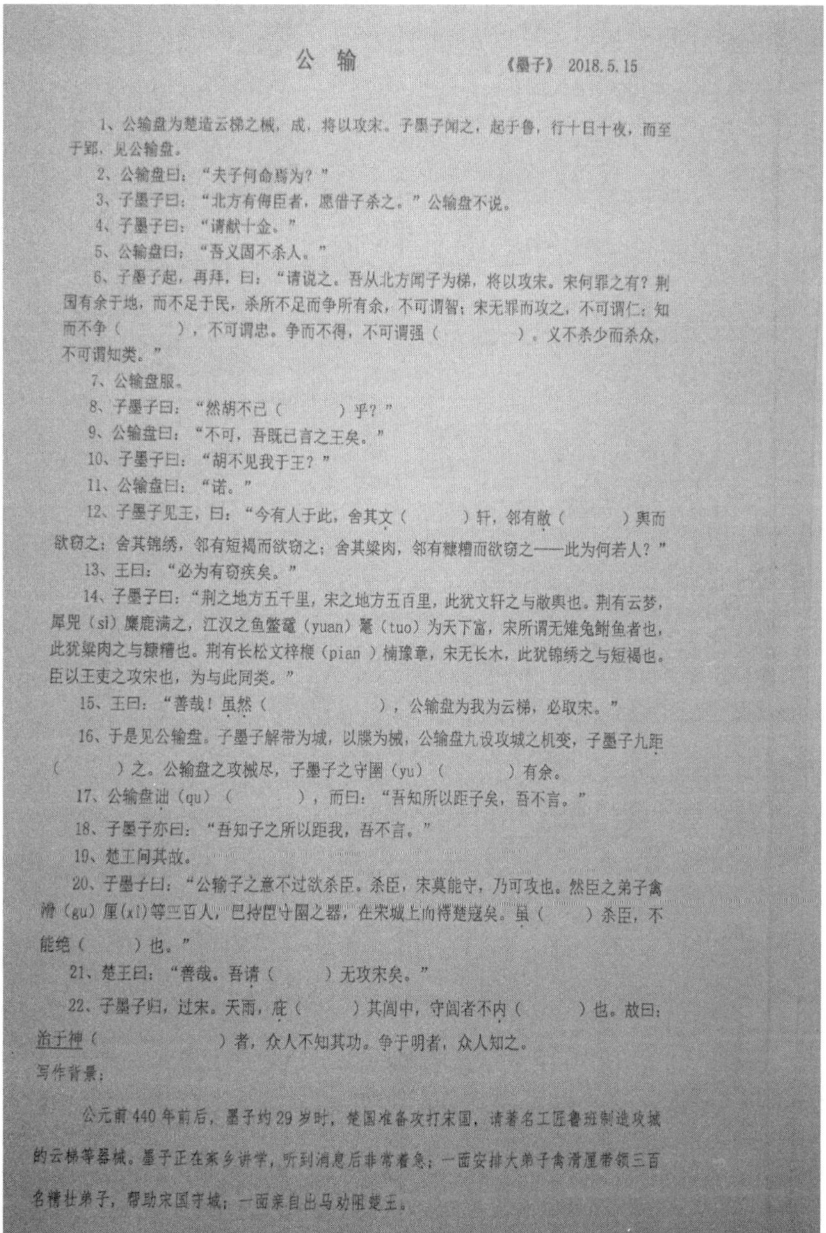

公　输　　　　《墨子》 2018.5.15

1、公输盘为楚造云梯之械，成，将以攻宋。子墨子闻之，起于鲁，行十日十夜，而至于郢，见公输盘。

2、公输盘曰："夫子何命焉为？"

3、子墨子曰："北方有侮臣者，愿借子杀之。"公输盘不说。

4、子墨子曰："请献十金。"

5、公输盘曰："吾义固不杀人。"

6、子墨子起，再拜，曰："请说之。吾从北方闻子为梯，将以攻宋。宋何罪之有？荆国有余于地，而不足于民，杀所不足而争所有余，不可谓智；宋无罪而攻之，不可谓仁；知而不争（　　　），不可谓忠。争而不得，不可谓强（　　　）。义不杀少而杀众，不可谓知类。"

7、公输盘服。

8、子墨子曰："然胡不已（　　　）乎？"

9、公输盘曰："不可，吾既已言之王矣。"

10、子墨子曰："胡不见我于王？"

11、公输盘曰："诺。"

12、子墨子见王，曰："今有人于此，舍其文（　　　）轩，邻有敝（　　　）舆而欲窃之；舍其锦绣，邻有短褐而欲窃之；舍其粱肉，邻有糠糟而欲窃之——此为何若人？"

13、王曰："必为有窃疾矣。"

14、子墨子曰："荆之地方五千里，宋之地方五百里，此犹文轩之与敝舆也。荆有云梦，犀兕（si）麋鹿满之，江汉之鱼鳖鼋（yuan）鼍（tuo）为天下富，宋所谓无雉兔鲋鱼者也，此犹粱肉之与糠糟也。荆有长松文梓楩（pian）楠豫章，宋无长木，此犹锦绣之与短褐也。臣以王吏之攻宋也，为与此同类。"

15、王曰："善哉！虽然（　　　），公输盘为我为云梯，必取宋。"

16、于是见公输盘。子墨子解带为城，以牒为械，公输盘九设攻城之机变，子墨子九距（　　　）之。公输盘之攻械尽，子墨子之守圉（yu）（　　　）有余。

17、公输盘诎（qu）（　　　），而曰："吾知所以距子矣，吾不言。"

18、子墨子亦曰："吾知子之所以距我，吾不言。"

19、楚王问其故。

20、子墨子曰："公输子之意不过欲杀臣。杀臣，宋莫能守，乃可攻也。然臣之弟子禽滑（gu）厘(xi)等三百人，已持臣守圉之器，在宋城上而待楚寇矣。虽（　　　）杀臣，不能绝（　　　）也。"

21、楚王曰："善哉。吾请（　　　）无攻宋矣。"

22、子墨子归，过宋。天雨，庇（　　　）其闾中，守闾者不内（　　　）也。故曰：治于神（　　　）者，众人不知其功。争于明者，众人知之。

写作背景：

公元前 440 年前后，墨子约 29 岁时，楚国准备攻打宋国，请著名工匠鲁班制造攻城的云梯等器械。墨子正在家乡讲学，听到消息后非常着急：一面安排大弟子禽滑厘带领三百名精壮弟子，帮助宋国守城；一面亲自出马劝阻楚王。

图 4.30 《公输》教学任务单（1）

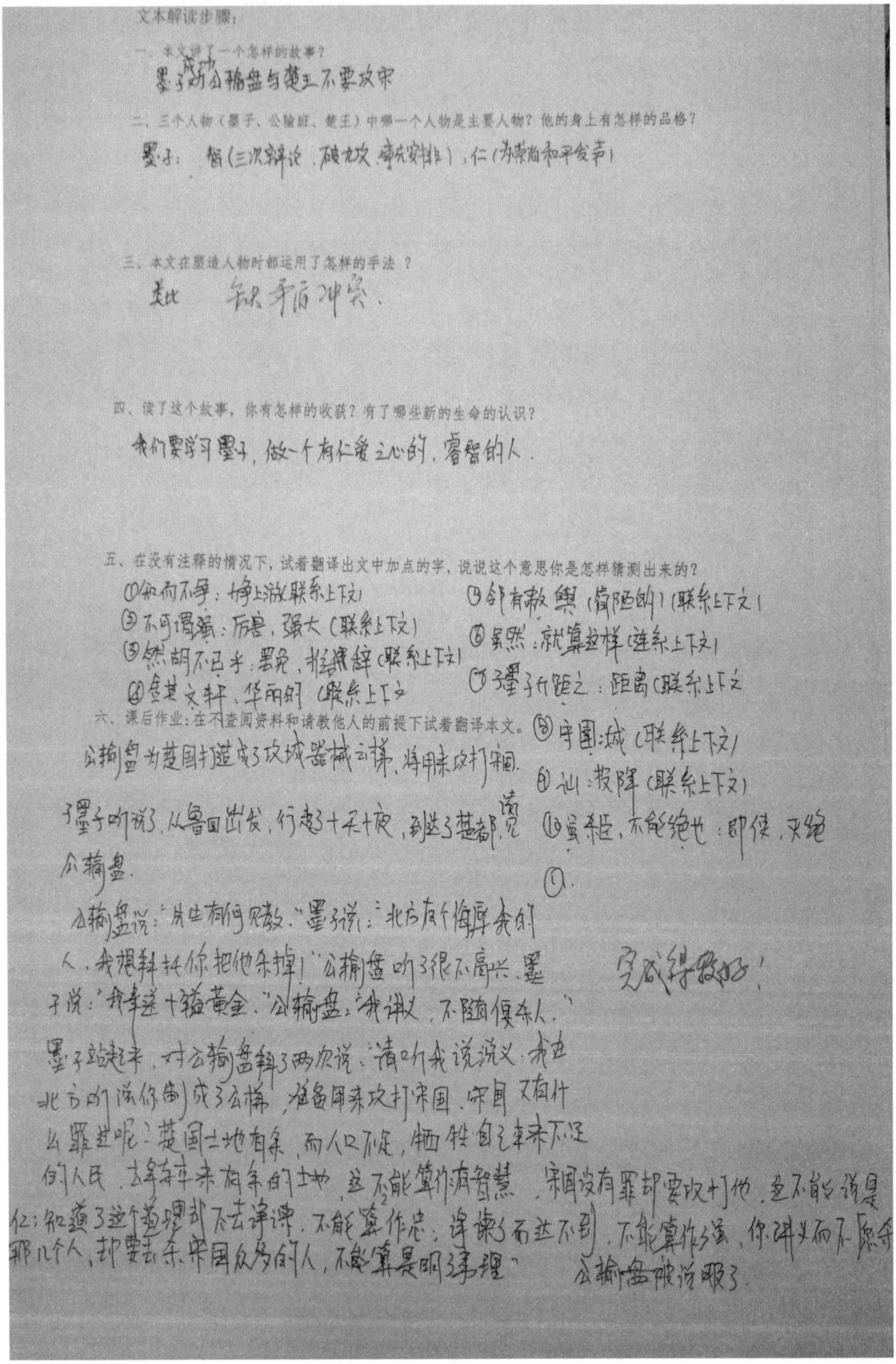
文本解读步骤：

一、本文讲了一个怎样的故事？

墨子成功劝公输盘与楚王不要攻宋

二、三个人物（墨子、公输班、楚王）中哪一个人物是主要人物？他的身上有怎样的品格？

墨子：智（三次辩论、破攻、预先安排），仁（为宋国和平发声）

三、本文在塑造人物时都运用了怎样的手法？

对比　矛盾冲突。

四、读了这个故事，你有怎样的收获？有了哪些新的生命的认识？

我们要学习墨子，做一个有仁爱之心的、睿智的人。

五、在没有注释的情况下，试着翻译出文中加点的字，说说这个意思你是怎样猜测出来的？

①知而不争：争上谏（联系上下文）
②不可谓强：厉害，强大（联系上下文）
③然胡不已乎：罢免，拒绝（联系上下文）
④舍其文轩：华丽的（联系上下文）
⑤邻有敝舆（简陋的）（联系上下文）
⑥虽然：就算这样（联系上下文）
⑦子墨子九距之：距离（联系上下文）
⑧守圉：城（联系上下文）
⑨诎：投降（联系上下文）
⑩虽杀臣，不能绝也：即使，灭绝
⑪.

六、课后作业：在不查阅资料和请教他人的前提下试着翻译本文。

公输盘为楚国打造成了攻城器械云梯，将用来攻打宋国。子墨子听说了，从鲁国出发，行走了十天十夜，到达了楚都，觉见公输盘。

公输盘说："先生有何见教。"墨子说："北方有个侮辱我的人，我想拜托你把他杀掉！"公输盘听了很不高兴。墨子说："我奉送十镒黄金。"公输盘："我讲义，不随便杀人。"

墨子站起来，对公输盘拜了两次说："请听我说说义。我在北方听说你制成了云梯，准备用来攻打宋国。宋国又有什么罪过呢？楚国土地有余，而人口不足，牺牲自己本来不足的人民，去争夺本来有余的土地，这不能算作有智慧。宋国没有罪却要攻打他，这不能说是仁；知道了这个道理却不去谏诤，不能算作忠；谏诤了而达不到，不能算作强。你讲义而不愿杀那几个人，却要去杀宋国众多的人，不能算是明白事理。"公输盘被说服了。

完成得很好！

图 4.31 《公输》教学任务单（2）

完成情况反馈如下。

（1）同学们都能讲出这是一个墨子劝说公输班不要去攻打宋国的故事。

（2）同学们都能回答出墨子是主要人物，本文的思想主旨是通过墨子反映出来的，大体都能说出墨子的性格特征：兼爱、非攻、能言善辩、有担当、能够做到知行合一、执着等。

（3）绝大多数同学能讲出三种以上写作手法：矛盾冲突、侧面描写、对比、类比等。

（4）每个同学的体验大体比较一致，都能从墨子的性格出发来理解生命感悟：知行合一，做事要执着，要讲究方式方法等。

（5）一部分人翻译了词语，一部分人没有讲出之所以这样讲的原因，说明同学们对利用上下文来推测词义还不太熟练。

（6）反馈下来，部分同学认为题目量太大，影响了同学们完成其他作业，也影响了学习古文的兴趣，以后可以将此翻译全文的题目变换成翻译重点语句的形式，使之更有针对性。

2）教学内容之《曹刿论战》

教学时间：2018 年 5 月 17 日。

文本解读步骤：学生在课堂上诵读若干遍后，由学生自行解读文本，然后上交，整理（图 4.32、图 4.33）。

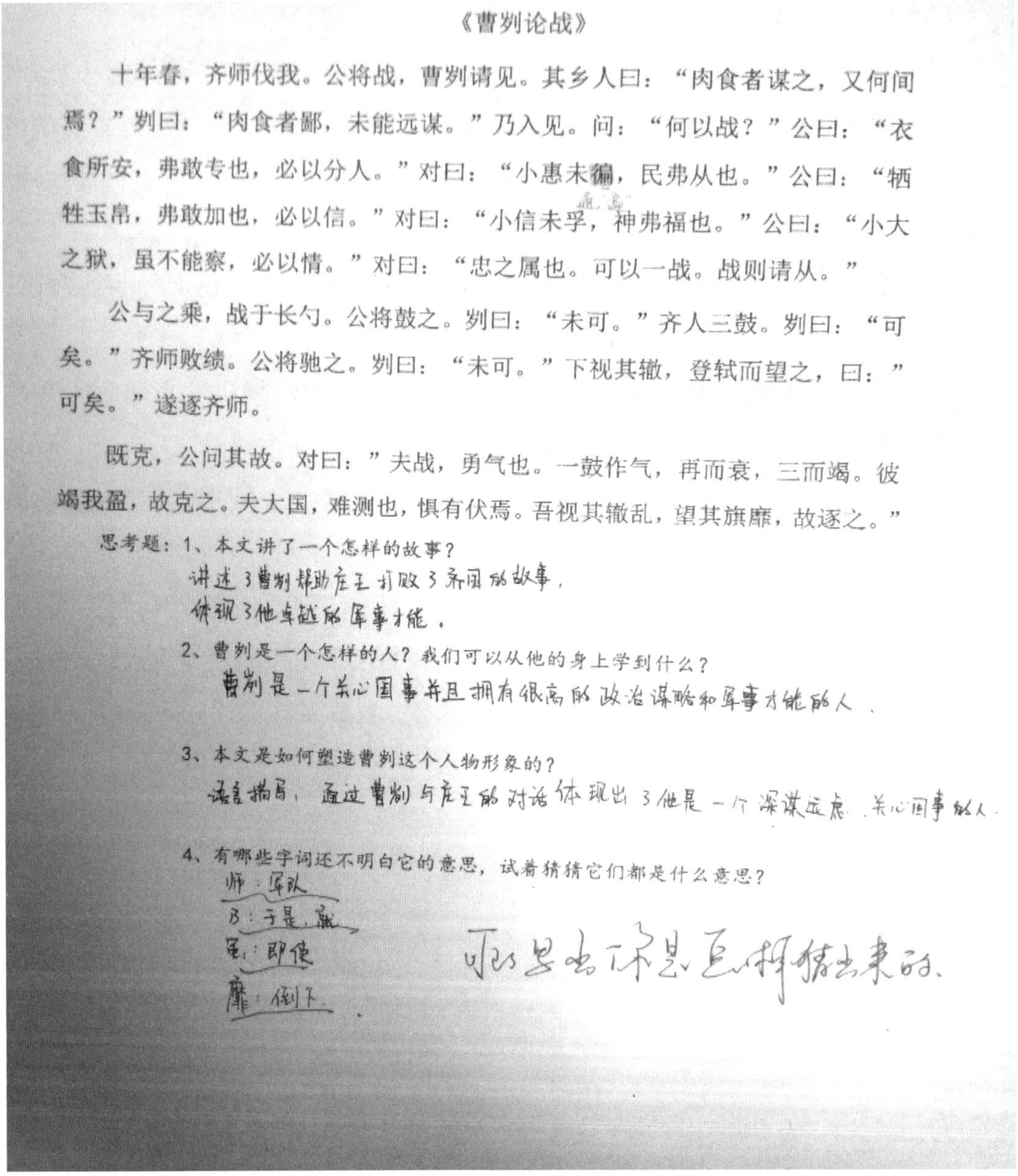

《曹刿论战》

十年春，齐师伐我。公将战，曹刿请见。其乡人曰：“肉食者谋之，又何间焉？”刿曰：“肉食者鄙，未能远谋。”乃入见。问：“何以战？”公曰：“衣食所安，弗敢专也，必以分人。”对曰：“小惠未徧，民弗从也。”公曰：“牺牲玉帛，弗敢加也，必以信。”对曰：“小信未孚，神弗福也。”公曰：“小大之狱，虽不能察，必以情。”对曰：“忠之属也。可以一战。战则请从。”

公与之乘，战于长勺。公将鼓之。刿曰：“未可。”齐人三鼓。刿曰：“可矣。”齐师败绩。公将驰之。刿曰：“未可。”下视其辙，登轼而望之，曰：”可矣。”遂逐齐师。

既克，公问其故。对曰：”夫战，勇气也。一鼓作气，再而衰，三而竭。彼竭我盈，故克之。夫大国，难测也，惧有伏焉。吾视其辙乱，望其旗靡，故逐之。”

思考题：1、本文讲了一个怎样的故事？

讲述了曹刿帮助庄王打败了齐国的故事，

体现了他卓越的军事才能。

2、曹刿是一个怎样的人？我们可以从他的身上学到什么？

曹刿是一个关心国事并且拥有很高的政治谋略和军事才能的人。

3、本文是如何塑造曹刿这个人物形象的？

语言描写，通过曹刿与庄王的对话体现出了他是一个深谋远虑、关心国事的人。

4、有哪些字词还不明白它的意思，试着猜猜它们都是什么意思？

师：军队

乃：于是，就

虽：即使

靡：倒下。

可以思考下你是怎样猜出来的。

图 4.32 《曹刿论战》教学任务单（1）

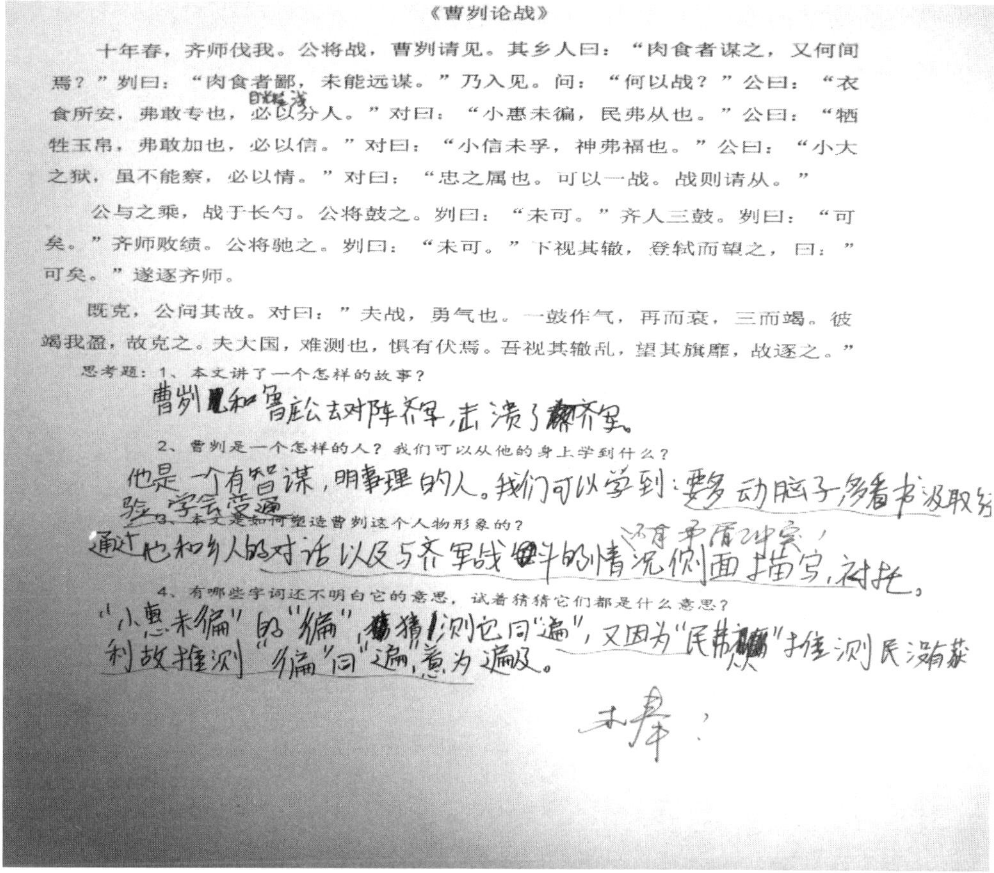

《曹刿论战》

十年春，齐师伐我。公将战，曹刿请见。其乡人曰："肉食者谋之，又何间焉？"刿曰："肉食者鄙，未能远谋。"乃入见。问："何以战？"公曰："衣食所安，弗敢专也，必以分人。"对曰："小惠未徧，民弗从也。"公曰："牺牲玉帛，弗敢加也，必以信。"对曰："小信未孚，神弗福也。"公曰："小大之狱，虽不能察，必以情。"对曰："忠之属也。可以一战。战则请从。"

公与之乘，战于长勺。公将鼓之。刿曰："未可。"齐人三鼓。刿曰："可矣。"齐师败绩。公将驰之。刿曰："未可。"下视其辙，登轼而望之，曰："可矣。"遂逐齐师。

既克，公问其故。对曰："夫战，勇气也。一鼓作气，再而衰，三而竭。彼竭我盈，故克之。夫大国，难测也，惧有伏焉。吾视其辙乱，望其旗靡，故逐之。"

思考题：1、本文讲了一个怎样的故事？

曹刿和鲁庄公去对阵齐军，击溃了齐军。

2、曹刿是一个怎样的人？我们可以从他的身上学到什么？

他是一个有智谋，明事理的人。我们可以学到：要多动脑子，多看书汲取经验，学会变通

3、本文是如何塑造曹刿这个人物形象的？

通过他和乡人的对话以及与齐军战斗的情况侧面描写，衬托。还有矛盾冲突！

4、有哪些字词还不明白它的意思，试着猜猜它们都是什么意思？

"小惠未徧"的"徧"猜测它同"遍"，又因为"民弗从"推测民没有获利故推测"徧"同"遍"，意为遍及。

图 4.33 《曹刿论战》教学任务单（2）

完成情况反馈如下。

（1）对于故事情节的概括，仍待完善。"用自己的智谋辅佐鲁庄公打胜仗"这个概括比较到位，而写"曹刿指挥军队打胜仗"则不太准确，"曹刿与鲁庄公对阵齐军"这样的阐述本身是错的，说明同学们概括故事情节的能力有待加强。

（2）对于曹刿是一个怎样的人，同学们普遍概括得比较好，说明绝大多数同学已经读懂了这篇文本。

（3）至于塑造人物的手法，同学们的回答相对比较统一，都认为运用了矛盾冲突、对比、侧面烘托等手法。

（4）对于大家不懂的字词，绝大多数同学还是把它们罗列出来，尝试着加以解释，这个过程体现出了同学们通过自己对于文章主旨和手法的把握来解决阅读

过程中遇到的生字词，可以起到事半功倍的效果。

3）教学内容之《子鱼论战》

教学时间：2018 年 5 月 21 日。

教学步骤：学生在课堂上诵读若干遍后，由学生自行解读文本，然后上交，整理（图 4.34、图 4.35）。

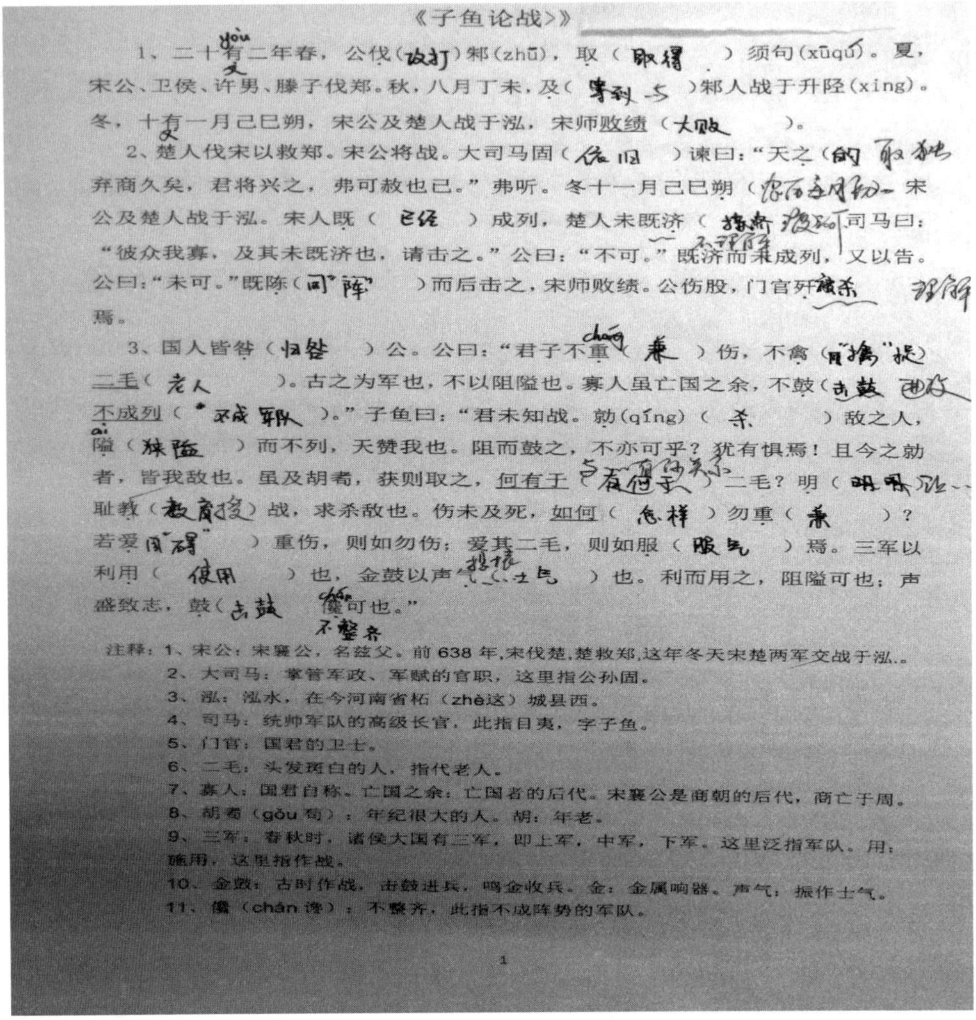

《子鱼论战》

1、二十有二年春，公伐（ ）郑(zhū)，取（ ）须句(xūqú)。夏，宋公、卫侯、许男、滕子伐郑。秋，八月丁未，及（ ）邾人战于升陉(xíng)。冬，十有一月己巳朔，宋公及楚人战于泓，宋师败绩（ ）。

2、楚人伐宋以救郑。宋公将战。大司马固（ ）谏曰："天之（ ）弃商久矣，君将兴之，弗可赦也已。"弗听。冬十一月己巳朔（ ）宋公及楚人战于泓。宋人既（ ）成列，楚人未既济（ ）司马曰："彼众我寡，及其未既济也，请击之。"公曰："不可。"既济而未成列，又以告。公曰："未可。"既陈（ ）而后击之，宋师败绩。公伤股，门官歼（ ）焉。

3、国人皆咎（ ）公。公曰："君子不重（ ）伤，不禽（ ）二毛（ ）。古之为军也，不以阻隘也。寡人虽亡国之余，不鼓（ ）不成列（ ）。"子鱼曰："君未知战。勍(qíng)（ ）敌之人，隘（ ）而不列，天赞我也。阻而鼓之，不亦可乎？犹有惧焉！且今之勍者，皆吾敌也。虽及胡耇，获则取之，何有于（ ）二毛？明（ ）耻教（ ）战，求杀敌也。伤未及死，如何（ ）勿重（ ）？若爱（ ）重伤，则如勿伤；爱其二毛，则如服（ ）焉。三军以利用（ ）也，金鼓以声气（ ）也。利而用之，阻隘可也；声盛致志，鼓（ ）儳可也。"

注释：1、宋公：宋襄公，名兹父。前 638 年，宋伐楚，楚救郑，这年冬天宋楚两军交战于泓。

2、大司马：掌管军政、军赋的官职，这里指公孙固。

3、泓：泓水，在今河南省柘（zhè这）城县西。

4、司马：统帅军队的高级长官，此指目夷，字子鱼。

5、门官：国君的卫士。

6、二毛：头发斑白的人，指代老人。

7、寡人：国君自称。亡国之余：亡国者的后代。宋襄公是商朝的后代，商亡于周。

8、胡耇（gǒu 苟）：年纪很大的人。胡：年老。

9、三军：春秋时，诸侯大国有三军，即上军，中军，下军。这里泛指军队。用：施用，这里指作战。

10、金鼓：古时作战，击鼓进兵，鸣金收兵。金：金属响器。声气：振作士气。

11、儳（chán 谗）：不整齐，此指不成阵势的军队。

1

图 4.34 《子鱼论战》教学任务单（1）

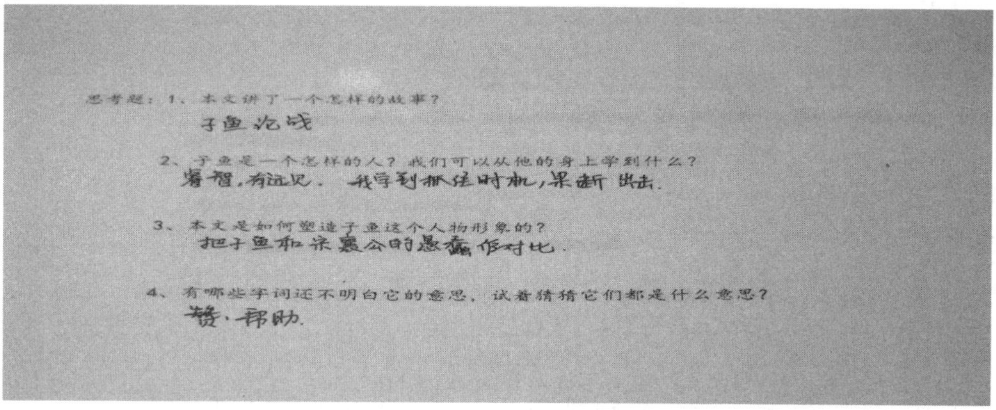

图 4.35 《子鱼论战》教学任务单（2）

完成情况反馈如下。

（1）此卷是笔者在课堂之上领着学生诵读三遍文本之后，引导学生按照五步分析法来独立解读文本的一次尝试，因为本文是一篇课外补充文本，所以绝大多数同学没有见过原文，此次展示的练习就是随机抽检的样本。

（2）学生的表现进一步印证了在理解本文主旨和写法的基础上回过头来翻译文本中的不理解不明确的字词句，尽管不能保证所有的翻译都对，但是效率会提高。文中红笔的部分为笔者所做的修改，但就学生所翻译的部分词语看，同学们还是做到了努力尝试。

（3）在理解了文本的主旨和写作手法之上的字词处理，带有很强的人文浸润的色彩。表面上是字词的翻译，实际上是拿着做人的道理来揣摩别人是怎样想的，实际上是人格意识的解读。"不重伤"的"重"，应解释为"两次"，以此表现宋襄公的妇人之仁是导致战争失败的根本原因。

4）教学内容之《邹忌讽齐王纳谏》

教学时间：2018 年 5 月 22 日。

教学步骤：学生在课堂上诵读若干遍后，由学生自行解读文本，然后上交，整理（图 4.36）。

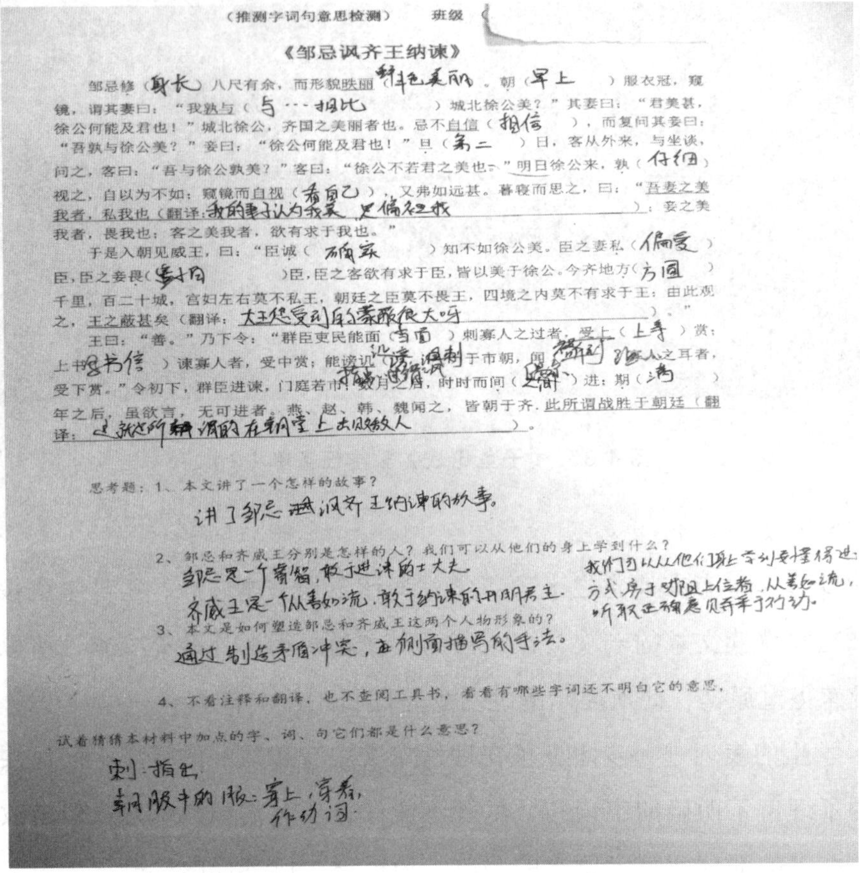
（推测字词句意思检测）　班级（

《邹忌讽齐王纳谏》

邹忌修（身长）八尺有余，而形貌昳丽（鲜艳美丽）。朝（早上）服衣冠，窥镜，谓其妻曰：“我孰与（与……相比）城北徐公美？”其妻曰：“君美甚，徐公何能及君也！”城北徐公，齐国之美丽者也。忌不自信（相信），而复问其妾曰：“吾孰与徐公美？”妾曰：“徐公何能及君也！”旦（第二）日，客从外来，与坐谈，问之，客曰：“吾与徐公孰美？”客曰：“徐公不若君之美也。”明日徐公来，孰（仔细）视之，自以为不如；窥镜而自视（看自己），又弗如远甚。暮寝而思之，曰：“吾妻之美我者，私我也（翻译：我的妻子认为我美，是偏爱我）；妾之美我者，畏我也；客之美我者，欲有求于我也。”

于是入朝见威王，曰：“臣诚（确实）知不如徐公美。臣之妻私（偏爱）臣，臣之妾畏（害怕）臣，臣之客欲有求于臣，皆以美于徐公。今齐地方（方圆）千里，百二十城，宫妇左右莫不私王，朝廷之臣莫不畏王，四境之内莫不有求于王：由此观之，王之蔽甚矣（翻译：大王您受到的蒙蔽很大呀）。”

王曰：“善。”乃下令：“群臣吏民能面（当面）刺寡人之过者，受上（上等）赏；上书（写书信）谏寡人者，受中赏；能谤讥于市朝，闻寡人之耳者，受下赏。”令初下，群臣进谏，门庭若市；数月之后，时时而间（间或）进；期（满）年之后，虽欲言，无可进者。燕、赵、韩、魏闻之，皆朝于齐。此所谓战胜于朝廷（翻译：这就是所说的在朝堂上战胜敌人）。

思考题：1、本文讲了一个怎样的故事？

讲了邹忌讽齐王纳谏的故事。

2、邹忌和齐威王分别是怎样的人？我们可以从他们的身上学到什么？

邹忌是一个睿智，敢于进谏的士大夫。

齐威王是一个从善如流，敢于纳谏的开明君主。

我们可以从他们身上学到要懂得进谏方式，勇于纠正上位者，从善如流，听取正确意见并乐于行动。

3、本文是如何塑造邹忌和齐威王这两个人物形象的？

通过制造矛盾冲突，正侧面描写的手法。

4、不看注释和翻译，也不查阅工具书，看看有哪些字词还不明白它的意思，试着猜猜本材料中加点的字、词、句它们都是什么意思？

刺：指出

朝服中的服：穿上，穿着，作动词

图 4.36 《邹忌讽齐王纳谏》教学任务单

完成情况反馈如下。

按五步解读法完成的效果已经比较好地反映在卷面上了。同学明白了“讽”在文中的意思，就明白邹忌是如何做到用委婉的方式为齐威王提意见了，这是解读文学作品的奥秘所在。学生一旦掌握了此种猜词的策略，就真正明白基于人格意识解读是何意思了。因为此前的字词句释义，是在还没有真正明白文章的主旨和写法的基础上盲目地、模糊地、机械地读古诗文，而一旦对文本的意思有了比较确切的理解，那翻译起字词来就会自觉地运用中心观照法，拿着作者的意思去反观这些不懂的字词应该朝着什么方向来翻译，这就是古诗文人格意识解读的重要内涵。

5）组织学生进行单元贯通写作（图 4.37）

教学时间：2018 年 5 月 23 日。

单元贯通写作要求

1、预习要求：通读单元全部文章（含课外补充），做好文章段落标注，关键信息圈划，基本字词梳理等工作，记下阅读过程中感觉到的疑难问题，并对关于文章的主旨与艺术手法的问题进行梳理，每一看法都要尝试在文本中找到相应的例证。

2、单元贯通写作要求：围绕单元主题，提炼出表达这一主题的审题、立意、选材、组材、艺术手法、审美特色等方面的阅读体会，尝试从本单元所涉及的文章中寻找证明材料，适当展开论证，一般在800字左右。然后将单元贯通写作中可以向全班分享的内容摘录下来并重新整合，设计成一堂可以向全班展示的活动课，由本班的2-3名同学主持展示活动。

第七单元　议论纵横　单元写作指导：

1、具体列出本单元你都学了哪些课文？分别都讲了怎样的故事？

2、这些故事中作者刻画了哪些人物？各自都有怎样的人物性格？从这些人物身上你学到了哪些做人的道理？结合具体文本来加以阐述。

3、这些故事中作者都运用了怎样的表现手法来刻画这些人物的？结合具体文本来加以阐述。

4、你运用“中学古诗文生命意识解读策略”学完了这个单元后，你的语文学习的方式和方法有了哪些改变？对于语文学习有了哪些新的认识？（包括更加注重诵读、更加注重整体感知、更加注重写作手法的辨析、更加积极的去猜测自己一时不太明白的字词句等等。）

图 4.37　单元贯通写作教学任务单

按照单元贯通写作要求，同学们按时完成了各自的单元贯通写作，表现如下。

（1）绝大多数同学都能够比较清楚地透过文体的判定，围绕本单元的单元主题讲出本单元所选文本的故事梗概、主要的人物性格特征。以怎样的姿态走进文本是一个值得探讨和反思的问题。在诵读的基础上通过抓住文本所涉及的人、事、物来走进文本，而不是认为将文言文翻译成现代文就已经万事大吉。由梳理故事到概括人物性格，为他们从生命的高度解读文本奠定了坚实的基础。

（2）绝大多数同学都能够比较自觉地运用写作的手法来整体把握蕴含在文本字里行间的思想和情感。文本主旨的得出方式是一块试金石，由此可以照见阅读者是否真正走进了文本的内部，阅读者是否调动了他自己的生命体验的储备，是否真正落实了“以学生为本的教育理念”。

（3）绝大多数同学对于文本解读策略有了初步的认识，明白不同的文本解读策略会产生不同的解读效果：以诵读切入，通过读出故事梗概、人物性格、生命观照、写作手法，带着阅读者自己对文章的理解去疏通字词。这样的解读策略比较符合青少年的认知，比较符合语文学习的基本规律，比较有利于学生语文核心素养的提升，比较有利于人格意识的培养和生命境界的提升。“一个人不但要看他做了什么，还要看他是如何做的”。文本感知顺序不同，阅读者的内心体验不同，阅读的效果就不同。

（4）绝大多数同学对中学古诗文的学习有了更为科学的认识。他们认识到，中学古诗文的学习，不仅仅是疏通陌生字、词，不仅仅是翻译成现代汉语，不仅仅是知道一些道听途说的主旨和贴标签似的写作手法，而是让他们感受到，这些文本是与自己的生命产生关联的、可以给他的生命以观照和启迪的、带着人性温情的文字。一旦理解了文本的生命观照，阅读者就可以按图索骥，带着表现手法，依据古诗文常用的表达习惯来猜测不懂的字词。《学记》所云“善问者如攻坚木，先其易者，后其节目，及其久也，相说以解”就是这个道理 。

（5）本单元贯通写作是同学们第一次以单元贯通的名义来表达自己一个单元的阅读经历、阅读的收获、体会和感悟，带有一定的群文阅读和专题阅读的特征，所以总体来说本次单元写作取得了比较好的写作效果，有 70% 以上的同学能够把自己的单元阅读收获表述出来，并且能够表达自己阅读本单元后的心得和体会。可以看出，同学们在接触了五步解读法之后，确实在语文学习的认识水平上有了很大的提升。同学们在撰写单元贯通的过程中，绝大多数认真总结了本单元学习过程中的得与失，认真反思了自己以往学习古诗文的方式和方法，认为五步解读法比较好地规避了此前消极被动的学习古诗文的方法，为学生积极地、有创造性地学习古诗文指明了道路，使学生学习古诗文的过程变成了一次生命意义的探索之旅。学生写作范例见图 4.38，图 4.39。

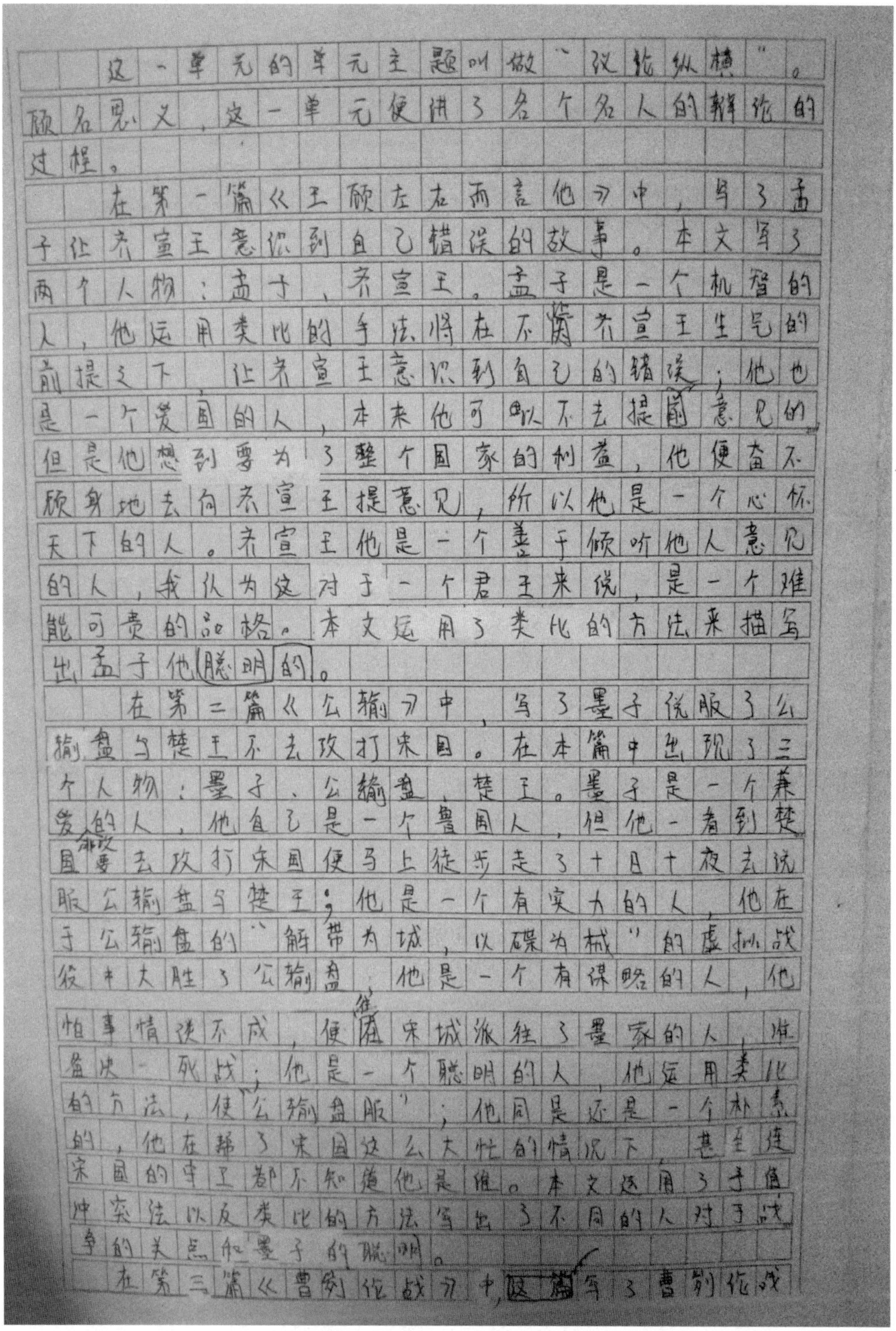

这一单元的单元主题叫做"议论纵横"。顾名思义，这一单元便讲了各个名人的辩论的过程。

在第一篇《王顾左右而言他》中，写了孟子让齐宣王意识到自己错误的故事。本文写了两个人物：孟子、齐宣王。孟子是一个机智的人，他运用类比的手法将在不惹齐宣王生气的前提之下，让齐宣王意识到自己的错误；他也是一个爱国的人，本来他可以不去提出意见的，但是他想到要为了整个国家的利益，他便奋不顾身地去向齐宣王提意见，所以他是一个心怀天下的人。齐宣王他是一个善于倾听他人意见的人，我认为这对于一个君王来说，是一个难能可贵的品格。本文运用了类比的方法来描写出孟子他聪明的。

在第二篇《公输》中，写了墨子说服了公输盘与楚王不去攻打宋国。在本篇中出现了三个人物：墨子、公输盘、楚王。墨子是一个兼爱的人，他自己是一个鲁国人，但他一看到楚国要去攻打宋国便马上徒步走了十日十夜去说服公输盘与楚王；他是一个有实力的人，他在于公输盘的"解带为城，以牒为械"的虚拟战役中大胜了公输盘，他是一个有谋略的人，他怕事情谈不成，便在宋城派往了墨家的人，准备决一死战；他是一个聪明的人，他运用类比的方法，使公输盘服"；他同是还是一个朴素的，他在帮了宋国这么大忙的情况下，甚至连宋国的守卫都不知道他是谁。本文运用了矛盾冲突法以及类比的方法写出了不同的人对于战争的关点和墨子的聪明。

在第三篇《曹刿论战》中，这篇写了曹刿论战

图 4.38　学生写作范例（1）

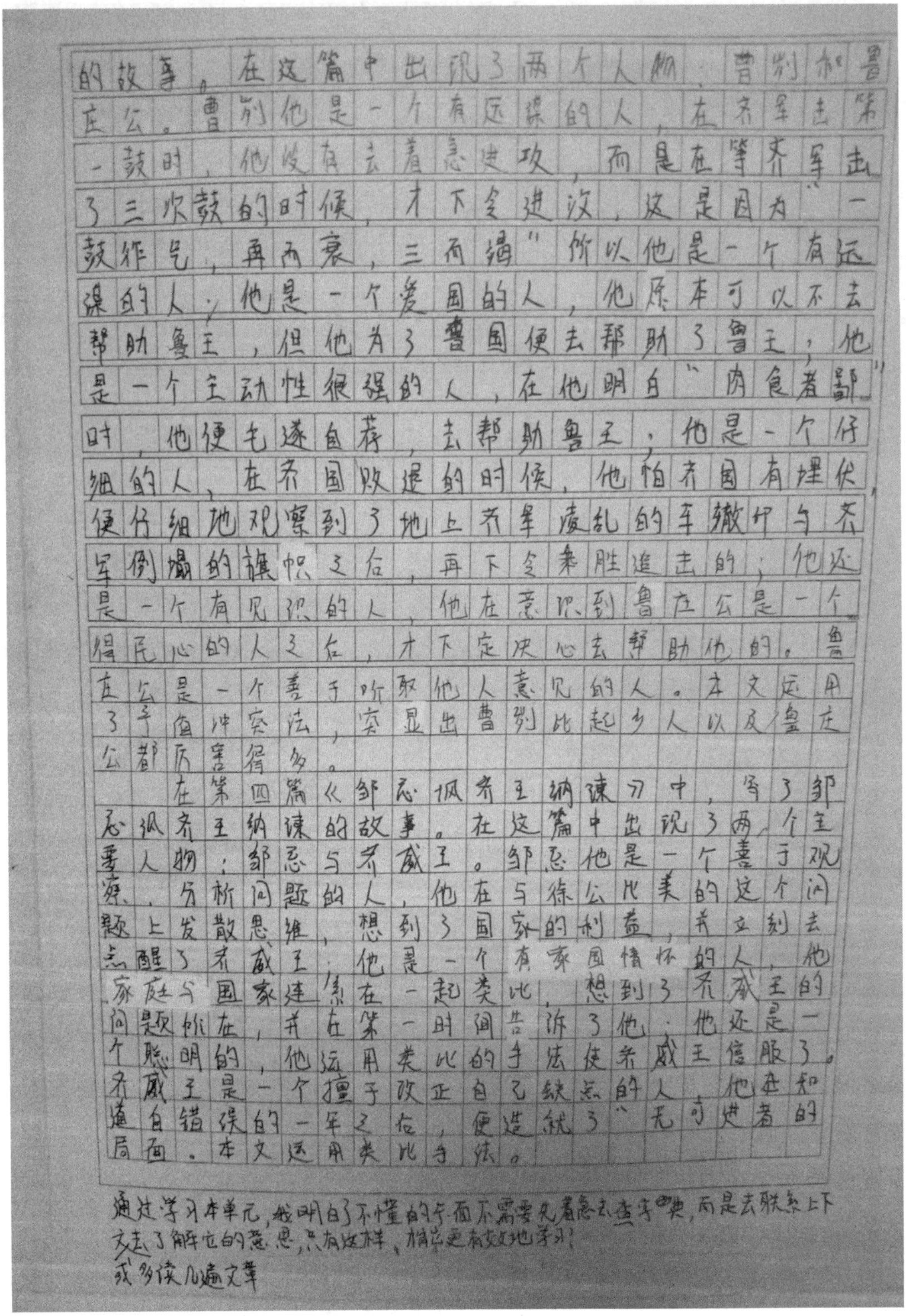

图 4.39　学生写作范例（2）

4. 相关后测

后测试卷见图 4.40，图 4.41。

中学古诗文生命解读研究实验材料（初一年级）后测

性别________ 班级：________________ 2018.5.25

（一）阅读下列唐诗，回答问题（10分）。

寻隐者不遇 贾岛

松下问童子，言师采药去，只在此山中，云深不知处。

1、在你看来这首诗表达了作者怎样的思想情感？（3分）

A、表达了作者的思乡思亲之情；

B、表达了作者没有找到隐者的无奈之情；

C、好像没有什么具体意思，只是去找一个人没找到而已；

D、以上答案好像都不是，我认为本首的思想情感是：

____

2、本首诗中，作者都用了什么表现手法？（3分）

A、好像没有什么表现手法，讲得很平淡；

B、本诗通过讲故事的手法，将人物的思想情感缊含在对话之中；

C、本诗主要运用了象征的手法来表达自己的高远追求；

D、以上答案好像都不是，我认为本首诗的手法是：

____

3、阅读的过程实际上是一个自我发现的过程。你觉得诗中的隐者、寻觅隐者的人（或许是作者）他们是怎样的人？从诗中的什么地方读出来的？你从他们身上学到了什么？谈谈你的发现。（4分）

（二）阅读下列唐诗，回答问题（30分）。

优孟，故楚之乐人也。长八尺，多辩，常以谈笑讽谏。楚相孙叔敖知其贤人也，善待之。病且死，属其子曰："我死，汝必贫困。若往见优孟，言我孙叔敖之子也。"居数年，其子穷困负薪，逢优孟，与言曰："我，孙叔敖子也。父且死时，属我贫困往见优孟。"优孟曰："若无远有所之。"即为孙叔敖衣冠，抵掌谈语。岁余，像孙叔敖，楚王及左右不能别也。庄王置酒，优孟前为寿。庄王大惊，以为孙叔敖复生也，欲以为相。优孟曰："请归与妇计之，三日而为相。"庄王许之。三日后，优孟复来。王曰："妇言谓何？"孟曰："妇言慎无为，楚相不足为也。如孙叔敖之为楚相，尽忠为廉以治楚，楚王得以霸。今死，其子无立锥之地，贫困负薪以自饮食。必如孙叔敖，不如自杀。"因歌曰："山居耕田苦，难以得食。起而为吏，身贪鄙者余财，不顾耻辱。身死家室富，又恐为奸触大罪，身死而家灭。贪吏安可为也！念为廉吏，奉法守职，竟死不敢为非。廉吏安可为也！楚相孙叔敖持廉至死，方今妻子穷困负薪而食，不足为也！"于是庄王谢优孟，乃召孙叔敖子，封之寝丘四百户，以奉

图 4.40 后测试卷（1）

其祀。后十世不绝。

-----节选自《史记·滑稽列传》

1、用简洁的语言概括本文的主要内容。（3 分）

____

2、试判断出作者在文中运用的主要表现手法（　　）（2 分）

A、比喻、拟人　B、语言动作等细节描写

C、类比、对比　D、我认为的其它手法

3、你觉得文中的优孟是一个 ________的人？（2 分）你从文中的什么地方读出来的？试从下列选项中选出来（　　　）（可多选）（3 分）

（1）即为孙叔敖衣冠。（2）庄王置酒，优孟前为寿（3）请归与妇计之，三日而为相（4）必如孙叔敖，不如自杀（5）属我贫困往见优孟。（6）于是庄王谢优孟，乃召孙叔敖子，封之寝丘四百户，以奉其祀。

3、阅读的过程也是一个生命境界提升的过程。你从优孟和楚王的身上学到了什么？谈谈你的理解。（4 分）

____

____

5、把句子翻译成现代汉语。（6 分）

（1）优孟曰：“若无远有所之。”

____

（2）“妇言谓何？”

____

（3）楚相孙叔敖持廉至死，方今妻子穷困负薪而食，不足为也！

____

6、尝试对下列加点字给予解释：（10 分）

A. 多辩，常以谈笑讽谏　辩：（　　）　讽（　　）

B. 病且死，属其子曰　且：（　　）

C. 竟死不敢为非。竟（　　）　D. 于是庄王谢优孟。谢（　　）

图 4.41　后测试卷（2）

后测采集的数据见表 4.2。

表 4.2　中学古诗文人格意识解读研究教学实验后测数据

学生编号	题目（一）1	题目（一）2	题目（一）3	题目（二）1	题目（二）2	题目（二）3.1 注	题目（二）3.2	题目（二）4	题目（二）5.1	题目（二）5.2	题目（二）6	总分
1	0	3	2	0	0	2	2	3	0	0	4	16
2	0	3	3	1	2	0	1	4	0	1	4	19
3	0	0	0	2	0	0	0	0	0	2	4	8
4	3	0	1	0	0	0	0	0	0	1	6	11
5	0	0	0	1	0	1	2	1	0	1	6	12
6	0	0	0	1	2	2	1	1	0	0	6	13
7	3	0	2	1	2	1	0	0	0	2	6	17
8	3	0	2	3	2	2	0	4	0	1	4	21
9	0	0	1	2	0	1	1	3	0	2	6	16
10	2	2	2	0	0	0	1	3	0	3	2	15
11	1	3	3	3	2	2	0	4	0	2	4	24
12	0	0	3	1	0	1	2	2	0	2	0	11
13	3	3	2	1	2	1	0	1	0	2	0	15
14	3	3	2	2	0	0	2	4	0	1	0	17
15	3	0	2	1	0	1	1	1	1	2	8	20
16	3	3	4	3	0	1	2	4	0	2	8	30
17	2	3	0	0	0	0	1	0	0	1	8	15
18	3	0	2	0	2	2	2	2	0	1	4	18
19	0	0	1	0	2	1	1	0	0	0	0	5
20	0	0	1	1	2	2	1	2	0	3	6	18
21	3	3	0	0	0	2	0	2	0	0	6	16
22	3	0	1	0	0	0	2	0	0	0	6	12
23	3	0	3	1	0	1	1	3	0	2	2	16
24	3	0	2	3	0	1	1	4	0	2	6	22
25	0	0	2	3	0	1	1	2	0	1	6	16
26	3	0	1	0	2	0	1	0	0	2	2	10
27	0	0	2	0	0	1	3	3	0	2	4	15
28	1	1	3	0	2	0	0	2	0	1	4	14
29	0	0	2	0	0	1	0	1	0	2	0	6
30	3	3	3	2	0	1	2	0	0	2	6	22

续表

学生编号	题目（一）1	题目（一）2	题目（一）3	题目（二）1	题目（二）2	题目（二）3.1 注	题目（二）3.2	题目（二）4	题目（二）5.1	题目（二）5.2	题目（二）6	总分
31	0	0	1	0	0	0	2	0	0	2	0	5
32	3	0	1	0	0	0	3	2	0	2	2	13
33	3	0	3	0	2	0	1	1	1	0	0	11
34	0	0	0	0	2	1	2	4	0	1	0	10
35	3	0	1	3	0	2	0	3	1	2	2	17
36	3	0	1	3	0	0	1	2	0	1	0	11
37	1	3	3	3	0	2	1	2	0	1	6	22
38	0	3	0	0	2	1	2	0	0	1	4	13
39	1	0	2	0	0	1	1	0	1	0	0	6
40	3	0	0	2	2	1	2	2	0	1	0	13
41	2	2	3	0	2	1	2	4	0	2	4	22
42	1	2	1	3	2	1	2	3	0	0	0	15
43	3	3	2	2	2	1	0	1	0	2	6	22
44	2	3	2	1	0	1	1	4	0	1	0	15
45	3	3	2	1	0	1	1	0	0	2	0	13
46	2	0	4	3	2	1	0	4	0	3	2	21
47	1	2	1	0	2	1	3	1	0	2	4	17
48	2	0	3	2	0	2	2	2	0	2	2	17
49	3	3	2	3	2	1	1	1	0	2	4	22
50	1	1	2	1	2	1	2	1	0	3	8	22
51	2	2	1	3	0	2	1	1	0	3	2	17
52	2	3	2	0	0	1	2	3	0	2	6	21
53	1	0	4	2	2	2	0	0	0	2	6	19
54	1	0	3	3	0	1	1	3	0	3	6	21
55	0	3	2	2	2	2	0	3	0	3	6	23
56	3	3	3	3	2	0	2	0	0	1	0	17
57	0	3	0	0	0	0	1	0	0	0	2	6
58	1	1	3	0	0	1	2	3	0	2	2	15
59	2	3	3	0	2	1	1	0	0	3	2	17
60	3	3	3	1	2	1	3	4	0	3	6	29
61	3	2	3	3	0	1	1	3	0	2	6	24
62	3	0	2	1	2	1	1	2	0	3	2	17

续表

学生编号	题目（一）1	题目（一）2	题目（一）3	题目（二）1	题目（二）2	题目（二）3.1 注	题目（二）3.2	题目（二）4	题目（二）5.1	题目（二）5.2	题目（二）6	总分
63	0	0	0	0	2	1	1	0	0	3	4	11
64	2	3	3	0	2	0	1	3	0	2	2	18
65	0	3	4	0	2	0	1	3	0	2	2	17
66	3	0	3	3	0	2	1	2	0	3	6	23
67	1	0	1	0	0	1	2	3	0	0	0	8
68	3	3	4	1	0	1	0	2	0	2	0	16
69	0	0	0	0	0	0	1	3	0	2	4	10
70	0	3	0	1	2	1	2	1	0	2	0	12
71	1	3	3	1	0	1	1	1	0	3	4	18
72	0	0	1	0	2	1	1	1	0	2	8	16
73	0	0	0	1	2	0	2	0	0	0	2	7
74	2	2	3	1	2	1	0	4	0	3	4	22
75	3	3	2	0	0	1	0	0	0	1	2	12
76	1	3	3	0	2	1	2	2	0	0	4	18
77	3	0	2	1	2	1	1	2	0	2	6	17
78	3	3	2	2	2	0	0	2	0	0	0	14
79	3	3	2	1	2	1	0	1	0	2	0	15

注：3.1 为第三大题的第一小题，3.2 为第三大题的第二小题，以此类推。

5. 前后测结果统计及分析

前后测结果统计见表 4.3。

表 4.3　各小题前后测结果统计表

配对样本 T 检验（Paired Samples Statistics）									
		均值（Mean）	总量（N）	标准差（Std. Deviation）	平均数标准误差（Std. Error Mean）				
Pair 1	VAR00002	1.3418	79	1.30959	0.14734				
	VAR00014	1.7089	79	1.25220	0.14088				

续表

Pair 2	VAR00003	1.2658	79	1.46505	0.16483				
	VAR00015	1.3544	79	1.41456	0.15915				
Pair 3	VAR00004	1.2785	79	1.08529	0.12211				
	VAR00016	1.8734	79	1.16978	0.13161				
Pair 4	VAR00005	0.8608	79	1.10632	0.12447				
	VAR00017	1.1266	79	1.15877	0.13037				
Pair 5	VAR00006	0.5063	79	0.87521	0.09847				
	VAR00018	0.9873	79	1.00631	0.11322				
Pair 6	VAR00007	0.7848	79	0.69191	0.07785				
	VAR00019	0.9241	79	0.65579	0.07378				
Pair 7	VAR00008	0.8861	79	0.80044	0.09006				
	VAR00020	1.1519	79	0.84866	0.09548				
Pair 8	VAR00009	0.9873	79	1.08005	0.12151				
	VAR00021	1.8354	79	1.39991	0.15750				
Pair 9	VAR00010	0.0000	79	0.00000	0.00000				
	VAR00022	0.0506	79	0.22065	0.02482				
Pair 10	VAR00011	0.8987	79	0.91420	0.10286				
	VAR00023	1.6329	79	0.96313	0.10836				
Pair 11	VAR00012	1.5443	79	1.56727	0.17633				
	VAR00024	3.3671	79	2.57292	0.28948				
Pair 12	Total1	10.3418	79	4.80888	0.54104				
	Total2	15.9114	79	5.25306	0.59102				
（配对样本相关系数）Paired Samples Correlations									
		N	Correlation	Sig.					
Pair 1	VAR00002 & VAR00014	79	0.210	0.063					
Pair 2	VAR00003 & VAR00015	79	0.257	0.022					
Pair 3	VAR00004 & VAR00016	79	0.190	0.094					

续表

Pair 4	VAR00005 & VAR00017	79	0.334	0.003					
Pair 5	VAR00006 & VAR00018	79	-0.051	0.656					
Pair 6	VAR00007 & VAR00019	79	0.048	0.673					
Pair 7	VAR00008 & VAR00020	79	0.252	0.025					
Pair 8	VAR00009 & VAR00021	79	0.253	0.024					
Pair 9	VAR00010 & VAR00022	79							
Pair 10	VAR00011 & VAR00023	79	0.278	0.013					
Pair 11	VAR00012 & VAR00024	79	0.373	0.001					
Pair 12	Total1 & Total2	79	0.481	0.000					
(配对样本T检验)　Paired Samples T-Test									
		Paired Differences					t值	(自由度) df	(P值) Sig. 2-tailed)
		Mean	Std. Devia-tion	Std. Error Mean	95% Confidence Interval of the Difference				
					Lower	Upper			
Pair 1	VAR00002 - VAR00014	-0.36709	1.61068	0.18122	-0.72786	-0.00632	-2.026	78	0.046

续表

Pair 2	VAR00003 - VAR00015	-0.08861	1.75550	0.19751	-0.48182	0.30460	-0.449	78	0.655
Pair 3	VAR00004 - VAR00016	-0.59494	1.43687	0.16166	-0.91678	-0.27310	-3.680	78	0.000
Pair 4	VAR00005 - VAR00017	-0.26582	1.30785	0.14715	-0.55877	0.02712	-1.807	78	0.075
Pair 5	VAR00006 - VAR00018	-0.48101	1.36683	0.15378	-0.78717	-0.17486	-3.128	78	0.002
Pair 6	VAR00007 - VAR00019	-0.13924	0.93004	0.10464	-0.34756	0.06908	-1.331	78	0.187
Pair 7	VAR00008 - VAR00020	-0.26582	1.00905	0.11353	-0.49184	-0.03981	-2.342	78	0.022
Pair 8	VAR00009 - VAR00021	-0.84810	1.53663	0.17288	-1.19229	-0.50391	-4.906	78	0.000
Pair 9	VAR00010 - VAR00022	-0.05063	0.22065	0.02482	-0.10006	-0.00121	-2.040	78	0.045
Pair 10	VAR00011 - VAR00023	-0.73418	1.12898	0.12702	-0.98705	-0.48130	-5.780	78	0.000
Pair 11	VAR00012 - VAR00024	-1.82278	2.46389	0.27721	-2.37467	-1.27090	-6.575	78	0.000
Pair 12	Total1 - Total2	-5.56962	5.14080	0.57838	-6.72110	-4.41814	-9.630	78	0.000

前后测结果统计见图 4.42 至图 4.44。

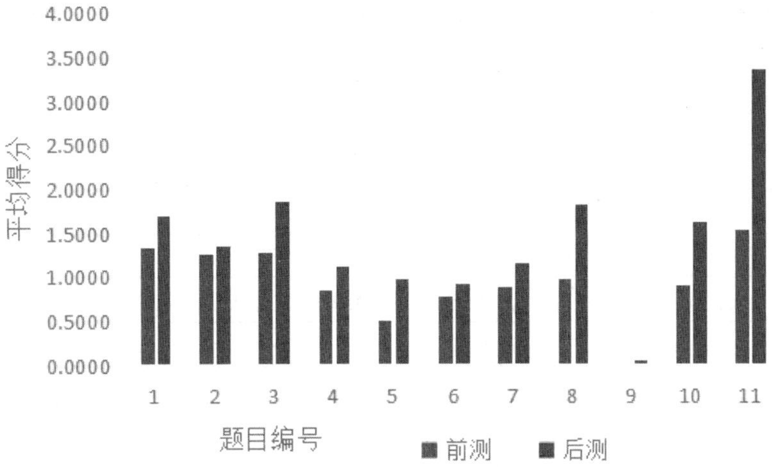

图 4.42　小题均分统计图

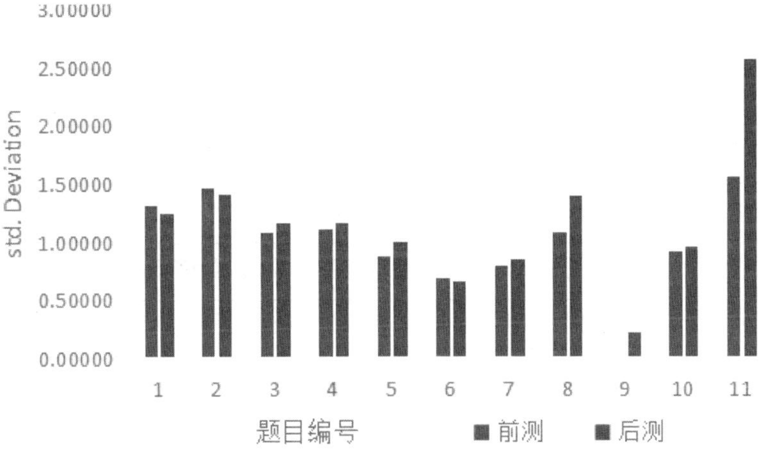

图 4.43　标准差统计图

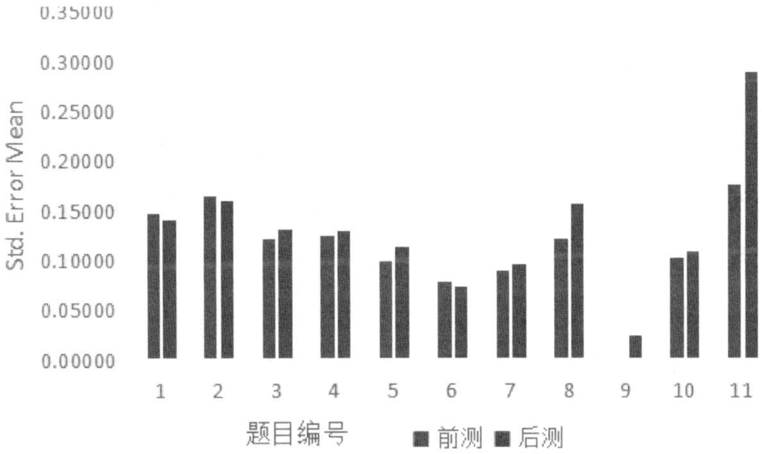

图 4.44　平均数标准误差统计图

统计结果表明：总计 11 个计分点（总分除外），前后测 $P>0.05$ 的有 3 项，$0.05 \geqslant P \geqslant 0.01$ 有 3 项，P 值 <0.01 的有 5 项。

依次分析如下。

（一）1 题 P 值为 0.046，显示为区分度明显。此题在追问文本的主旨或情感，本次教学实验的出发点和宗旨在于培养同学独立解读文本的能力和习惯。读一首诗，首先要读出这首诗的主旨。设想的标准答案为 B 选项，即表达了作者没有找到隐者的无奈之情。其他答案如答“找自己想要找的人没有找到的失落之情”也适当给了 1~2 分，并且后测中类似的答案很多，从另一个侧面反映出通过教学实验，一部分同学已经开始运用此次教学实验思考问题的方法来思考文本的主旨了，这是一个可喜的变化。但前后的 P 值不显著，可能的原因是每个人对于文本的主旨理解有很大的差异性，而此前同学们在这方面的能力的训练比较少，还需要进一步加大训练的力度，来弥补思想情感理解方面的不足。

（一）2 题 P 值为 0.655，显示为区分度不明显。此题在追问表现手法。表现手法是此次生命解读教学实验的重点内容之一，因为写作手法表面上来看是枯燥的、单调的，但它们一旦与作者要表达的思想情感结合起来，就会变得温情而富有诗意。此题区分度很不明显，原因就在同学们还没有把辨识写作手法与理解文本有机地结合起来，还没有认识到，语文的思维训练很大程度上是与写作手法相融合的。文本的人格意识解读离不开具体的形象生动的写作手法，同学们尽管也注意到了写作手法的重要性，但是他们在阅读和写作的实践过程中显然还没有养成从写作手法来观照的自觉。以后写作手法这方面的浸润还要进一步加强。

（一）3 题 P 值为 0.000，显示为区分度相当明显。这道题前后测区分度显著，原因在于本实验中，特别强调了阅读是一个自我发现的过程，自我发现就离不开同理心，同理心来自作者对于文学作品中的表现对象的特点的把握。在字里行间读出这些表现对象的人格内涵是文本解读的全部意义。“他们是怎样的人或物？”“你是从诗中的什么地方读出来的？”“你从他们身上学到了什么？”以及“谈谈你的发现”……不难看出，人格意识解读的全部内涵都在这样的问题中得以呈现，读出文本的生命观照，读出文字背后的层次，读出表现手法，在字里行间去寻找作者的良苦用心，去感悟他对生命深刻的思考。学生在这道题上的尚佳表现足以证明：以枯燥的令人乏味的翻译文本、一厢情愿的灌输式的思想教化，相比起形象生动的富有艺术魅力的文学审美鉴赏，学生更喜欢后者。因为在这样的课堂之上，学生不再是一个容器，不再是一个听命的仆人，而是一个有血有肉、有自己的思想和情感的人，可以和文本对话，可以和作者对话，最主要的是和自己对话，在自我追问中人格得到提升，境界得到升华。学生的激情需要点燃，教学策略顺序的改变意味着教学理念的提升，从总体上对文本进行整体把握，先读出文本的中心和主旨，再去鉴赏写作手法，最后去猜测自己不太理解的生字词。这样的过程就像一次艰辛且充满挑战的旅行，虽然困难，但在这种在翻山越岭的过程中所历练出来的从生命立意角度来解读文本的本领，远非灌输式的教学方法可比拟。

（二）1 题 P 值为 0.075，这道题前后测区分度不太明显。概述文本主要内容的能力是语文的核心素养之一，它是理解文本中心意思的前提。主要是本次教学实验的时间比较短，相关的概括文本故事梗概的训练不太多，平时同学们没有养成很好的抓住文本梗概来解读文本的能力，再加上本次所给的篇目也没有给出文章的标题，阅读的文本又是古文，使得大部分同学在这个问题上提升不明显。据此我们可以明白，在阅读一篇文本之前，尽量弄清楚文本的梗概，再从梗概出发将文本的生命观照和写作手法读出来，梗概概括不出来，在理解文章时势必一叶障目，最终以偏概全，顾此失彼。读懂了故事梗概，其实就已经明白了文章的大半。本文中的优孟讽谏的故事就是表现优孟人格魅力的载体，优孟的睿智、善于譬喻、富有同情心和诚实守信就是从故事的字里行间流淌出来的。没有了这样的故事，优孟的人格就会无所依托。由此可见用最简练的语言概括出文本的梗概是在以后的教学过程中要训练学生的重要能力之一。

（二）2 题 P 值为 0.002，这道题前后测区分度非常明显。相对于诗歌中的表现手法，散文中的表现手法对把握文本的中心和主旨的作用和意义会更大一些，因为散文文本的字数一般比较长的，如果不按表现手法来理解文本，那整篇文本理解起来就会比较吃力，有时会以偏概全，盲人摸象。相反有了表现手法的观照，一篇散文的意思就会在领会了文章结构之后豁然开朗。本文讲优孟讽谏，人物众多，关系也比较复杂，但是如果你理解了作者运用了对比兼类比的表现手法，那这篇文章的结构就会异常的清晰。先是类比，优孟讲自己辞去宰相一职的原因是害怕贫困，与孙叔敖死后妻子儿女衣食无着构成了类比的关系，因为道理相通，不难理解。另外一个就是对比，孙叔敖子女理应受到朝廷照顾的应然与实际上的贫困潦倒之间、楚王要求优孟做宰相与优孟断然拒绝做宰相之间的对比。此篇文章的意思已经相当明了。手法明白了，就像在文本解读过程中加上了一副引擎，在文本解读过程中就会势如破竹，事半功倍。

（二）3.1 题 P 值为 0.187，这道题前后测区分度不太明显。此题是对人物性格的概括和提炼，测试表现中这道题前后测区分度不太明显，原因是同学们还不太适应对人物性格的准确概括的要求，对人物性格的认识比较模糊，从根本上来说是对于文章的结构和表现手法还没有达到活学活用的程度。孔子云“听其言，观其行”，一个人不但要看他说了什么，还要看他是如何做的。引导学生把人物放在矛盾冲突中来理解，他们就会比较迅速地把握人的性格，在这种表现手法的鉴赏中，文本的生命解读才算有了真正的抓手，即在与文本、作者和老师的对话中，一种理想的生命场景在文本解毒过程中得到呈现，学生在这样的生命场景中浸润、体验、感悟和升华。此文中优孟的睿智、机敏、善良和守信以及楚王的知错即改就会在文本的字里行间中感受出来，从而丰富学生的生命体验。这个步骤实际上是一种抽象和概括的思维能力的训练，学生的思维能力和审美情趣以及高尚的生命境界就是在文本发掘中而体验出来的。

（二）3.2 题 P 值为 0.022，测试表现中这道题前后测区分度比较明显。这说明通过生命解读的教学实践，绝大多数同学渐渐养成了文学的赋形思维模式，即在文学作品中抽象的人格是以具体的行为来呈现的，这种具体的言谈举止才是人物性格的外化，在阅读过程中要注意体会。本题的出发点在于透过纷繁芜杂的表象将人物的具体品行体会出来。从小处讲，这是文学鉴赏的基本环节；从大处讲，这是生命文本解读的关键步骤，即要养成纯正的文学趣味，就必须要将抽象的、概括的人物性格具体化到文学作品中具体的人事物当中去，这样才算完成了文本的解读。通过一段时间的训练，学生们初步具有了“赋形”思维的能力，可以依据题目的要求，将可以表现人物性格的具体细节与其他事实区分开来。学生一旦拥有了这样的能力，阅读过程中就能比较本能地感受作者思想和情感。人格意识的文本解读实际上就是在阅读过程中将作者所塑造的表现对象的特点提炼出来，结合自身的生命体验来进行体验、感受、理解和升华，学生的人格就会在阅读中不断完善。

（二）4 题 P 值为 0.000，测试表现中这道题前后测区分度非常明显。阅读的全部的意义和价值就在于与读者自己建立起勾连，在发现他人中发现自我。《优孟讽谏》的核心人物当然是优孟，但是优孟之所以成为优孟，绝对离不开楚王，所以两者是密切联系在一起的，只有将两人联系起来观照，才会将文本主旨理解得全面而深刻。读者在这种与自己的生命建立起的勾连中才能将自己的生命体验在阅读中得以延伸，生命体验的文本季度才得以真正的完成，这也才真正将文本解读进行到底。

（二）5.1 题 P 值为 0.045，测试表现中这道题前后测区分度比较明显。这是一道在得分率方面不论在前测还是后测都几乎不得分的题，难度系数是本套测试题最高的，也是综合性最大的。但是它的区分度依然坚挺，是有效的。原因在于本教学实验的出发点和归宿在于把学生看成是一个有血有肉的人，他有自己的感受能力和思考能力，我们必须将这种能力作为教育教学的目标把它培养起来，而对照翻译大全翻译文本，貌似易如反掌，实际上这里面却孕育着万千气象。因为古诗文的学习说到底是文言文的原著阅读问题，任何试图省去自己的艰辛探索的阅读，将精彩的文言文转化成蹩脚的现代文的教学环节，注定都是不受阅读者待见的。因为阅读的过程是必须伴随探索和创造的过程。本小题这句话的翻译貌似是在翻译“若”“之”，并且这句话中的每一个字阅读者都认得，但是翻译这句话却涉及对文本意思的理解，对上下文关系的把握，对具体故事情节的梳理，实际上一个综合性的创造性的过程。中学古诗文生命文本解读的教学策略将翻译的环节放置于不理解之后，就是要培养阅读者在阅读古诗文时不可投机取巧，不可以长驱直入地用翻译来代替古诗文文本阅读中艰辛的、充满历险趣味的、创造性的解读。翻译文本不是在考察句式，翻译归根结底是在考查阅读者对文本的整体感知的程度。所以本小题尽管只有很少一部分学生有得分，但是这背后却反映出参加实验的学生对翻译文本重要性的理解不同于以前，依然会有部分同学能够从文本的整体性入手来确定具体字词的翻译，这是一个值得兴奋的发现。

（二）5.2题 P 值为0.000，此题前后测的区分度十分明显，从另一个侧面反映出，中学古诗文人文解读的教学策略是一个可以在具体的古诗文阅读中真正实用的策略，为中学生解读古诗文寻觅到了另外一条康庄大道。阅读者一旦在阅读文本的过程中运用整体感知，并且对文本所要表现的对象的特点有相当的把握，那他就会依托文本的前后关系来推测和整合文本所要表现的意思。这是古诗文阅读中令人振奋的环节，是一个阅读者从必然王国走向自由王国的关键一招，阅读者自身的阅读能力得以开发，语感的训练、思维的训练、审美能力的训练和人格的训练就有了真正的依托，就不再是空中楼阁。翻译语句中“持廉至死”就不是莫名其妙的“拿着镰刀去死”而是“秉持着廉洁一直到死”，这里面既揭示了孙叔敖的后代为何衣食无着的原因，又暗含了应该给孙叔敖的子孙接济的原因，可谓一箭双雕，这也是优孟有辩才的具体体现，因为他回避了孙叔敖子孙懒惰或不善于持家的可能性，既把接济的理由说得冠冕堂皇，又把接济的途径告诉了楚王，大大提升了他的语言的说服力，直接促成了楚王最后决定接济孙叔敖子孙。语句的翻译不是孤立的字词的翻译，每一个字词的背后都有作者表达上的良苦用心，可谓牵一发，动全身，这也是本次人格意识解读要着重培养学生的阅读意识和阅读能力之所在。

（二）6题 P 值为0.000，此题前后测的区分度十分明显，从另一个侧面反映出，一旦阅读者的阅读意愿和阅读兴趣被激发出来，那涓涓细流就会汇聚成宽广的江河，水势越大，浮力越大，承载力越大，对于文本阅读融会贯通的可能性越大。古诗文的字词解释就是读者对古诗文真正理解与否的试金石，真正理解了，不论哪个字都能够翻译出来，就会一泻千里，一马平川；没有真正理解，就会有不通之处，理解起来就会疙疙瘩瘩，时断时续。中学古诗文人格意识文本解读的出发点就是要阅读者具有这样一种本领：在真正理解了古诗文的思想和情感，在真正鉴赏了文本的写法之后，就可以从容地翻译文本。即使有部分字词句还不甚理解，但是你完全可以依据文本的主旨和写法，依据上下文的关系，行文的思路和故事的情节、话语的场合来把不懂的字词句的意思猜出来，所以《学记》有云“善问者如攻坚木，先其易者，后其节目，及其久也，相说以解。不善问者反此。”其实字词翻译妙趣横生“多辩”，依据上下文的意思，“辩”实际上就是“谈笑讽谏”的意思，就是遇到什么样的人说什么样的话，就是口才很好的意思。“讽”就是“用委婉的方式给别人提意见”，同学在《邹忌讽齐王纳谏》中早已见过，而本文的劝谏方法正是讽谏。“病且死”是指孙叔敖在临死之前，以自己的儿孙生计之事托付给优孟，方显示出孙叔敖对优孟的信任，一个小小的“且”字传递了非常丰富的信息量。“竟死不敢为非”中的“竟”，在前测中太多的同学都把“竟”字翻译成“竟然”，实际上就是没有理解上下文的文意。后测中，能够翻译出来“一直到”的同学就多起来了，这表明，一部分同学已经尝试着在理解文意和掌握手法的前提下，积极通过上下文的具体语境来翻译字词，这是古诗文生命文本解读教学实验期待的愿景。“于是庄王谢优孟”中的“谢”字的翻译，关系到全文的理解，这里面有楚庄王对优孟认识上的变化，表明优孟讽谏打动了庄王，庄王接受了优孟的建议，庄王对优孟的态度发生了改变，作为一国之君，能够向自己的臣子表示感谢是容易的，表示“道歉”是难能可贵的，这里面彰显着楚庄王知错就改、从谏如流的良好品格。同学们在此题上的良好表现，从某种角度上来讲，可以作为古诗文生命解读有效性的实证。同学们一旦具有了这样的一种本领，那他就拥有了解读古诗文的基本的本领，此种本领不受阅读的时间和空间的局限，只要有一篇文本即可，没有网络、没有参考书、没有老师、没有同伴，他依然可能读懂一篇陌生的文本。

第 12 题为此次教学实验中的前后两次测试的 P 值为 0.000，这说明此次教学实验，学生在“中学古诗文人格意识解读策略”的前后测的区分度相当明显，说明本次实验所采取的文本解读策略在具体的教学实施过程有不错的效果。

6.“中学古诗文人格意识解读策略”实验效果访谈

1）访谈提纲

“中学古诗文人格意识解读策略”实验效果访谈

时间：2018 年 5 月 25 日

性别（　　）班级（　　）

一、你在接触了“中学古诗文人格意识解读策略”（①判定文体；②确定文章表现对象；③概括表现对象的特点；④揣摩作者对表现对象的态度；⑤鉴赏手法等）后，你现在是如何阅读古诗文的？与此前的古诗文的阅读方式方法有哪些改变？“中学古诗文人格意识解读策略”中哪一个（环节）步骤对你帮助最大？为什么？

二、你现在都知道了哪些古诗文的表现手法？试结合本单元的古诗文（包括补充文章）加以说明，你认为关注表现手法对你理解文章的意思有帮助吗？为什么？

三、对于第一次撰写单元贯通文章的你来说，你认为单元贯通对于整个单元的课文的理解有何帮助？（学会了群文阅读；对专题阅读有了新的认识；学会了归纳和总结；理解了很多文章都是相通的等等）

四、文言文学习是大家中学阶段语文学习的一个不可忽视的存在，“得文言者得语文，得语文者得天下”，对于古诗文的学习，你准备下一阶段怎样去做？（如何看待诵读？如何看待整体把握文本？如何看待查阅资料和请教老师？如何看待积极主动地去猜测字词句的意思？如何看待群文阅读和专题阅读等等）。

2）访谈表现

（1）在接触了“中学古诗文人格意识解读策略”后，你现在是如何阅读古诗文的？（图 4-45）

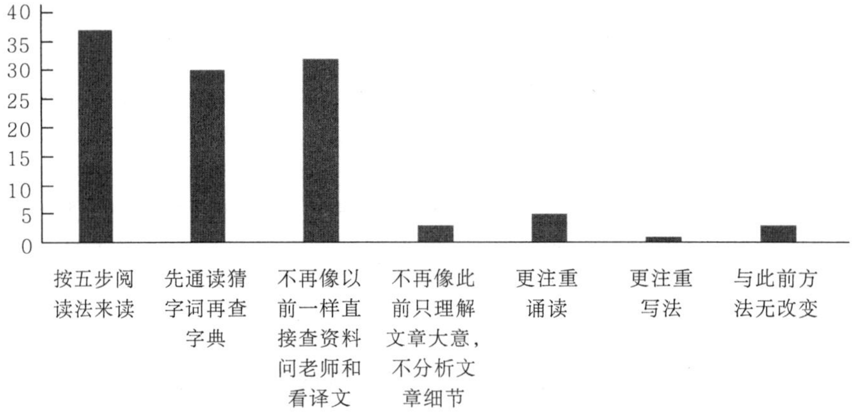

图 4.45　访谈结果（1）

访谈表现：绝大多数同学都能接受五步解读法，认为五步解读法从某种角度上来说可以为他们解读文本提供比较好的抓手，先通读文本，从整体上把握文本，不再像此前直接去查辅导书与网上资料，这样可以让学生练就古诗文解读的真功夫，而不是此前的不经过自己的独立思考就接受现成的结论，这一点为同学们以后独立解读文本提供了有力的支持。

（2）五步法中对你帮助最大的步骤是哪一个？（图 4-46）

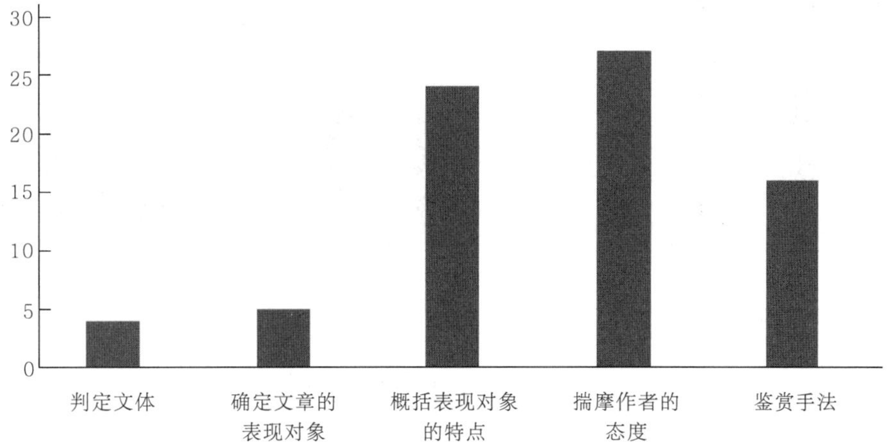

图 4.46　访谈结果（2）

访谈表现：五步解读法的作用在阅读地过程中几乎是同步进行的，之所以分出五个步骤实际上是为了表述的方便，但统计结果表明，概括表现对象的特点和揣摩作者对表现对象的态度对同学们的帮助很大。很多同学表示，在此之前从来没有这样解读过文章，而在概括了表现对象的特点和揣摩了作者对表现对象的态度之后，读者对于文章主旨的把握就更加准确了。选择鉴赏手法也有超过一半以上的人，他们认为领会了表现手法，就会更加准确地从整体上把握一篇文章，更容易理解一篇文章（或一首诗）的主旨。

（3）你现在知道的表现手法都有哪些？（图4-47）

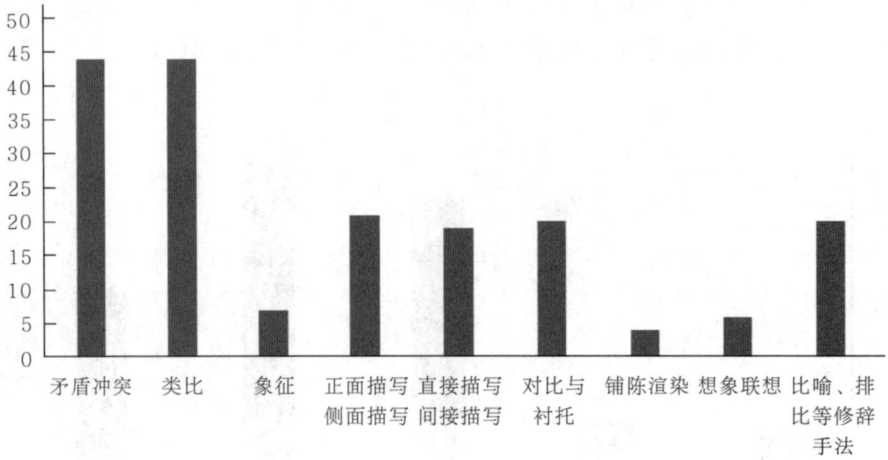

图4.47　访谈结果（3）

访谈表现：从此表可以看出，表现手法的鉴赏和运用，可以为同学们理解文本和把握文本提供有力的支撑。表现手法既是阅读主要要鉴赏的部分又是写作主要要运用的部分，读出文章的表现手法就是读出来所谓门道的部分，此前很多同学没有这方面的明确认识。

（4）在你看来单元贯通的好处在哪里？（图4-48）

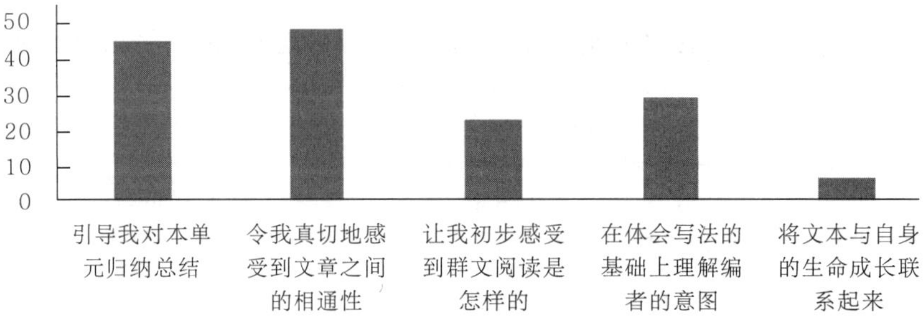

图4.48　访谈结果（4）

访谈表现：单元贯通作为同学们的一种新式的写作训练，确实给同学们重新认识所学文本提供了一个宽广的平台。有超过一半的同学认识到自己的归纳和概括能力得到有效提升，感受到文本与文本之间在某些方面具有相通性。透过单元贯通，同学们得以重新认识自己所学的文本，立体的、多侧面的、多角度的来提升自己的认识水平，同时也为群文阅读和专题阅读奠定了比较好的基础。

（5）今后在解读古诗文方面你准备怎样去做？（图 4-49）

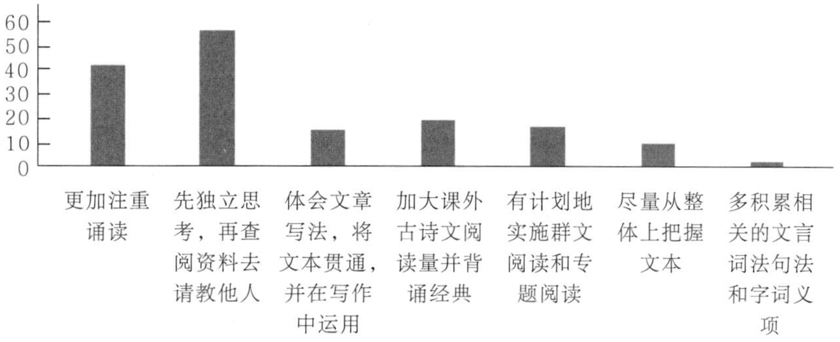

图 4.49 访谈结果（5）

访谈表现：经过此次教学实验，同学们的解读古诗文的方式和方法有了明显的改观，更加注重在诵读基础上的自己的独立思考，这是一个可喜的改变。说明同学们已经深刻地认识到此前没有自己独立思考、没有生命体验的虚假的文本解读的严重危害。领会到学习的过程，应该是一个发现之旅，而不是被动接受的过程，所以越来越多的同学认识到要直面文本，通过诵读，通过文体的判定和表现对象的确定，以及对表现对象特点的概括来整体感知文本；再辅以多读、多记、多背才是古诗文学习的正途，只有这样解读者的人格意识才能在阅读中体现出来并逐步加以完善。

第五章　人格意识观照下的中学古诗文教学设计研究

一、人格意识观照下的中学古诗文教学设计的原则

学科学习是青少年健康成长的根本途径。学科教学承载着人格培养的使命担当。在日积月累的学科学习中，青少年的心智同步提升。如果我们的教育者只关注学科知识世界，围绕学科考试转，就会把学生视作接受知识的容器，忽略学生的生活世界和心灵世界。如果我们真正认识到学生是一个有自己的生命经历、自己的人格个性、自己的见解思想的有血有肉的生命体，我们就会把教学的过程设计成一个唤醒、激发、点燃的生命对话的过程，提升他们对生命的感知、体察和升华，让教学回归促进人的发展的本源。审视当下中学古诗文课堂教学，我们不难发现，有三个点始终在课堂这个“现场”中，就是教师、教材（或者就语文阅读课而言叫文本）和学生这三个点。通过对二期课改精神的领会以及实践，我们已经从理念上认同课堂教学的聚焦点首先应该是学生。既然聚焦课堂教学的关键是聚焦学生，那么课堂教学的质量如何，关键检测点不是教学设计，不是教学方法，不是教学设备或者教学媒体，而是学生的习得状况。

课堂教学模式是较为稳定的课堂教学框架和可操作的教学活动程序，处于理论和实践的中介，传统语文教学曾把学习的过程归结为“博学之，审问之，慎思之，明辨之，笃行之”。孔子主张“每事问”重视思考的作用，指出“学而不思则罔”。在他看来，求学者要想真正获取知识，必须主动地学习、自觉地读书、积极地提问、独立地思考，绝不是被动地听老师讲解所能奏效。当今的语文教学名家也各自创立了课堂教学模式，充分体现了学生心理技能的形成规律。钱梦龙

先生的“三主四式”教学法，魏书生先生的六步教学法……这些教学模式尽管提法不尽相同，但它们的价值核心是一致的，即充分调动学生学习的主观能动性，积极地自学、质疑、解惑，努力地培养和发展学生的心理技能。在课堂教学中，师生之间的关系不再是“一讲一听”的关系，学生不再是配角，而是整个教学活动的主体，教师则始终发挥着主导作用，即随时处理教师与学生、学生与教材、教材与方法之间的矛盾，对一个又一个具体教学环节进行调节、控制，使教学朝着有利的方向发展。

借鉴古代语文教学的思想成果，总结当代语文教育名家的经验，结合中学古诗文教学的实际，从提升学生生命体验的终极目标出发，笔者认为古诗文的教学设计一般应包括以下几个环节：读出文本中的故事；读出故事背后的生命观照；读出文本的艺术特色；读出读者作为一个有血有肉的人的生命的感悟（即这篇文本对读者自己的生命启迪）。

在具体教学中，对所解读的古诗文先从“是什么”“为什么”“怎么样”三个层面去把握文章的中心、布局结构、风格特色，这叫宏观把握；再对字、词、句、段中的难点、重点做深入的探讨，这叫微观理解。前者着眼于全局、整体，后者着眼于局部、细节：两种把握相辅相成，缺一不可。这种阅读方法是符合人认识事物、获取知识的过程的，是顺应人们认知的阅读心理和思维活动规律的。我们阅读文章，总是首先了解全貌，粗知其梗概，然后再细细咀嚼，条分缕析，从各个局部之间的联系中加深对全文旨趣的理解。那种忽视对宏观的把握，只注重于字、词、句、段的读书法是“只见树木，不见森林”，使认识受到很大的局限，甚至偏离原文的主旨。当学生还没有把握中心时，教师就把文章分析得很琐碎，粗读一遍本可以大体感知的中心，经过老师的详细分析，反而使学生坠入“五里烟雾”。笔者曾不止一次地看到学生一口气地浏览《史记》中的若干名篇，尚可讲出它的情节、主题，而经过老师对《李将军列传》从字、词解释到层次分析的“折腾”之后，反而不能概括课文的主要思想了，这就是阅读教学中忽视“宏观把握”造成的后果。

反过来，那种忽视微观的理解，只满足于了解大概的读书之法，则是“只见森林，不见树木”，也不足为取。不从整体与局部之间的联系去分析，不从“细微”处见“精神”，认识就难以深入下去，往往是一知半解。当然，进行局部分析，对字、词、句、段的深入分析，探幽发微，不能离开对全文的整体把握。这种由整体到局部，由宏观的整体把握到微观的具体分析，宛若吃橘子，先剥皮再吃瓤，无疑有利于学生掌握阅读的规律和方法，迅速提高阅读能力。笔者在讲授柳宗元的《种树郭橐驼传》时，就先从宏观上归纳郭橐驼的人物性格，让同学们领悟到他客观、实事求是、按规律行事的性格后，最后提出哪些地方体现了他的这种性格，再提出怎样理解《卖柑者言》中卖柑者对时弊“金玉其外，败絮其中”的嘲讽，以及“养树”与“种树”，“养人”与“官理”的意思是否相同的问题，激发他们的探知兴趣。从宏观到微观，大家畅所欲言，表示要向郭橐驼学习，以实见虚，以小见大，那堂课学生受益匪浅。

引导学生质疑设问，实际是教师开发学生智力的第一步。教师要善于启发和鼓励学生在认真学习和思考的基础上，提出各种各样的问题，质疑是学习的真正开始。学生能质疑，常常表明他已经进入了真正的学习角色。当然教师也可以根据教学要求的重点和难点，以及学生的认识水平设置一些问题，激发学生的求知欲望和探究需求，但教师设问远不如学生质疑，学生质疑能更好地调动学生的积极性。学生敢于提问和质疑，还需要教师的开发和培养。因此，教师应该下大力气去培养学生这方面的素质，当然还需给学生一些方法，即从哪些角度哪些方面去提出问题，如要研读文章的标题，标题好比文章的眼睛，眼睛是心灵的窗口，是可以把握全文寓意的。《喜雨亭记》有什么深刻的含义？要研究文章的写作背景和作者的思想意图，这就是古人所说的“知人论世”。如果把历史背景比喻成一棵大树，那么文章就是这棵大树上的一个果实，它必然会带有那个时代的烙印。读完一篇文章，要引导学生思考——这篇文章写作时具有怎样的背景？作者当时的思想状况如何？作者的写作目的如何？笔者在讲授《梦游天姥吟留别》中“安能摧眉折腰事权贵，使我不得开心颜”这个句子时，联系李白的人生经历，使同学们领会到这句话的背后渗透着知识分子的尊严。在讲《林教头风雪山神庙》一课时，就如何正确把握林冲这个人物形象的思想、性格，同学们提出了不少问题，针对这些问题。笔者补充介绍了林冲的有关情况，以及研究《水浒传》的专家对这个人物的评述，并组织学生讨论。大家各抒己见，从不同的角度作出了具体的分析，既抓住了人物的本质特征，又充分理解其思想性格的复杂性，从而使认识达到一定的深度和高度。由此可见，质疑设问、释难解惑的过程就是发现问题、解决问题的过程。旧的问题解决了，新的问题又会提出，因此这个过程不会完结，而会反复进行下去，人们的认识就这样不断地得以深化。这是完全符合认识论和方法论的规律的。

二、人格意识观照下的中学古诗文教学设计范例

（一）古诗词教学设计范例

1.《渔家傲·秋思》教学设计范例

感悟生命的悲壮

执教人：简振雷

教学目标

（1）通过对意象与意境的分析把握作品主旨。

（2）鉴赏作品运用铺陈、矛盾冲突、用典的表现手法。

点评：本课的教学设计摒弃了烦琐的三维目标和面面俱到的阐述方法，而是择其要点，直指古诗文教学的核心要素，直指生命体验。一是文本主旨，一是写作手法，言简意赅，提纲挈领。

教学重点　通过对意象与意境的分析把握作品主旨。

教学难点　鉴赏作品运用铺陈、矛盾冲突、用典的表现手法。

教学过程

（1）先询问是否有同学已读过此词，是怎样理解的。

点评：明确学生的认知起点，才能真正使教学有的放矢，读一首诗也是如此，唯有这样，才能将课上到学生的心坎里。

（2）读出故事梗概。

师生反复诵读文本，请学生讲讲这首词讲了一个怎样的故事？

点评：本首诗讲了一个驻守边关的老将军在月下独酌的故事。

（3）读出人生观照。

师生反复诵读文本，请学生讲讲这首词到底传达了作者怎样的思想情感，你是怎样读出来的。

思乡思亲：浊酒一杯家万里；羌管悠悠霜满地；人不寐，将军白发征夫泪。

保家卫国：燕然未勒归无计。

点评：这位月下独酌的老将军，究竟有怎样的情感呢？思乡是首当其冲的，接下来就是卫国戍边的壮志豪情。想归家，然而却没有建立功业。

（4）读出表现手法。

①渲染衬托：把思乡思亲和保家卫国放在一个大的背景之下。

“异”字引领以下24字（去衡阳的无留意的雁；四面连角起的边声；层峦叠嶂的群山；长烟；落日；紧闭的孤城）有何作用？

塞外四季不同；塞北与江南的不同，为思乡和保家卫国做铺垫。

点评：把老将军的思乡之情和保家卫国的壮志豪情放在秋日的大背景下加以表现，越发显得真实而典型，非常具有艺术感染力。

②矛盾冲突。

a.戍边与思乡的矛盾，本可以不戍边。适时穿插如下材料：

延州始困兵火，障戍扫地，岿然孤垒，朝野上下人心危恐，凡朝廷派遣的守卫之人“皆以事避免，既迁延不时往。公遂不留，行。——《宋史》

点评：此材料的补充，越发看出作者是一个远远超脱出个人安危，始终以大局为重的具有深厚家国情怀的戍边将军。

b.夜应成寐与不能成寐的矛盾，本可成寐。“人不寐”中的“人”指哪些人？

点评：既想要建功立业又想家的那些戍边的将士，他们是一群真实存在的人。

③用典：燕然未勒归无计，出自《后汉书·窦宪传》。

点评：表现作者读诗书、学英雄的情怀及不能建功立业的遗憾，引导学生爱读书、立壮志。

④本首词可以给同学们的生命体验以怎样的启迪呢？

点评：古之成大事者，不唯有超世之才，亦必有坚韧不拔之志，但凡有所成就，必要付出很多，忍常人所不能忍，才可以动心忍性，增益其所不能。这首词的意境是凄清、悲凉、壮阔、深沉的，还有些伤感。而就在这悲凉、伤感中，有悲壮的英雄气在回荡着。

附：原词

渔家傲·秋思　　（宋）范仲淹

塞下秋来风景异，衡阳雁去无留意。
四面边声连角起。千嶂里，长烟落日孤城闭。
浊酒一杯家万里，燕然未勒归无计。
羌管悠悠霜满地。人不寐，将军白发征夫泪。

2.《感遇十二首（其一）》教学设计范例

在草木中感悟生命

执教人：简振雷

教学设计

（1）这是一首什么体裁的诗？什么题材的诗？（文体判定）

点评：这首诗的体裁是五律，题材是咏物诗。判定体裁和题材准确了，这首诗已经读懂了大半，因为读诗有读诗规律，诗就要读出节奏，读出“转”来。

（2）“兰”和“桂”在本诗中到底有何特点？（概括表现对象的特点）

点评：兰花和桂花最光华的一面在时间上是不同的，这是从这首诗里读出生命的自我来最重要的一点。

（3）作者是如何看待“兰”和“桂”的？对我们的生命有何启示？（揣摩作者的态度）

点评：这首诗启示我们人生在世要有一种生命的自觉，在弄明白“我是谁”之上的自赏、不随俗、不求人知的君子风范。

表现手法

托物言志、类比、虚实相生（鉴赏手法）。

点评：作者要表现自己的君子人格，就不能凭借概念的堆砌，而是应该借助艺术的形象来表现，通过托物言志、类比、象征，化抽象的思维为具体的思维，在这种思维的转换中感受出审美的情趣。

附：原诗

感遇十二首（其一）

（唐）张九龄

兰叶春葳蕤，桂华秋皎洁。
欣欣此生意，自尔为佳节。
谁知林栖者，闻风坐相悦。
草木有本心，何求美人折？

3. 古诗词人格意识解读要点

从前两个解读范例中我们不难看出，古诗词教学首先要诵读，因声求气，读出平仄、读出节奏、读出韵律、读出抑扬顿挫、读出情感变化、读出人生观照。当下诗词教学诵读的困境是绝大多数学生是见字赋音，毫无情感可言。古今语音已经发生很大的变化，大量的入声字已经消失，究竟如何来读，人们多有抵牾。笔者以为不必刻意凡字追求古音，尽量依照现代汉语的读音即可。关键不在读哪个音，而在于学生读的方式是高声诵读，五官并用而非默不作声、死记硬背。只要学生开口诵读，古典诗词的形式之美就会在眼看、口读、耳听、心想中扑面而来，对诗歌的感知就会由平面转为立体，由单一转为丰富。

读诗要强调回归文本，在文本的字里行间下功夫，读出显性叙事，更要读出隐形叙事，读出文本的转折，读出文本内部依托矛盾彰显出来的张力，读出文字背后的用眼睛无法看出来的东西来。要先从诗、词、曲的体裁的判定入手，读出诗、词、曲的故事，再判定诗、词、曲的题材，然后透过语言文字“去求艺术家对于人生的深刻的观照以及他们传达这种观照的技巧”。具体说来，就是在知人论世的基础上，抓住诗歌简洁、凝练的特点，要读出经典文本中的故事，读出生命的观照（即怎样去做人和做怎样的人），读出作者表达生命观照的技法，要读出诗歌意境与自己生命的关联。解读者要始终能在总体上把握诗歌所营造的意境，有全局的意识，而不是细枝末节的，零打碎敲的。

（二）议论性古文设计范例

1.《〈论语〉七则》教学设计范例

纷乱中的秉持

——试析《〈论语〉七则》君子修身的基本方法

执教人：简振雷

教学目标

（1）进一步了解《论语》的行文特点，掌握文中出现的常用实词和虚词。

（2）初步认识儒家思想中“仁”的基本意义，理解孔子对快乐、富贵、生命等价值的观点以及它们与仁的关系。

教学重点　初步认识儒家思想中“仁”的基本意义，了解和感受孔子的快乐观、富贵观、生死观。

教学难点　对“仁”的基本意义的解读和“仁”的现实意义理解。

点评目标一：《〈论语〉七则》尽管是语录体，但每一则的阐述都不乏生动的矛盾设置和是非鲜明的对比，把写法鉴赏作为教学目标，有利于温故而知新，有利于上引下联，有利于激活和唤醒学生已有的知识储备和生命体验，易于教学目标的落实。简洁明快的语录体语言风格属于鉴赏与评价的能力训练，故取此教学目标。

点评目标二：这是儒家倡导的修己以安人的核心。仁的提出是孔子针对春秋时期“礼崩乐坏”的残酷现实提出的改革社会的措施。七则中虽没有明确的阐释，但在字里行间有如何实施仁的具体做法：明辨是非，坚守人间正道，要能够安贫乐道、坚持正义不为利欲诱惑，积极进取，勇于担当，且能够为正义而挺身而出杀身成仁。这些看法或主张无一不与修身有关，所以，儒家倡导仁，就是在倡导一种积极的修身方式，这是蕴涵在字里行间的永恒的价值。教学过程中力求教出一种儒家特有的人文精神，给同学们的生命体验提供一种有效的路径，这也是学习本文的重心所在，正是学生要深刻领会、积极践行的。

教学方法　诵读、质疑、讨论、点拨、训练。

点评：由于本课内容对普通高中学生有一定的难度且容量较大，本课的教学理应以诵读为基本方法，加以质疑、讨论、点拨、启发诱导，根据学生的实际情况，先选择故事性较强的两则来组织质疑和讨论，通过启发式教学，尽可能地把本课教学内容与学生已有的生活体验相融合，让学生在思想认识和写作手法上都有提高。

朗读理应贯穿本课教学的各个环节，通过对所选经典的反复诵读，进一步加强学生对经典内容的熟悉和理解，这样有利于激活和唤醒学生的想象和联想，结合自己对人生的体验和感悟来理解、认同和吸收经典的深刻内涵，让经典内化为他们观察社会、明辨是非和行动的指南。总之，达到经典阅读经世致用的目的，让经典从“养在深闺人未识”到走下神坛，来到每一位修身者的心坎上。

教学步骤

（1）课前准备。

孔子及其弟子生活在怎样的时代？他们是怎样应对这样的时代的？

（2）导入新课、检查预习。

由林浩一家的困惑谈起，导入新课，师生诵读文本。

（3）讨论、解读选文。

①孔子及其弟子生活在怎样的时代？他们是怎样立身行事的？（深入文本）

（学生诵读、讨论、结合文本回答，教师引导点拨，孔子及其弟子在纷乱中自有他们的秉持）

②在理解文本意思和把握写法的基础上疏通七则语录的文意并熟读选文。

③依据所学的知识为林浩一家设计一个你认为合理的未来。（学以致用）

（学生讨论，教师引导点拨）

④以“在纷乱中秉持”为题写一篇300字左右的周记。

附一：板书

	纷乱	秉持
古	礼崩乐坏（贵贱、忧乐、生死）	仁
今	社会转型（价值、利益诉求多元化）	仁

点评：任何语文教学问题都可以归结为“教什么”“怎么教”“教得怎么样”，三个问题既相互区别又相互联系，“教什么”决定“怎么教”，其实，对于一堂课

来说，教什么并不很重要，重要的是你是否针对你设定的教学目标选定了合适的教学方法，从而切实高效地达成了教学目标。

《论语》的文本内容为语录体，是孔子的弟子及其再传弟子为怀念先师而编纂的言行录，由于条件的限制，不可能把话语的环境、背景交代得一清二楚，只是把老师及其弟子的所言记下来。对于后世的读者来说，由于不清楚背景，读《论语》就难免盲人摸象，再加上文本本身对于现代中学生来说比较艰涩，教学上首先要解决的问题是文本的疏通。作为文化经典的拓展课，既不能把它上成文言文知识的分析课，也不能无视文本与学生之间的隔阂孤立地抽取其中的思想内容来分析，而文本的疏通和思想内涵的把握、写法的领会如何才能达到平衡，应该是必须解决的问题。

在具体的教学环节实施中，笔者引导学生时，想象我们师生就是当时纷乱社会中的一群勤奋好学、思想高尚，想要在现实中推行自己的仁政主张却屡屡受误解、受排挤、受冷落、遭耻笑而流离颠沛的儒家学子，在困境之中你将会有怎样的想法，把你的想法讲出来和先哲的话做一个比较。这样做的实质是把人物放在矛盾冲突之中加以表现，这就是还原生活。现实生活中有很多时候是真理与谬误，正义与邪恶交织在一起的，就看你怎样去选择，而选择看似随意，其后必有价值观念的冲突，本质是人格的体现。矛盾冲突就使话语产生的场景得到还原，把人物放在选择的当口，人物的精神境界就会得以凸现。在人生的道路面前，不同的人会有不同的选择，有时选择可以相互理解、包容、妥协，有时是针锋相对、水火不容的。表现在写法上就是衬托和对比，通过衬托和对比，你可以看出作者赞同什么，肯定什么，容忍什么，意在引发读者思考。这就像法庭上控辩双方的争论有利于法官的判断一样，让真善美尽放光彩，让假恶丑原形毕露。让《论语》的产生语境最大限度地复原，哲人的光辉思想就会不言自明。

附二：原文

《论语》七则

第一则：子曰：“富与贵，是人之所欲也，不以其道得之，不处①也。贫与贱，是人之所恶也，不以其道得之，不去②也。君子去仁，恶乎③成名？君子无终食之间违④仁，造次⑤必于是，颠沛⑥必于是。”（《里仁》）

【注解】① 处：置身，居住，引申为享有。② 去：离开，这里指躲避。③ 恶乎：恶，疑问代词，相当于“何”。乎，介词，相当于“于”。“恶乎”相当于“于何”，凭什么，宾语前置。④无终食之间：没有吃完一顿饭的时间。违：离开。⑤ 造次：仓促、匆忙。这句意思是君子就是在仓促匆忙的时候也一定与仁德同在。⑥ 颠沛：困顿挫折。这句意思是君子就是在困顿挫折的时候也一定与仁德同在。

第二则：子曰：“贤哉，回也①！一箪食，一瓢饮，在陋巷②，人不堪其忧，回也不改其乐③。贤哉，回也！”（《雍也》）

【注解】①贤哉，回也：贤德啊，颜回！回，颜回，字子渊，孔子最器重的一个学生。颜回家境非常贫困，他的身体状况也很糟糕，29 岁时头发就全白了，视力连孔子也不如，32 岁时就去世了。这一句是为了强调称赞颜回的贤，把谓语提前说了。②一箪食，一瓢饮，在陋巷：一竹篮子饭，一瓢水，住在简陋的小巷子里。箪，盛饭的器具。陋巷，指简陋的小巷子。③人不堪其忧，回也不改其乐：别人都受不了那穷苦的忧愁，颜回却不改变他的快乐。堪，忍受。

第三则：子曰：“饭①疏食②，饮水，曲肱而枕③之，乐亦在其中矣。不义而富且贵，于我如浮云。”（《述而》）

【注解】① 饭：动词，吃。② 疏食：粗粮。③ 曲肱而枕：弯曲着胳膊当作枕头用。枕，动词，当枕头用。

第四则：叶公问孔子于子路①，子路不对。子曰：“女奚不曰②：其为人也，发愤忘食③，乐以忘忧④，不知老之将至云尔⑤。”（《述而》）

【注解】①叶公：姓沈，名诸梁，楚国大夫。子路：即仲由，孔子的弟子。②女通“汝”，你。奚：疑问代词，何。③发愤忘食：解决学习上的疑难问题，几乎忘记了吃饭。④乐以忘忧：（因学习有了收获）快乐得忘记了忧愁。⑤云尔：如此而已。

第五则：曾子曰：“士不可以不弘毅①，任重而道远②。仁以为己任③，不亦重乎④？死而后已，不亦远乎⑤？”（《泰伯》）

【注解】①弘毅：抱负远大，意志坚强。②任重而道远：担子沉重，并且路途遥远。任：挑的担子。③仁以为己任：即“以仁为己任”。④不亦重乎：“不亦……乎”是表示反问的固定句式。⑤不亦远乎：实行仁道，一直到死为止，这路途不是很遥远吗？已：停止。

第六则：在陈绝粮①，从者病，莫能兴②。子路愠③，见曰：“君子亦有穷④乎？”子曰：“君子固穷，小人穷斯滥矣⑤。”（《卫灵公》）

【注解】①在陈绝粮：陈，春秋时诸侯国国名，今河南安徽一带。绝粮：断粮，这里指孔子和弟子们在陈国困厄断粮的事。②莫能兴：兴，起。指弟子们都生病起不来了。③愠：怒。④穷：窘迫。⑤君子固穷，小人穷斯滥矣：君子在穷困时能安守节操。小人穷困了就会为所欲为了。固穷，安于穷困。滥：泛滥，胡作非为。

第七则：子曰：“志士仁人，无求生以害仁①，有杀身以成仁②。”（《卫灵公》）

【注解】①求生以害仁：为求保全性命以致损害仁德。②杀身以成仁：勇于牺牲自身来成就仁德。

附三：预习提纲

（1）试填出以下列表。

现实问题	富贵贫贱	贫困	人生追求	人生责任	窘困	生死抉择
君子做法	守仁道	守义			君子固穷	
小人做法		不堪其忧	虚度光阴	自私自利		

（2）结合相关资料，说说孔子及其弟子生活在一个怎样的时代，他们是怎样应对这样的时代的。

（3）诵读经典是为了学以致用，课题为《纷乱中的秉持》，在当今社会，你是怎样理解“纷乱”和“秉持”的？

2.《虽有佳肴》教学设计范例

《虽有佳肴》简案

执教人：简振雷

（1）本文的文体特点是什么？

点评：依据行文特征判断，这是一篇观点鲜明的议论文。

（2）作者对现实生活中的什么话题发表自己的观点？

点评：作者对于“学”和“教”的关系的问题发表了自己的主张，因为现实生活中有一部分人没有很好地处理教与学的问题。

（3）作者的态度是什么？

教学相长，既要重视学，又要重视教。

点评：教与学是不可分割的两面，只有相互促进才能相得益彰。对于学生来讲，就是知其然，知其所以然；对于老师来说，就是要与时俱进，活到老，学到老，不能吃老本。

（4）鉴赏本文的写法，即本文的论证方法、论证思路是怎样的？

点评：其实本文所使用的“比喻（论证）”。“对比（论证）”“引用（论证）”、因果论证看似是刻板的概念，实则是展开论证提升说服力的必需手段，教学的过程要紧紧围绕文体特征展开，不蔓不支，不旁逸斜出，既疏通了文意，提炼了写法，又训练了学生的思维，强化了主张，可谓一箭多雕。

附：原文

虽有佳肴，弗食，不知其旨也；虽有至道，弗学，不知其善也。是故学然后知不足，教然后知困。知不足，然后能自反也；知困，然后能自强也。故曰：教学相长也。《兑命》曰：“学学半。”其此之谓乎？

3.《察今》教学设计范例

感悟论证的力量

——赏析《察今》的论证方法

执教人：简振雷

本文是人教版高二（下）第五单元的一篇必读课文，是一篇在文化史上享有盛誉的典范政论文，对学生的议论文写作有诸多示范意义。本次将《察今》作为沪教版高二语文的课外补充材料，目的就在于让学生通过对本文的学习，一方面体察古人与时俱进的智慧，另一方面学习形象说理、严密说理、有效说理的能力。

点评：本文选自《吕氏春秋·慎大览》，作为教学文本，虽属于先秦文本，但在思想教育意义方面具有鲜活的时代意义。

教学目标

（1）学习本文把说理、举例、设喻三者有机地结合起来说明事理的方法。

（2）学习古人审时度势、与时俱进的智慧。

教学难点　体会连续设喻举例所产生的论证力量。

教学准备　熟读课文，把握中心论点，感受论证的魅力。

教学过程

（1）检查预习情况，学生读课文，思考问题。

作为一篇议论文，本文就怎样的话题发表了自己什么样的观点？如何才能更好地变法？

观点就是察今，就是与时俱进。

点评：在具体的教学环节的展开过程中，先引导学生思考“作者针对一个什么样的话题”来发表自己的看法。这一环节的设计在于引导学生关注现实，明白所有的观点和看法都是基于现实生活的。本文的话题实际上就是泥古还是察今的问题，本质上是要不要改革的问题。

论证的过程有何特点？说服你了吗？

边破边立，立场鲜明；类比说理，形象生动；一意数例，气势如虹。

点评：从学生的视角来思考“作者的论证过程作者说服你了吗？”这是以学生为本的具体体现，大家畅所欲言，陆续地发现了本文由多个例证所构成的论证的气势，同学们折服于作者的精妙的论证艺术，接着从“说文解字”中“察”入手，通过对“察”的本义（手持肉放于祭桌之上）和引申义（祭祀活动是大事，应谨慎而周详）的观照，再一次提升了同学们对文本的论证结构、论证方法的认识，深刻地体会到“察今”实际上是一种观察和思考问题的方法。

（2）讨论。

“当有一天中国的年轻人，已经不再相信他们老祖宗的教导和他们的传统文化，我们美国人就不战而胜了。”如果面对尼克松这位美国前总统，当问及时至今日“相信你们老祖宗的教导和你们的传统文化吗？”你将如何作答？

智慧：仁义礼智信、温良恭俭让。人类要在21世纪生存下去，就要从2500年前孔子那里去汲取智慧。

点评：在对文本进行扎实而精当的把握之后，笔者引导学生古为今用，将学生在《察今》中所学到的思考问题的方法运用到现实当中，勉励他们作为一个青年学子，要在拨乱反正、激浊扬清中加深对自我、对社会、对国家、对民族的认识和理解。

附：原文

察今

上胡不法先王之法？非不贤也，为其不可得而法。先王之法，经乎上世而来者也，人或益之，人或损之，胡可得而法？虽人弗损益，犹若不可得而法。

凡先王之法，有要于时也。时不与法俱在，法虽今而在，犹若不可法。故释先王之成法，而法其所以为法。先王之所以为法者，何也？先王之所以为法者，人也，而己亦人也。故察己则可以知人，察今则可以知古。古今一也，人与我同耳。有道之士，贵以近知远，以今知古，以所见知所不见。故审堂下之阴，而知日月之行，阴阳之变；见瓶水之冰，而知天下之寒，鱼鳖之藏也；尝一脟肉，而知一镬之味，一鼎之调。

荆人欲袭宋，使人先表澭水。澭水暴益，荆人弗知，循表而夜涉，溺死者千有余人，军惊而坏都舍。向其先表之时可导也，今水已变而益多矣，荆人尚犹循表而导之，此其所以败也。今世之主法先王之法也，有似于此。其时已与先王之法亏矣，而曰此先王之法也而法之。以为治，岂不悲哉！

故治国无法则乱，守法而弗变则悖，悖乱不可以持国。世易时移，变法宜矣。譬之若良医，病万变，药亦万变。病变而药不变，向之寿民，今为殇子矣。故凡举事必循法以动，变法者因时而化。是故有天下七十一圣，其法皆不同；非务相反也，时势异也。故曰：良剑期乎断，不期乎镆铘；良马期乎千里，不期乎骥骜。夫成功名者，此先王之千里也。

楚人有涉江者，其剑自舟中坠于水，遽契其舟，曰："是吾剑之所从坠。"舟止，从其所契者，入水求之。舟已行矣，而剑不行。求剑若此，不亦惑乎？以故法为其国与此同。时已徙矣，而法不徙。以此为治，岂不难哉！

有过于江上者，见人方引婴儿而欲投之江中，婴儿啼。人问其故。曰："此其父善游。"其父虽善游，其子岂遽善游哉？以此任物，亦必悖矣。荆国之为政，有似于此。

（选自《吕氏春秋·慎大览》）

4.议论性古文人格意识解读要点

从前三个范例中我们不难看出，议论性文本人格意识解读依然要从文体判定入手，但凡议论性的文本，在叙议的关系上，以议论为主，记叙是为议论服务的。要善于从文章的标题、行文的方式和风格，课后练习中出现的术语等方面加以甄别文本的文体。在初步判定出文体之后，就要寻找文本是针对现实生活中怎样的一个有争议的话题来发表自己的看法的，《论语》中的每一则实际上在现实生活中都有针对性，即针对现实生活中人们认识比较含混的问题发表自己的看法。《教学相长》是针对人们在教与学认识上的偏误发表自己的看法，《察今》是针对现实生活中如何正确看待现存文化遗产，具体问题具体分析、与时俱进的问题，是《拿来主义》的先声。话题一旦提炼出来，就可以按图索骥，找到文本的中心，即作者赞同什么，反对什么，然后透过论证方法，诸如比喻论证、引用论证、类比论证、对比论证、因果论证来理解观点与材料、段落与段落的关系，从而梳理出论证的结构和论证思路。最后还要运用类比思维来读出解读者自己的人格意义上的生命体验，比如《劝学》篇和《师说》就是要劝人应该活到老学到老，并且要不耻下问，不断地反思和超越自我。

（三）记叙性古文设计范例

1.《兰亭集序》教学设计范例

感叹岁月的流逝

——试析《兰亭集序》人格意识的表现手法

执教人：简振雷

（1）文本分析与处理

本文是上海高中语文试用版高二第二学期第六单元的一篇拓展阅读，旨在引导学生在诵读的基础上进一步领会本文“形式与内容高度统一”的艺术特色，品味作者从容、淡定、珍视当下的人生态度。

（2）学情分析

当下高二年级的学生生活阅历较浅，几乎未经历过重大挫折；虽然对生命的意义有了一些感性的认识，但还很不深刻；对经典文本中关于人生重大问题的品味不够；阅读中比较缺乏整体感知和深入挖掘文本的能力。

（3）教学目标

①理解本文“形式与内容高度统一”的艺术特色，提升整体感知和解读文本的能力。

②品味作者“从容、淡定、珍视当下”的人生态度。

（4）重点与难点

①重点：品味作者“从容、淡定、珍视当下”的人生态度。

②难点：进一步领会“内容与形式高度统一”的艺术特色。

（5）教学过程

①导入，师生诵读《兰亭集序》。

②诵读、感悟、赏析。

a. 梳理作者的情感发展脉络，体会这些情感产生的原因。

乐——痛、悲——“列叙时人，录其所述”

作者到底要告诉我们怎样的人生感悟？

点评：这是解读此文的关键环节，学生只有梳理了作者的情感变化之后，才能从中领会作者对生命的深刻的体验和感悟。

b. 作者的这种“从容、淡定、珍视当下”的人生态度，其实在行文中早已经流露出来了，试加以赏析。

第一段：“山”“川”“草”“木”的本色，无“歌”“花”“烟”，素、雅，从容而淡定。

第二、三段：“老之将至”“情随事迁”“终期于尽”，陈述生命的常态，生命体验点到为止，流露着作者眷恋人生的生命态度。

点评：文本解读的过程实际上是读者透过文字感受作者生命体验的过程，这种生命体验又将文本连接成一个整体，使其前呼后应，互为表里。

c. “后之览者，亦将有感于斯文”，读了斯文，你对人生有了哪些新的感想？

热爱生命，活在当下。

作业：试找出《兰亭诗》（其三）与本文有哪些照应的语句？它们抒发的情感有何不同？

附一：板书

乐——痛、悲——“列叙时人，录其所述”

形式　　　　内容

从容、淡定　眷恋人生

附二：《兰亭集序》原文

兰亭集序

王羲之

永和九年，岁在癸丑，暮春之初，会于会稽山阴之兰亭，修禊事也。群贤毕至，少长咸集。此地有崇山峻岭，茂林修竹，又有清流激湍，映带左右，引以为流觞曲水，列坐其次，虽无丝竹管弦之盛，一觞一咏，亦足以畅叙幽情。

是日也，天朗气清，惠风和畅。仰观宇宙之大，俯察品类之盛，所以游目骋怀，足以极视听之娱，信可乐也。

夫人之相与，俯仰一世。或取诸怀抱，晤言一室之内；或因寄所托，放浪形骸之外。虽趣舍万殊，静躁不同，当其欣于所遇，暂得于己，快然自足，不知老之将至。及其所之既倦，情随事迁，感慨系之矣、向之所欣，俯仰之间，已为陈迹，犹不能不以之兴怀。况修短随化，终期于尽！古人云：“死生亦大矣”，岂不痛哉！

每览昔人兴感之由，若合一契，未尝不临文嗟悼，不能喻之于怀。固知一死生为虚诞，齐彭殇为妄作，后之视今，亦犹今之视昔，悲夫！故列叙时人，录其所述。虽世殊事异，所以兴怀，其致一也。后之览者，亦将有感于斯文。

附三：《兰亭集序》学案

学习目标

（1）进一步理解本文“情、景、理完美融合”的艺术特色。

（2）在诵读与涵泳文本的基础上，进一步提高整体感知解读文本的能力。

（3）体会作者品味作者“乐而不淫、哀而不伤”、从容、淡定的人生态度。

自学提纲

（1）搜集《兰亭集序》中关于山川草木和抒发人生感悟的部分相关语句。

（2）整理作者的情感发展脉络，作者为何会有如此的人生感叹？

（3）和《岳阳楼记》一文的第四段相比，《兰》文第一段写得“乐而不淫”。你同意这种看法么？试在文本中找到理由。（以上三题全班做）

（4）诵读后两段，作者写得“哀而不伤”，积极情绪又始终暗含其中，你从何处看出来的？试与《岳》文第三段做个比较。（选做）

（5）通过以上分析，你在阅读和写作上有何感悟呢？试结合学过的课文作一个阐发。

点评：关于本文的生命感悟，历来众说纷纭，笔者以为，从情感变化的角度来提炼本文的主旨不失为一个比较中肯的办法：即从起初的“乐”到后来的“痛”和“悲”，再到后来的“故列叙时人，录其所述”，这样一个举动却彰显着一种生命的旨趣：尽管已经认识到生命是悲苦的，但还是要该做什么就做什么，从从容容，坦然淡定地生活下去，这无疑是魏晋文人重要的生命气象。

附四：《兰亭集序》课堂实录

感叹岁月的流逝

执教人：简振雷

师：上课，同学们好！

生：老师好！

师：大家学过左思的《咏史》，大家齐背一下。

（背《咏史》）

师：你们知道这首诗在写什么吗？

生：抨击氏族制度。

师：好，左思是在抨击氏族制度，在数落那个时代。大家来看一个小材料：在一次名为“你最希望生活的十个时代”的网民调查活动中，我国上榜的四个时代居然没有“汉武”“盛唐”，大受追捧的却是我国历史上最混乱时期之一的“魏晋”。

师：可以看出两者是一个悖论，左思在抨击这个时代，网民却在追捧这个时代，这到底是一个怎样的时代呢，我们就走进《兰亭集序》，看看魏晋的人们到底有怎样的思想，怎样的风范。

（学生个别诵读文本，师生共同评价、指正）

师：大家读了一遍，我也想给大家读一遍，老师范读。

（鼓掌）

师：任何文章都有蕴含在文本背后的思想和人生态度，下面我们就走进文本，来看一看作者有怎样的人生态度，魏晋的人们有怎样的人生态度，关于此文，我想给大家一个切入点，试梳理作者的情感发展脉络，体会作者有怎样的人生态度？

点评：文本解读正确的打开方式应该是给学生一个恰当的支点思考生命，透过这个支点，学生就可以顺流而下，直抵文本要表现的思想或情感内核。

生：乐、痛、悲。

师：板书：乐、痛、悲，还有没有其他的了？

生：没有了。（静默）

师：作者为何“乐”呢？

生：宴酣之乐，朋友相聚之乐。

生：风景之乐。

生：修禊之乐。

师：边板书边问，“天气怎样”？

生：天朗气清。

师：王勃在《滕王阁序》中说，“四美俱，二难并”，大家来看看，这里有几美了？

生：五美了。

师：这确实是一件快乐的事。第一段我们大家理解起来没有问题，现在来看第二段，“痛”和“悲”在何处？

生：和自己的仕途经历有关。

师：王羲之写此文时是做会稽内史的，相当于现在的市长。与仕途关系不大。

生：所之既倦，情随事迁，感慨系之矣。

师：确实是引发痛苦的原因。

生：快然自足，不知老之将至。

师：大家想一想是上课的日子快乐呢还是放假的日子快乐？

生：当然是放假了。

生：俯仰之间，已为陈迹。修短随化，终期于尽。

师：太好了，我们可以决定自己的寿命吗，不能，当年秦始皇求仙问海，这只是人类的愿望而已。

师：请同学们来看第三自然段，他还有哪些“悲”的原因？大家把它读一下。

（学生读第三自然段）

师：是“痛”的程度深还是“悲”的程度深？

生：“悲”的程度深。

生：后之视今，亦犹今之视昔。

师：对，再下一程，古今同一。

再下一程，在哪里？请同学们把剩下来的几句话再读一下。

（学生读最后几句话）

师：板书，“故列叙时人，录其所述。”

点评：此处再下一程，由“乐”到“悲”，很多人都没有从“悲”中出来，只有那些旷达乐观的人才能出来，我个人认为这里面有“四两拨千斤”的功力，“表面看来似乎是如此颓废、悲观、消极的感叹中，深藏着的恰恰是它的反面，是对生命、生活深沉的追求和留恋”。

师：王弼《周易略例》中说“尽意莫若象，尽象莫若言”。作者从容淡定的人生态度是流淌在字里行间的，你觉得哪些语句特别有味道？这个问题是没有标准答案的，希望大家通读文章后畅所欲言。

（学生自由读文章）

生：我找到的是“仰观宇宙之大，俯察品类之盛”，但还不知道淡定是怎么传递出来的？

师：这就是大家理解此文尤其要注意的地方，你何时能“仰观宇宙之大，俯察品类之盛”？只有休闲的时候，从容的时候，淡定从容就蕴含其中。

生：作者生活在一个动荡的时代，“向之所欣，俯仰之间以为陈迹。”

师：《汉书·阮籍传》有云“天下名士，少有全者”。南宋陈普《咏史下·晋武帝》中说："宫中掷戟又飞刀，谢玖兢兢命若毛。岂是君王轻社稷，天教炽业谢芳髦"。大家闻到了血腥味没有？

生：闻到了，"掷戟又飞刀"。

师：这是一个混乱的时代，兵燹四起的时代，为何在动荡的世界里这群人却有这样的人生态度，我们为何就少有？因为他们经历过苦难。

点评：林语堂说"在转不得的地方硬转，收不得的地方硬收"。作者的情感由"乐"入"悲"，由"悲"入"坦然"和"淡定"，作者的生命体验在情感的变化中得以实现。郭沫若当年读此文时就充满疑惑，好好地"乐"者，为何悲起来了呢？其实在这种转的地方正表现了一种人生态度。这种人生态度，并不是基于个人的人生经历，而是说整个人类的生老病死、喜怒哀乐。

师：还有人要讲体会吗？

生："畅叙幽情"，"一觞一咏"，也能表现出坦然淡定。

师：好，喝一点酒，作几句诗，在这样的环境中，令人神情放松，沈德潜说"有第一等襟抱，第一等学识，斯有第一等真诗。"① 襟抱高，才能有传世的诗文，才能有穿越时空的永恒的魅力。我们回到网民的调查报告，不难看出这是一群怎样的有高雅情趣的人们。

生：（看幻灯，朗读北京大学彭吉象先生《中国艺术学》中的一段论述）这是一个混乱的时代，又是一个王朝快速更迭的时代；这是一个人口死亡特多的时代，又是一个人才辈出的时代；这是一个人心最痛苦的时代，又是一个智慧大迸射的时代；这是一个最感压抑、身不由己的时代，又是一个精神最为自由放任的时代。

师：联系到现实，就要求我们做一个坦然淡定、勇敢面对生活挑战的人。今天的作业，回去背诵全文。

教后反思　这是笔者 2011 年 5 月上海市九郊县语文培训者的培训班结业式展示课的课堂实录，本实录基本保持课堂原貌，此课的课型的设计，先是在老师的引导下从情感变化入手进行总体把握，后是学生自主讨论、自由发言来讲自己感受最深的一点，就教学内容来讲，力争关注"整体认知"，"关注文本的个

① 沈德潜：《说诗晬语》，霍松林，校注，北京：人民文学出版社，187 页。

性”“走进文本的核心地带”以及“文本前后的实证关系。但在具体操作的过程中还可以落得更实一些”。特级教师程红兵老师做了精彩点评，程老师认为此课上得比较厚重和大气，基本做到了张弛有度、有收有放，但在营造从容、淡雅情境，彰显书圣的坦然、淡定的人格上还大有提升的空间。

2.《归去来兮辞》教学设计范例

分享自得者的幸福

——鉴赏《归去来兮辞》的抒情艺术

执教人：简振雷

（1）文本分析与处理。

本文是上海高中语文试用版高二第一学期第五、六单元的拓展阅读，旨在引导学生在诵读的基础上进一步领会作者“在叙事、写景中抒情”的艺术特色，品味作者自得、淡定的人生态度。

（2）学情分析。

高二学生有了相当的诵读基础，但是很多学生往往只是关注故事的情节和借助于故事的情节所抒发的情感，而较少关注为了抒发情感所使用的语言的魅力。文本的语言感知能力相对较弱。

（3）教学目标。

①知识与技能：体会本文语言朴素、清新，音韵和谐的艺术之美。

②过程与方法：在诵读与涵泳文本的基础上，进一步提高对语言的感知能力。

③情感、态度与价值观：通过对文本语言的品味，进一步感受作者磊落的胸怀、高洁的志趣。

（4）重点与难点。

①重点：体会本文语言朴素、清新，音韵和谐的艺术之美。

②难点：感受作者磊落的胸怀、高洁的志趣。

（5）教学过程。

①导入：师生诵读《归去来兮辞》，思考文本讲了一个怎样的故事？抒发了

作者怎样的思想情感？

点评：不从细枝末节入手，不从梳理字词入手，不从作者简介和写作背景入手，而是通过诵读从整体感知切入文本。

②题解。

a. 他的家真的很美吗？作者幸福快乐从何而来？

点拨：荒院子、矮房子

点评：在巨大的认知反差中，然而学生明白陶渊明是如何特立独行，为追求自己内心的安宁而“重常人之所轻，轻常人之所重”的，生命的体验和感悟始终伴随文本展开。

b. 何谓“自得”，在文本中有交代吗？

点评：使其中坦然，不以物伤性。这就是最大的人格特征。

③体会：体会本文抒情时所使用的语言“朴素、清新，音韵和谐”的特点。感受作者磊落的胸怀、高洁的志趣。

a. 梳理作者的情感是从哪些方面体现出来的？

点评：事、景、理（寓情于理：反问、直抒胸臆）

b. 寓情于事和景

点评：用叙述代替描写；用动景代替静景；刻画景物时用欣赏赞美的视角，在描写景物中表现自我。

c. 通过以上分析，你在阅读和写作上有何感悟呢？试结合学过的《雨霖铃》作一个阐发。

点评：这里面有选材、组材、包括详略的问题，有表现手法的运用，阅读时要看得出，写作时要自觉利用。我们总是寻觅自己的通往幸福的道路，其实，陶渊明就用自己的人生选择为我们提供了答案：人生的幸福不是外在的冠冕堂皇、功名利禄，而是内在的人格的从容和自得，这才是最高的人生境界。

④作业：运用本课所学的抒情手法方面的知识，就马致远的《远浦帆归》写一段200字左右的赏析文字。

附一：《归去来兮辞》板书

事

自得之乐（情）→景（朴素、清新，音韵和谐）→何适而非快

理

附二:《归去来兮辞》原文

归去来兮辞

陶渊明

归去来兮，田园将芜胡不归？既自以心为形役，奚惆怅而独悲？悟已往之不谏，知来者之可追。实迷途其未远，觉今是而昨非。舟遥遥以轻飏，风飘飘而吹衣。问征夫以前路，恨晨光之熹微。

乃瞻衡宇，载欣载奔。僮仆欢迎，稚子候门。三径就荒，松菊犹存。携幼入室，有酒盈樽。引壶觞以自酌，眄庭柯以怡颜。倚南窗以寄傲，审容膝之易安。园日涉以成趣，门虽设而常关。策扶老以流憩，时矫首而遐观。云无心以出岫，鸟倦飞而知还。景翳翳以将入，抚孤松而盘桓。

归去来兮，请息交以绝游。世与我而相违，复驾言兮焉求？悦亲戚之情话，乐琴书以消忧。农人告余以春及，将有事于西畴。或命巾车，或棹孤舟。既窈窕以寻壑，亦崎岖而经丘。木欣欣以向荣，泉涓涓而始流。善万物之得时，感吾生之行休。

已矣乎！寓形宇内复几时？曷不委心任去留？胡为乎遑遑欲何之？富贵非吾愿，帝乡不可期。怀良辰以孤往，或植杖而耘耔。登东皋以舒啸，临清流而赋诗。聊乘化以归尽，乐夫天命复奚疑！

附三:《归去来兮辞》学案

（1）本文抒发了作者怎样的情感？此情感是从哪些方面体现出来的？

（2）本文的语言“朴素、清新，音韵和谐”，试在文中指出具体体现在何处？

（3）他的家乡真的很美吗？作者的幸福快乐从何而来？

（4）通过以上分析，你在阅读和写作上有何感悟呢？试结合学过的《雨霖铃》作一个阐发。

3.《春夜宴诸从弟桃李园序》教学设计范例

聆听盛唐之音

——《春夜宴诸从弟桃李园序》教学设计

执教人：简振雷

（1）文本分析与处理。

本文是大诗人李白的名作。在初现盛世气象的当下，让学生诵读此文，体察盛唐时期人们的人格与风骨，具有现实意义。

点评：读文章的目的在于唤醒、体验、发现、升华学生自己的生命体验，在鉴赏文章中读出自我。

（2）教学目标。

①通过诵读感悟蕴含在文本背后的作者积极乐观的生命态度。

②品味语言，学习作者高超的表现技法。

点评：教学目标和教学内容的选择，要突出语文的核心素养，紧紧围绕生命观照和作者表现此种生命观照的技法来进行。

（3）教学设计。

①初读文本，把握文本大意，引导学生理解作者的人生观照。

学生个别读，读准字音、句读，力争读出情感。

点评：与其他的导入方式相比，直接诵读是相当简洁的、又非常实用的导入方式，让学生带着问题读，直接接触文字，而不是兜弯子，绕圈子，做暗示，让学生通过语言文字进入文本。

引导学生理解作者的人生观照：

a. 对生活的热情；b. 对他人的关心；c. 对自然的热爱；d. 宽广的心胸和气度

点评：透过故事，我们不难看出参加聚会的这样一群人是那个时代的缩影：生活在盛唐时期的人们是那样的从容自信，是那样的以清醒而积极的态度来看待自己、看待他人、看待宇宙万物的，这就是我们要从中学习的生命观照。

②引导学生鉴赏作者的写作技法。

体会、玩味、咀嚼、鉴赏关键字词来体会盛唐之音。

点评：本文中的盛唐气象是隐藏在语言背后的真实的存在，需要透过语言的形式来发掘，比如本文中关于聚会理由的罗列，就表明了他们的人生观、世界观、价值观；聚会的过程也可以表现出盛唐时期的人们的高蹈和豪迈，令人仰慕。由此可见经典的意义和价值在于为我们的生命提供一个生存的范本，在诵读经典中，聆听盛唐之音，发现和修正自我，从而提升自己的生命境界。

附:《春夜宴诸从弟桃李园序》原文

春夜宴诸从弟桃李园序

（唐） 李白

夫天地者，万物之逆旅也；光阴者，百代之过客也。而浮生若梦，为欢几何？古人秉烛夜游，良有以也。况阳春召我以烟景，大块假我以文章。会桃花之芳园，序天伦之乐事。群季俊秀，皆为惠连；吾人咏歌，独惭康乐。幽赏未已，高谈转清。开琼筵以坐花，飞羽觞而醉月。不有佳咏，何伸雅怀？如诗不成，罚依金谷酒数。

4.《秋声赋》教学设计范例

感悟生命之秋

——试析《秋声赋》作者的情感发展脉络

执教人：简振雷

（1）文本分析与处理。

本文是高三下学期第六单元的一篇自读课文，该单元为“人生境界”主题，《秋声赋》表现了作者豁达淡定的人生境界，在艺术上达到了情景理的完美融合。本教学设计旨在引导同学对欧阳子情感发展脉络的梳理，以此来感悟作者蕴含在文本背后的人生境界。

（2）教学目标。

①试析欧阳子的情感发展脉络，进一步养成整体感知文本的能力。

②领会作者虽屡遭人生磨难，但依然豁达、从容的人生境界。

（3）重点与难点。

①重点：试析欧阳子的情感发展脉络。

②难点：品味作者豁达、从容的人生态度。

（4）教学过程。

①试找出文中表现作者情感变化的几个词？

点评：学生朗读，老师范读，然后师生诵读文本，这恐怕是进入文本最有效的路径。在反复诵读中，学生的生命在这里沉思。

明确：悚（异、惊）——悲——莫恨——叹

②这些情感在文中是怎样被表现出来的？你是怎么读出来的？

问题一：作者为何“悚”？诵读第一段，试加以概括。

师生共同发现、总结：

a. 来得突然。

b. 来得怪异（由淅沥到嘹亮澎湃再到压抑、沉闷）。

c. 来自作者的人生感悟（童子衬托）（自然现象由盛到衰）（《赤壁赋》）。

问题二：作者为何“悲”？诵读第一段，试加以概括。

师生共同发现、总结：

a. 秋状（惨淡的色、清明的容、栗冽的气、萧条的意）使然（凄凄切切、呼号奋发）（寓情于景）。

b. 一气之余烈，故色变叶脱、摧败零落。

c. 天地义气、肃杀为心。（物老而伤、物盛当杀）

问题三：第三段由物及人，作者的情绪在悲伤之后怎样平复下来的？

师生共同发现、总结：

a. 人为万物之长，百忧感心、万事劳形。

b. 追求不得的伤心，使人形如槁木、发如星星。

问题四：“念谁谓之戕贼，亦何恨乎秋声？”表达了作者怎样的人生思考？

豁达、淡定、坦然。

问题五：第四段，作者叹能叹什么呢？

a. 意识到自然规律的感叹。

b. 一生沉浮的感叹。

c. 无人理解的感叹。

d. 对普天下芸芸众生的感叹。

点评：该班为上海市闵行中学的实验班，同学对文学作品的理解力和感悟力相对较高，对缘景抒情文已经有了比较感性的认识，但对作者情感的发展脉络的理解仅停留在概念上，较少从文本的字里行间来体验和感悟，在主旨的把握上总希望得到更多的背景资料和权威的分析，而较少单刀直入，直面文本。舍弃依赖心理，直面文本，通过梳理作者的情感发展脉络读出自己的体验和感悟无疑可以从根本上解决上述问题。

（5）作业：试比较《前赤壁赋》《秋声赋》两篇文章作者情感发展变化的异同。

（6）教后反思。

此堂课大家认为最大的亮点在于教学的切入点选得小而准，即从情感变化入手来感悟作者的人生观照，在探寻的作者情感变化的过程中来学习作者的写法使得整堂课纲举目张，条理清晰，结构完整，重点突出。本课的缺点在于没有设置一个统领全局的意义深刻的可供全体师生探讨的问题，缺乏对学生积极性和主动性的挖掘和引导，没有形成一个探究的高潮，学生的活动零散而不成线条，以学生为中心的教学意识仍有待加强。

附一：板书

悚（异、惊）——悲——莫恨——叹

豁达、坦然、淡定

附二：《秋声赋》原文

秋声赋

（宋）欧阳修

欧阳子方夜读书，闻有声自西南来者，悚然而听之，曰："异哉！"初淅沥以萧飒，忽奔腾而砰湃，如波涛夜惊，风雨骤至。其触于物也，鏦鏦铮铮，金铁皆鸣；又如赴敌之兵，衔枚疾走，不闻号令，但闻人马之行声。余谓童子："此何声也？汝出视之。"童子曰："星月皎洁，明河在天，四无人声，声在树间。"

予曰："噫嘻悲哉！此秋声也，胡为而来哉？盖夫秋之为状也：其色惨淡，烟霏云敛；其容清明，天高日晶；其气栗冽，砭人肌骨；其意萧条，山川寂寥。故其为声也，凄凄切切，呼号愤发。丰草绿缛而争茂，佳木葱茏而可悦；草拂之而色变，木遭之而叶脱。其所以摧败零落者，乃其一气之余烈。夫秋，刑官也，于时为阴；又兵象也，于行用金，是谓天地之义气，常以肃杀而为心。天之于物，春生秋实，故其在乐也，商声主西方之音，夷则为七月之律。商，伤也，物既老而悲伤；夷，戮也，物过盛而当杀。"

“嗟乎！草木无情，有时飘零。人为动物，惟物之灵；百忧感其心，万事劳其形；有动于中，必摇其精。而况思其力之所不及，忧其智之所不能；宜其渥然丹者为槁木，黟然黑者为星星。奈何以非金石之质，欲与草木而争荣？念谁为之戕贼，亦何恨乎秋声！”

童子莫对，垂头而睡。但闻四壁虫声唧唧，如助予之叹息。

附三:《秋声赋》课堂实录

《秋声赋》课堂实录

执教人：简振雷

师：刘禹锡的《秋词》中说“自古逢秋悲寂寥，我言秋日胜春朝。晴空一鹤排云上，便引诗情到碧霄。”这是写平日里人们对秋的感悟，今天，我们来学一篇文章，写的是人们在晚上对秋的感悟。下面我们一起来朗读文章。

学生单独读，老师请其他学生认真听，读完后请学生指出读音有问题的地方。

（师背诵一遍全文，学生鼓掌）

师：经典的文章，是要求我们用反复诵读的方式来感悟的。接下来的环节，就是要大家一同来诵读。在读的过程中，要求我们大家要做到大胆，大声，大方。

（学生诵读课文，思考感悟作者的情感发展脉络）

点评：直接诵读是师生切入文本最好的路径。烦琐的植入式的导入是古诗文教学上的误区，导致了一个直接的后果，就是语文教学中一直十分被看好的生命体验无法生根，学生的心灵无法浸润在曼妙的文字之中。

师：我们高二的时候，学过一篇文章，叫《前赤壁赋》，作者豁达而乐观的思想情感是通过情感的变化体现出来的，由此，我们可以得到启示，一篇文章，尤其是抒情和议理的散文，大家能够梳理出它的情感发展的脉络，我们就可以由此窥视作者的思想境界，我们今天就从这儿入手，来感悟欧阳子的人生态度。下面就请同学来讲一讲你所读出来的文中能够表现作者思想情感的词语（这些词语连缀起来，就能看出他情感发展的脉络）。

生：“异”和“悚”。

师：第二自然段呢？

生:“悲”。

师:第三自然段能为我们找出来吗?

生:“何恨乎秋声”?

师:这句话说得挺怪的,能不能把它改成陈述的语气?

生:又何必去怨恨无知的秋声呢?

师:如果改成陈述语气,那就是不要恨秋了。(板书:“不恨秋”)

师:看最后一段。

生:“叹”。

师:我们大家把这四个词都找出来了,可以说,这四个词是浮在文章背后的一条情感的线索,我们在把握文章主旨的时候,我们就由此入手,来看看作者通过这种情感发展的脉络,到底要告诉我们什么。

点评:要想改变当下文言文教学迷失航向的问题,首先要拨乱反正,认真领会语文学科的本质特征,认真落实语文教学两个基本点。文言文的教与学就是要明白和落实这两个问题:一、文章对于人生的深刻的观照是什么,二、作者传达这种观照的技巧有哪些。把握这两个基本点,有利于教师减少教学的随意性,提升教学的有效性。引导学生关注文本,深入理解文本,感受文本,引导学生理解意思由文本出的意识,这样的课上起来上得实在,学生真正学有所得。而不是在文本之外东拉西扯、上纲上线或随意拓展,教师累,学生也收效甚微。

师:现在我们一个一个词来,先来看“悚”,作者何以悚?为了把这个问题解释清楚,我们把文章的前半段读一下。

生:读前半段。

师:现在我请同学来体会体会,如果你晚上读书,忽然外面有一种声音出现了,夜半时分,“悚”从何而来?我们同桌来商量商量。

(生商量,研讨)

生:来得突然且声音很怪,就像波涛夜惊,风雨骤至。

师:一是他读书的时候,外面忽然来声音了。第二,声音还很大,很怪。(板书:“突然”“怪异”)读书入境时,别人拍你一下,会吓你一跳的。

师:刚才大家朗读的这句话是对自己所听到的秋声的概括。“悚”是因为听秋声而来，（板书：听秋声）刚才我们读的文章中有对它的一个概括。

生：凄凄切切，呼号奋发。（学生画下去）

师：如果让你单独来讲“凄凄切切，呼号奋发”是一种什么样的状态，什么样的模样？你打算怎样讲？下面，我请同学讲讲，这样的一种状态，在第一自然段中，哪个地方体现出来了？

生：“初淅沥以潇洒，忽奔腾而澎湃，如波涛夜惊，风雨骤至，其触于物也，鏦鏦铮铮，金铁皆鸣”，这就是对秋声的一种描绘，到这个地方，作者尘埃落定，把秋声的特点描绘出来了。

师：下面请同学来说说，第二自然段前面放了一个“悲”字，“悲”从何来？

点评：作者在行文过程中的每一个表达情感的字都有它背后内在的逻辑，教学过程就是要把此种内在的逻辑运用语言的分析把他们揭示出来，让学生深切地感悟到每一个生命感悟都是有血有肉的。

（学生交流）

生：气色惨淡。

师：大家到养老院献过爱心吧，那些老人都是什么样子的？其意萧条，其容清明，概括起来就是秋状使然，大家在上海看到的秋就是郁达夫在《故都的秋》中描写的南方的秋。我是从东北而来，东北到秋天的时候，一场寒潮来袭，第二天早上就是白雪皑皑的景象，那是一种什么样的气势？接下来，我们来读。

（生读“丰草绿缛而争茂，佳木葱茏而可悦，草拂之而色变，木遭之而叶脱。”）

师：作者这一段的悲是怎么出来的？

生：因为“草拂之而色变，木遭之而叶脱”。

师：（板书：“由盛到衰”）秋的由盛到衰，在上海，我觉得真的不明显，就应该到我的老家那个地方去住住你就能感受得到。接下来我们再往下读。

（生读第二段最后半段）

师：怎样与“悲”联系起来？

生：常以肃杀而为心。

师：秋之本性为杀。（板书）古语有云：“万物静观皆自得，四时佳兴与人同。”我们说，“人法地，地法天，天法道，道法自然。”我们在观察万物时，都会联系到人，下面我们来读第三自然段。

（生读第三自然段）

师：在作者看来人生是不是也很“悲”的。作者的悲伤从哪个地方体现出来的呢？大家来关注一个词：况，这个字表转折呢还是表因果，还是表递进？

生 1：递进。

生 2：递进。

师：大家对这一点的把握是非常正确的。在作者看来，人生是令人悲伤的，“百忧感其心，万事劳其形”。（板书：“百忧，万事”“思所不能及”）

下面是理解这篇文章的关键，从“悚”到“悲”，作者已悲伤得一塌糊涂，说到这儿的时候，我告诉大家，我们可以去自杀了，因为人生太悲了。满目萧然，作者又怎么平复出来的呢？我们来把后面的这几句话再读一下。

（生读第三自然段后半部分）

师：他说“不要恨秋”，为什么“不要恨秋”呀，他到底要告诉我们什么？

生：不要恨秋，而应恨自己。

生：要知足常乐。

师：如果不怨恨秋天，那怨恨谁？

生：怨恨自己，自己忧劳，自己和自己过不去。

师：我顺着同学的话再问一句，人生是不是可以没有忧劳呀？

生：不能没有忧劳。没有忧劳就不是真正的人生。

师：人生就是由生老病死、喜怒哀乐、爱恨情仇、悲欢离合构成的。只有爱，乐，幸福，没有痛苦、哀伤，这样的人生你想还可以想象吗？那是不可想象的。所以，在这里，作者对人生的观照，他对人生的态度，就出来了。这是一种什么样的人生态度？

生：对规律的认同，这就是一种达观和坦然的人生态度。

师：大家看，作者蕴含在字里行间的意思，我们就把它通过情感的变化把他梳理出来了，我们最后来看，“叹”，作者能叹什么呢？

（生读最后一段）

师："长太息以掩涕兮，哀民生之多艰"，叹，欧阳子能叹什么？

生：没有很多人理解他。

师：您是从哪里看出来的呢？

生："童子莫对，垂头而睡。"

师：现实生活中无人理解。

师：诗仙说"古来圣贤皆寂寞"，这是其一。还能叹什么？

生：对于人生规律的叹息。

师：这也是一种叹，叹人生，其实，还有一种叹，就是普天下的芸芸众生，下面我们来看屏幕，看这幅图，这是去年在江苏的徐州拍到的"乡愁之父"余光中先生，我们看看他的头，看看他的精气神，我们就能想到一个词，就是"秋"，

师：接下来，我们来看这样一个问题，刚才我们分析文章时，有一个小小的疏漏，就是童子，把童子这个材料删去，可以还是不可以？为什么？

（师板书：言秋状，悟秋意）

点评：在古诗文教学过程中当学生的思想和情感被教学情境充分调动起来之后，就要适时将这种情感提炼、升华，以促进他们生命境界的提升。

生：不可以。童子这个材料使得文章一问一答，过渡自然，最后的垂头而睡，象征他身边无人理解他。

师：赋的问答体常用格式说得好，譬如《前赤壁赋》且为后文做了铺垫。

生：不可以，因为童子代表一类人。

师：说得太妙了，我十岁，我没有人生经历，我怎么达观呀？

生：这个小孩代表着现实生活中还没有经历太多人生苦难的人。

师：这就是欧阳子所听到的秋声，欧阳子所听到的秋声是一般人所能听到的吗？

生：一定是经历了人生的苦难和挫折才能听得到的。

师：看大屏幕，要有这样人生经历的人才能听到秋声。跟邓小平一样，经历"三起三落"的人才能听到秋声。所以从这个意义上来讲，秋声的有无并不是必然的，只有那些经历了人生磨难的人才能听得见。作者是从内心当中听到了秋声。泰戈尔说过一句话，"天空没有痕迹，但鸟儿已经飞过"。对于人生规律的认

同和领悟，此前此后是大不相同的，因为作者已经体验到了人生规律，所以，我想，作为一个人来讲，这些人为何能够成为文化的巨人，成为我们仰慕的人，就是因为他们以自己的作品为我们提供一种比较好的“生存的范本”，你不是想入世吗？你不是想到社会上有所作为吗？那就肯定会遇到挫折，怎样去排遣这种由挫折而带来的苦闷呢？那你就听一听欧阳修的“秋声”吧，他会告诉你怎样去做，这就是称其为经典的缘由。最后我们再一次诵读一遍课文，听一听流淌在文本背后的秋声。

（师生同读《秋声赋》）

点评：任何教学活动唯有真正触及学生的精神世界和心灵深处，才具有力量。情感体验是在学生静思默想中酝酿的，是在学生全身心投入的阅读中生发的，是在学生与文本内在的情感产生共鸣时形成的。所以，教学活动要让学生直面文本，潜心会文。对于学生自己能读懂能感悟的地方，教师不必过于纠缠，而是穿针引线和牵线搭桥。当然，学生长期的自学难免参考资料，除课堂引领外，学生不妨参考资料，亦可整合资料。魏书生老师就是把参考书给学生学习的。参考而不完全依赖，更见“修行在个人”的功夫。

作业：比较《前赤壁赋》与《秋声赋》在情感发展脉络上的异同。

黄荣华老师评点：简老师的第一个环节就是梳理作者的心理活动；第二个环节，就是探究作者的“悲”是怎么来的。我不知道大家看出来没有：“悲哉”，“此秋声也”，“胡为而来哉”，将这些讲清楚，“悲”就清楚了。他分段解释“悲”，一点点扣过来，用文章里的文字来印证这个“悲”字。这既是解读文章，同时也是在做题呀。你要是习惯性地这样去教他，有了高一、高二的积累，到高三时稍微一点拨，学生就会做题了，用不着急着在高一高二就做那么多题目（有许多题目设置本身就有问题，学生越做越糊涂）。特别是如果我们常以这样的实证的方式来组织教学，效果将会更好。

我们来看《秋声赋》，有这么两句话：“有声自西南来者”，“胡为而来哉”。这就是文脉。从“胡为而来哉”往上看，是由“悚然而听之”到“悲哉”，往下看是由“不恨”到“叹”。这就是情感发展的脉络。当我们引导学生去理清文章情感发展脉络的时候，学生逐步学会了怎样去读文章。步根海老师前两年一直在讲整体感知的问题，因为整体感知的问题一直没有解决。整体把握文脉则是整体感知的重要一环。去年到绍兴听孙绍振教授讲文脉问题，这是一个很好的报告。这个报告讲了我们应当怎样引领学生找文脉，以文脉来解读文本。这里面有情感的，有思想的；有表层的，有深层的；有大波，有潜流。这些东西让我们的学生去找一找，感悟它，理解它，逐步形成自己的写作的思维方式，我想这是很重要的问题。

5.《思堂记》教学设计范例

苏东坡的人格和风格

——《思堂记》的主旨探秘

执教人：简振雷

（1）教材分析与处理。

本文是苏轼的小品名篇，作为高一上学期第五单元的拓展阅读。与《病梅馆记》寄希望于社会环境的改变不同，《思堂记》则是眼光向内，不为物役，从而达到率真、独立的精神境界，这是本文教学的重点；教学的难点在于引导学生把握作者“思”与“不思”背后的“随”与“不随”，从而理解苏东坡的人格和风格。

（2）教学重点与难点。

①把握“思”与“不思”的文意。

②体会作者的独立人格和风骨。

（3）教学设计。

①初读文本，断句读，把握文本大意。

学生个别读，读准字音、断句读（部分）。

梳理文本写了一件怎样的事以及作者对于“思”的基本看法。

点评：先读出文章中的故事，再由故事入手，来读出文本背后作者的人格。怎样读出人生观照，这是人格意识解读常常不得不面临的问题。

②探寻文本的深层旨趣。

透过作者对于“思”的看法，我们还可以从文中读出什么？

知其文，不知其人，可乎？（知人论世）

苏东坡到底是怎样的人？

深明大义、为人率真、拥有家国情怀、身体力行。（结合补充相关资料，注意适时补充写法）

点评：经典的意义和价值在于为我们的生命提供一个生存的范本，在诵读经典中发现和修正自我，在感悟“不随”中提升自己的生命境界。愿你跟着感觉走，抓住梦的手，顺心而生，愿你出走半生，归来仍是少年。这是一种坦诚、率真和独立的人格。

③在把握主旨和写法的基础上猜测部分加点字词的意思。

（4）作业：解释还没有来得及处理的加点字词和翻译划线句子。

附:《思堂记》原文

思堂记

（宋）苏轼

建安章质夫①，筑室於公堂②之西，名之曰“思”③，曰:“吾将朝夕于是，凡吾之所为，必思而后行。子为我记之。”

嗟乎！余天下之无思虑者也。遇事则发，不暇④思也。未发而思之则未至，已发而思之则无及⑤，以此终身不知所思。言发于心而冲于口，吐之则逆人，茹之则逆余，以为宁逆人也，故卒吐之。君子之于善也，如好好色；其于不善也，如恶恶臭。岂复临事⑥而后思，计议其美恶而避就⑦之哉？是故临义而思利，则义必不果；临战而思生，则战必不力。若夫穷达得丧，死生祸福，则吾有命⑧矣！

少时遇隐者⑨曰:“孺子近道⑩，少思寡欲⑪”。曰:“思与欲若是⑫均⑬乎？”曰:“甚于欲。”庭有二盎⑭以蓄水，隐者指之曰:“是有蚁漏，是日取一升而弃之，孰先竭？”曰:“必蚁漏者。”思虑之贼人也，微而无间，隐者之言，有会于余心，余行之。且夫不思之乐，不可名也。虚而明，一而通，安而不懈，不处而静，不饮酒而醉，不闭目而睡。将以是记思堂，不以⑮谬乎？虽然，言各有当⑯也。万物并育而不相害，道并行而不相悖。以质夫之贤，其所谓思者，岂世俗之营营⑰于思虑者乎？《易》曰:“无思也，无为也⑱”，我愿学焉;《诗》曰:“思无邪⑲”，质夫以⑳之。

元丰二年正月二十四日，眉山苏轼记。

（选自《青浦县志》1990年版第687页）

注释：①建安：古郡名，即宋建州（今福建省）。章质夫：即章楶，字质夫，北宋建州浦城（今属福建）人。②公堂：官署的厅堂。③思：“思堂”代称。④暇（xiá）：空闲、无事之时。⑤无及：来不及。⑥临事：遇事。⑦避就：避开与趋就。⑧有命：由命运主宰。《论语·颜渊》：“死生有命，富贵在天。”⑨隐者：指隐居的人。⑩孺子：幼儿，儿童。道：指道家思想。⑪少思寡欲：语出《老子》。少思：减少思虑，少想。寡欲：节制欲望，欲望少。⑫若是：如此，这样。⑬均：等同。⑭盎（àng）：盆类容器。⑮以：通“已”。太，甚。⑯言各有当（dàng）：即思与不思各有各的道理。当：宜，适当。⑰“万物并育而不相害”二句：语出《礼记·中庸》。并育：共同生长。害：妨碍。相悖：相违背。营营：劳而不知休息，忙碌。⑱“无思也”二句：语出《易·系辞》。⑲思无邪：诗经《鲁颂·駉》：“思无邪，思马斯徂。”思：助词，无义。用于句首或句中。⑳以：任用，运用。

6.《后赤壁赋》教学设计范例

生命在这里沉思

——试析《后赤壁赋》作者情感的发展脉络

执教人：简振雷

（1）教材分析与处理。

本文是上海高中语文试用版高二第一学期第五单元《前赤壁赋》的姊妹篇，作为拓展阅读，旨在引导学生进一步领会由景生情、情景理交融的艺术特色，理解作者虽屡遭人生磨难，身处逆境，但依然达观、超脱的人生态度。

（2）教学目标。

运用合作学习法、诵读法、讨论点拨法，力争做到新知与旧知结合、文与言统一，一课一得，得得相连。

学习苏子在逆境中超然物外的旷达情怀，更加珍爱生命。

（3）重点与难点

①引导学生进一步领会苏子散文由景生情、情景交融的艺术特色。

②理解作者被贬黄州时复杂的思想感情，培养学生达观、超脱的人生态度。

（4）教学过程

①温故：背诵《前赤壁赋》第三段，说说苏子的情感发展脉络。

乐——悲——乐

知新：学生诵读《后赤壁赋》，教师背诵《后赤壁赋》。

提问“赤壁之游乐乎？”（宏观层面）

②体会作者在情感的变化中对生命的思考（微观层面）

a. 圈出第一段表现作者情感的词语，此情感是怎样产生的？

乐（景美、客来）、叹（亦乐）、（无酒无肴、窘困）。

b. 圈出第二段表现作者情感变化的词语，这表明作者怎样的思考？

由啸（因美景而兴、乐至极）而转悲恐（客观：肃杀的冬景、只身一人，主观：孤独、自己的遭遇）

c. 作者的情绪在悲恐之后怎样平复下来的？

中流放舟、孤鹤掠舟、道士化鹤

d. “中流放舟”“孤鹤掠舟”和“道士化鹤”表明作者怎样的人生思考？

e. 作者为什么要在写景状物中反复思索人生的意义？有何启示？

点评：作者始终处于出世与入世的矛盾之中，他在苦苦思索和寻找自己生命的支点，笔下的景物无疑会体现这种思考，反复也就难免。但他的心中有一个信念：要坚韧地活下去，在旷达与淡定中与命运做抗争。苏子真正走向了成熟，正如苏子的好友参寥法师云：峨冠正笏立谈丛，凛凛群惊国士风。却戴葛巾从杖履，直将和气接儿童。余秋雨先生在《苏东坡突围》中评价苏子的成熟是：“成熟是一种明亮而不刺眼的光辉，一种圆润而不腻耳的音响，一种不再需要对别人察言观色的从容，一种终于停止向周围申诉求告的大气，一种不理会哄闹的微笑，一种洗刷了偏激的淡漠，一种无须声张的厚实，一种并不陡峭的高度。”

③作业。

定风波

（宋）苏轼

三月七日沙湖道中遇雨。雨具先去，同行皆狼狈，余独不觉。已而遂晴，故作此词。

莫听穿林打叶声，何妨吟啸且徐行。竹杖芒鞋轻胜马，谁怕？一蓑烟雨任平生。

料峭春风吹酒醒，微冷，山头斜照却相迎。回首向来萧瑟处，归去，也无风雨也无晴。

思考：本词是如何在情景交融中表现作者对人生的思考的？

附一：板书设计

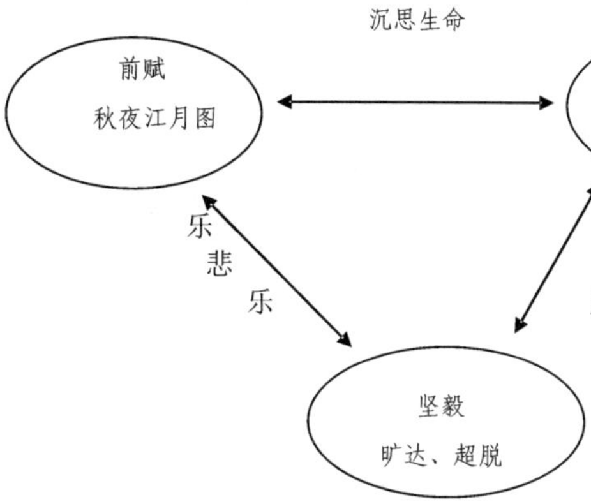

点拨：本文含蓄地表现作者企望超脱尘世、逍遥物外的隐匿心态，正如诗仙李太白在《梦游天姥吟留别》中与天宫的仙人相会一样，苏轼采取的是一种退避，“宁固穷以济意，不委屈而累己”，他找到了生活的快乐和心灵安慰的较为现实的途径——超然于物外。无论人生的感叹还是政治的忧伤，都在对自然和对山水的爱恋中得到了安息。于是他的山水意识提到了一个远远超出同时代人的高度。从而，自然山水在他的笔下，不再像魏晋诗人那样只是作为哲理思辨或徒供观赏的客体，而融入苏轼的生活、兴趣、情感中。秋风秋月、平畴旷野，极其普通的景色在这里都充满了对生命意义深沉的思考，而且以一种浑化无际、物我两忘的风格在苏轼的笔下流淌出来，于是便有了平凡而不可企及的美感。

附二：《后赤壁赋》原文

后赤壁赋

（宋）苏轼

是岁十月之望，步自雪堂，将归于临皋。二客从予过黄泥之坂。霜露既降，木叶尽脱，人影在地，仰见明月，顾而乐之，行歌相答。已而叹曰：“有客无酒，有酒无肴，月白风清，如此良夜何！”客曰：“今者薄暮，举网得鱼，巨口细鳞，状如松江之鲈。顾安所得酒乎？”归而谋诸妇。妇曰：“我有斗酒，藏之久矣，以待子不时之需。”

于是携酒与鱼，复游于赤壁之下。江流有声，断岸千尺；山高月小，水落石出。曾日月之几何，而江山不可复识矣。予乃摄衣而上，履巉岩，披蒙茸，踞虎豹，登虬龙，攀栖鹘之危巢，俯冯夷之幽宫。盖二客不能从焉。划然长啸，草木震动，山鸣谷应，风起水涌。予亦悄然而悲，肃然而恐，凛乎其不可留也。反而登舟，放乎中流，听其所止而休焉。时夜将半，四顾寂寥。适有孤鹤，横江东来。翅如车轮，玄裳缟衣，戛然长鸣，掠予舟而西也。

须臾客去，予亦就睡。梦一道士，羽衣蹁跹，过临皋之下，揖予而言曰：“赤壁之游乐乎？”问其姓名，俯而不答。“呜呼！噫嘻！我知之矣。畴昔之夜，飞鸣而过我者，非子也邪？”道士顾笑，予亦惊寤。开户视之，不见其处。

7.《栖云楼记》教学设计范例

在顿悟中超越

——《栖云楼记》艺术手法初探

执教人：简振雷

（1）教学重点与难点。

①通过诵读感悟蕴含在文本背后的作者高卓的见识与独立的人格。

②品味语言，学习作者高超的表现技法。

（2）教学设计。

①初读文本，把握文本大意。

学生个别读，读准字音、句读，师生指正。

引导学生理解作者的人生观照：独立人格。

点评：一个人不但要看他做了什么，更要看他是如何做的。本文在行文的过程中，不断地设置“转”，将文本的立意逐渐提升到意想不到的高度，让人拍案叫绝。这就是生命体验给读者带来的阅读的价值。

②引导学生鉴赏作者的写作技法。

体会、玩味、咀嚼、鉴赏关键字词来体会见解高妙、独立人格的韵味。

总结：经典的意义和价值在于为我们的生命提供一个生存的范本，在诵读经典中发现和修正自我，从而提升自己的生命境界。

点评：本文是元末明初诗人、书法家杨维祯的名作。教育的最终目的是培养学生具有高卓的见识和独立人格。通过诵读体察杨氏的人格与风骨，具有现实意义。本教学设计过程中不设预习环节，上课之前下发文本，目的就在于让学生养成先从总体把握文本，从而重视文本、依靠文本、比较少地借助文本以外的资料来阅读古诗文的习惯。

附:《栖云楼记》原文

栖云楼记

杨维祯

铁龙道人游五茸①江回，登小重山，坐半云屋。山之浮屠②曰宁者作茗供，请登所居楼。楼外九峰叠如曲屏，云气上下磅礴，若雪漫海沸，出没其坐榻，因颜其楼为“栖云”。征记于道人。道人曰:“朝云而暮雨，云之栖阳台③者也；成五色而从赤龙，云之栖芒砀④者也；子之云何云，栖何栖？”宁曰:“吾见云油然起，坦然舒，悠然逝者，皆吾之山中四时朝暮也。”道人曰“云一散而弥六合，鬼神莫测其变；一卷而了无遗迹，造化莫穷其归。云岂楼可量，亦岂楼可栖耶？尔教身毒氏⑤有云名“妙大”，有楼曰“无碍”，其云也生无生，灭无灭，其生也天不能为之先，其灭也尘不能为之后。是楼也，小无以为之内，大无以为之外，能无所栖亦无所不栖。楼不知有云，云不知有楼，云与楼俱入于冥，人不得以色相求矣。子尝究心于是乎？”宁怃然若有得。是为栖云记。道人，会稽杨维桢也。宁者，字静初。

（选自《上海府县旧志丛书·青浦县卷》2013年版）

作者简介：杨维祯（1296—1370）元末明初山阴（今绍兴）人，字廉夫，号铁崖，别号铁龙道人等，工诗、文，善行、草，兼擅绘画，喜吹笛。

注释：①五茸：春秋时吴王的猎场，在今上海市松江区西。②浮屠：和尚。③阳台：古地名，指男女幽会之所，相传在巫山。④芒砀：即芒砀山，古称砀山，因汉高祖刘邦斩蛇起义而闻名于世。⑤身毒（Yuān dú）氏：即身毒国，《海内经》载：“身毒国，轩辕氏居之”，即天竺国也，为古印度。

8. 记叙类古文人格意识解读要点

（1）每解读一文，师生务必反复诵读，对文本尽最大限度地熟悉，对文本进行全方位、多层次、多角度的解读，结合单元教学重点和学生思想实际，从中确定一个较为合理的切入点，从而确定教学重点和难点。《春夜宴诸从弟桃李园序》中笔者仅选择了它能表现盛唐气象的一个点，以求突破：唐朝以诗取士。由诗入手，作诗必有宽广的胸怀、创造力、灵气和深厚的底蕴，上引下连，一气贯通。

（2）引导学生文本解读首先要弄清楚文本内部的逻辑关系，这是培养学生表达能力的抓手:《兰亭集序》《秋声赋》中抓住作者情感的变化及其背后的原因，文章的思路就会把握得非常精准。《春夜宴诸从弟桃李园序》一文中后半部分写宴饮的过程，前半部分写宴饮的原因，互为表里，前呼后拥，逻辑关系紧密，行文紧凑，浑然天成。

（3）人格意识观照下的文本解读要能体现出层次，这是文学的本质属性，即文学通过具体形象所展示出来的思维的深度和广度，也在另一个侧面反映了人们认识事物的过程，教学就要展示这个跋涉的过程，让学生体会到解读文本过程中的不断自我超越的快乐感:《春夜宴诸从弟桃李园序》一文从宴饮出发，探讨了宴饮的原因，由诗入手，探讨了唐人的生命气象，再由古人反观今人，反思自我，不断在反思中提升学习者的生命境界。《栖云楼记》和《思堂记》表面上两篇文章是在写与朋友的一段对话，实际上是在表达着各自的对生命的理解，两者的内核近乎一致：一个人对人对己应该有自己的看法，不应该人云亦云，即王国维先生所倡导的“独立之精神，自由之思想”。

（4）反复诵读，解读中所生发出来的感悟最好由学习者自己在钻研中得出，而不是教师的所谓的点拨或饶舌的讲授。在文本解读的过程中，一旦遇到障碍，除了必要的知人论世之外，更要高度重视带着任务反复诵读，因声求气，在反复诵读中体验感悟领会。

（四）可读写结合类古文教学设计范例

1.《警幻仙子赋》教学设计范例

妙笔生花不是梦

——试赏析《警幻仙子赋》的修辞手法

执教人：简振雷

（1）教材分析。本文选自《红楼梦》，其比喻的修辞手法的运用非常典型，作为第一单元的拓展阅读，通过对本文的学习，可以较为从容地把比喻的手法加以总结和提高。

（2）学情分析。同学对语文学习有一定的基础和兴趣，但不够踏实、不够深入，不善于总结提升。

（3）教学目标。

①进一步理解和把握“比喻”的修辞手法的种类和作用。

②进一步提高学生观察、体验生活和运用“比喻”的修辞手法表现生活的能力。

（4）教学重、难点。

①教学重点：进一步理解和把握“比喻”的修辞手法的种类和作用。

②教学难点：进一步提高学生观察生活和运用“比喻”的修辞手法表现生活的能力。

（5）教学设想。

思路设计：指导方法——学习新知——勾连旧知——巩固训练

（6）教学课时。

一课时。

（7）教学过程。

①导入。（指导方法）比喻的分类、作用（预设问题、摸清学情、有的放矢）教师点拨、学生明确。

②学习新知。诵读《警幻仙子赋》完成思考题。

作者用了大量的比喻来表现什么？这些比喻句有何特点？（研究探索、印证规律）

点评：让同学们实实在在地理解系统比喻和博喻究竟为何物，这样写会带来怎样的表达效果；让他们明白只有深入地观察和体验生活，才能全方位、立体地、多角度描写景物或论证道理。

③勾连旧知、提升认知。回顾、梳理学过的课文中的典型运用“比喻”手法的课文（温故而知新）。

点评：《读书示小妹十八生日书》《幼学记事》《白莽作〈孩儿塔〉序》《诸子喻山水》《故都的秋》《晨昏诺日朗》《再别康桥》《种树郭橐驼传》《病梅馆记》

《小溪巴赫》《谏太宗十思疏》。阅读时领悟得透，写作时化用得出。

④巩固训练：仿写句子：要求采用比喻的手法，不少于三句，组成博喻句。

a. 热情是人生的太阳，能照亮前行的道路。

b. 乐观是那直上晴天里的一行白鹭。

c. 善良是人生的雨露甘霖。

d. 魅力是六弦琴上流动的音符。

点评：学以致用，让学生明白，修辞手法和表现手法不是冰冷的概念，而是有温度的，有情感的，有思想的。

⑤作业：以“美是什么？”为题，采用比喻的方式写一段有文采的话，不少于200字。

附一：板书设计

妙笔生花不是梦

形象生动具体

系统比喻、博喻

附二:《警幻仙子赋》学案

（1）你认为《警幻仙子赋》的主旨是什么？

（2）作者都用了什么表现手法来表现主旨的？在我们学过的课文中有类似的写法吗？试各举一例。

（3）试就如下表达情感的抽象的词语用“比”的方式加以表达（选择一个）：

郁郁寡欢　焦躁不安　窃喜　狂喜　心灰意冷　万箭穿心　悲痛欲绝

喜出望外　心静如水　忐忑不安　心急如焚　沾沾自喜　怒不可遏

喜不自禁

附三:《警幻仙子赋》原文

警幻仙子赋

（清）曹雪芹

方离柳坞，乍出花房。

但行处，鸟惊庭树；

将到时，影度回廊。
仙袂乍飘兮，闻麝兰之馥郁；
荷衣欲动兮，听环佩之铿锵。
靥笑春桃兮，云堆翠髻；
唇绽樱颗兮，榴齿含香。
纤腰之楚楚兮，回风舞雪；
珠翠之辉辉兮，满额鹅黄。
出没花间兮，宜嗔宜喜；
徘徊池上兮，若飞若扬。
蛾眉颦笑兮，将言而未语；
莲步乍移兮，待止而欲行。
羡彼之良质兮，冰清玉润；
慕彼之华服兮，闪灼文章。
爱彼之容貌兮，香培玉琢；
美彼之态度兮，凤翥龙翔。
其素若何？春梅绽雪。
其洁若何，秋菊被霜。
其静若何，松生空谷。
其艳若何，霞映澄塘。
其文若何，龙游曲沼。
其神若何，月射寒江。
应惭西子，实愧王嫱。
奇矣哉！
生于孰地，来自何方？
信矣乎！
瑶池不二，紫府无双。
果何人哉？如斯之美也！

（选自人民文学出版社甲戌本《红楼梦》1986年版第五回）

2.《论语》教学设计范例

唤醒、激活、点拨、表达

——以《论语》为切入点的情境式作文教学初探

执教人：简振雷

（1）教学目标。

①通过情境设置，唤醒学生已有的生活体验和人生看法，在观点的碰撞中提升学生思想水平。

②以问题为导向，联系课内与课外、融合阅读与写作，在感悟和反思中提升学生的表达能力。

（2）学情分析。

高中一年级学生的求知欲比较强，对经典的诵读充满期待，但他们生活阅历不深，阅读面不宽，经典诵读的量不足，对传统文化领会、感受不够，缺乏在知人论世的基础上深入挖掘文本、整体感知和联系实际能力。

（3）重点与难点。

①教学重点：唤醒学生已有的生活体验和人生看法，在观点的碰撞中提升学生思想水平。

②教学难点：联系课内与课外、融合阅读与写作，在感悟和反思中提升学生的表达能力。

（4）教学方法。

引导、唤醒、激活、点拨、训练。

（5）教学过程。

①运用情境法讲述《论语》中“亲亲相隐”的故事。

点评：情境教学法是设计一个情境，让学生接着讲下去（注意不是跟着讲下去），然后让学生论证自己为何要这样设置，从而唤醒学生已有的生活体验和人生看法，在观点的碰撞中提升学生思想水平。

②引导学生深入理解“亲亲相隐”的利与弊。

点评：在不同看法的交锋中，让同学们体会拥有立场的感觉，更要让同学们体会为了维护自己的立场，应该怎样摆事实、讲道理，引经据典来自圆其说。

③以河南张鸿涛案例为情境，到底“去”还是“不去”，说说他选择的理由。

点评：在情境的预构中亮出你的理解和看法，与文本对话，与作者对话，与同伴对话，与师长对话，从而碰撞出思想的火花，释放学生的表达潜能。

④分享交流所写文字，思考如何才能让自己的表达“言之成理，持之有据”？

点评：对很多问题我们“英雄所见略同”，能不能想得更深一些？想得更新一？想得更有条理一些？表达得更有说服力一些？（阅读、背诵、体悟、反思）

⑤课后进一步查阅相关资料，将所写的文字连缀成一篇800字左右的议论文。

附：板书设计

阅读—— 情境设置 ——写作

诵读

3. 人格意识观照下读写结合性文本解读要点

就读写关系来讲，读与写是一枚硬币的两面，两者互为表里。要想写得好，务必读得好。“操千曲而后晓声，观千剑而后识器”，读得多，浸润、体验、感悟多了，自然就会写得好一些。俗话说“外行看热闹，内行看门道”，读书不可以小和尚念经，有口无心，而是要做到“板凳要坐十年冷，文章不读一句空”，要从生命体验、生命感悟的高度来看待每一篇（首）古诗文，读出故事、读出人生观照、读出生命体验，读出怎样去做人和做怎样的人，读出写作手法。读的过程中要有写法意识，留心一篇文章中比较显著的写法，从而体会作者是如何展开自己的思路的，一篇文章的思路从某种角度上说就是一种或两种写法的具体化。教师可引导学生反复诵读文本，结合文章的主旨来思考文本运用了什么手法、语言上的特色怎样，为什么要这样来表达。这才算走进文本的内部来领略文本的风采，长期浸润，学生的阅读能力、表达能力、鉴赏能力定会有大的提升。一沙一世界，一花一天堂。一篇真实的作文渗透着一个人所有的信息。中高考作文考查，从终极意义上讲是考查学生对社会发展和现实热点的关注和思考；考查他们是否有自己的价值判断，是否有自己独到的看法和见解，引导他们关注、体验、发现和思考生活。而这些均可以在阅读经典古诗文中感受得到。在日常的教学过程中，要经常性地有意识地创设可以激发学生思考生活的情境，激发他们的表达欲望，从而比较顺畅地让学生表达他们自己的真情实感。以自身的考察为入口，以社会的思考为出口，以对身边事实的观照为基础，结合自己的逻辑思维能力，得出一个属于自己的结论。这已经不是简单地在“写作文”，而是要求学生“写生活”“写生命”！一切高级精神层面的东西都会在日常“生活”中体现，对生活的观照思考就是对生命的思考。

（五）名篇教案点评之《赤壁赋》教学设计范例①

导入：今天我们来继续学习苏轼的《赤壁赋》，上节课我们讲过这篇文章是写于什么时期？大家一起来回答一下。是的，本文是作者因乌台诗案被贬黄州时所作。我们知道，因为受“天人合一”思想的影响，中国古代文人有亲近自然、亲近山水的情怀。特别是当人在现实中受到伤害的时候，只有山水最懂人的那颗苦闷和破碎的心。公元1079年，苏轼带着满心的伤痛来到了黄州，所幸，这里的山山水水接纳了伤痕累累的他。面对眼前的山水和明月，苏轼心里有一丝慰藉，有一点感悟，感情有一些变化。那么，苏轼的心情有着怎样的变化呢？找出文中最能体现作者思想感情的词语。

情感的变化：乐——愀然——喜

点评：这样的一份导入，有两点值得我们注意：一是文章的主旨基本上已经由老师讲了出来；二是山水带给作者的情感的变化也是老师自己讲出来的。导入的意义在于起兴，引出所讲的内容，而不是越俎代庖，先入为主。试想如果老师已经告诉了您这篇文章要告诉我们的主旨，那我们的同学还要认真思考吗？笔者以为比较好的导入就是不要特意导入，直接以诵读为走进文本的基本手段。

1.因何而乐

（1）作者在第二段开头说：“于是饮酒乐甚”，作者因何而“乐”？（齐读第一段）

（提示：作者都做了哪些事，如此快乐？）

泛舟、（欣赏如诗如画的美景）、饮酒、诵诗

① 《赤壁赋》教案来源：http：//blog.sina.com.cn/s/blog_8a617d280102 wcqp.html。

（2）是在什么样的环境中发生这些乐事的？文章里是怎么写的？

清风徐来，水波不兴。

月出于东山之上，徘徊于斗牛之间。

白露横江，水光接天。

（3）任选其中一句，展开想象联想，用优美的语言来描述这个画面。

白茫茫的水汽笼罩着万顷江面，清风徐徐，拂面微醺。当此时，一轮明月冉冉升起，俯瞰着人间，不忍离去，如烟的月色，恍如梦境一般，使人沉醉其中。

（4）如此美的场景，如此美的文句，简直就是一场视听上的盛宴！让我们再来齐读这一段，仔细体会个中之美。

点评：作者讲了一些原因，但此处没有明确而具体地指出作者乐在何处。要培养学生的人格意识，一个重要的抓手就是要让学生在文本解读的过程中体验到生命的困惑和走出生命困惑的过程。其实解读文本关键要找出文本部分与部分、整体与部分的关联，才能让学生深切地感受到文本内在的文气和脉络。第一自然段里交代得很清楚：要抓住天气好，风景好，友人相伴。

（5）面对如斯美景，作者饮酒乐甚，不禁扣舷而歌之，歌词的内容是什么？

“桂棹兮兰桨，击空明兮溯流光。渺渺兮予怀，望美人兮天一方。”

①歌词中“渺渺兮予怀，望美人兮天一方”是什么意思？

我的内心悠远而惆怅，思念着我思慕的人儿啊，她却在天的那一方。

②我们注意到，歌词里提到了一个词“美人”，“美人”指什么人？

内心所思慕的人。在这里，美人喻指君王，这种用法，最早见于屈原的《离骚》。

③知道了美人的比喻义，大家能不能用更直白的话，把这句话转述出来？（苏轼在这里是想表达什么？）

皇帝啊皇帝，我是如此的想念你，什么时候才能回到你的身边呢？

④苏轼不在皇帝身边，他人在哪里？为什么不在皇帝身边？

苏轼被贬黄州。

⑤苏轼即使遭到贬谪，心中仍然在惦念着君主。说明他是一个怎样的人？

忠君爱国。渴望得到重用。为什么？

理想还没有得到实现，渴望实现心中的抱负。

小结 所以，这里的“美人”还象征着实现“治国平天下”的理想。但现在苏轼却已远遭贬谪，他的君王，他的理想，都已成为他可望而不可即的存在。歌唱至此，可谓乐极生悲。

点评：求而未得的失落、惆怅，其实还有一个重要的细节，“桂棹兮兰桨”，有两个非常重要的信息，桂和兰是有所象征的，表达的是实心实意，尽心尽力地去求，而不是随随便便地去求，这样他的失落和怅惘才可以得到真正的表现。

（6）苏轼在这里借歌抒怀，船上的客人听着歌声，也忍不住吹起洞箫相和。同学们，大家听过箫声吗？没听过也没关系，我们一起来看一下，文中是怎么描写箫声的？“其声呜呜然，如怨如慕，如泣如诉，余音袅袅，不绝如缕。舞幽壑之潜蛟，泣孤舟之嫠妇。”

箫声随歌而起，呜呜咽咽、悲悲切切，像哀怨又像思慕，像哭泣又像倾诉，甚至可以使深渊中的潜蛟起舞，使孤舟上的寡妇哭泣，可见其悲。客人的悲从何而来？他是因何而悲？

2. 为何而悲

（1）齐读第三段？思考客人是因何而悲？（小组讨论）

客人提出了三组对比：

①首先是古人和今人的对比，曹操是一个怎样的人？

雄心壮志，宏图霸业。可他现在在哪里呢？

→已经消逝在滚滚历史长河之中，更何况是我们，我们都是些什么人？（原句）

→“况吾与子渔樵于江渚之上，侣鱼虾而友麋鹿。”像我们这种平常人，更是会被碾碎在历史的滚滚车轮中，湮灭无痕。此一悲也。

②接着是人生与自然的对比，“寄蜉蝣于天地，渺沧海之一粟”，哀伤人的渺小；“哀吾生之须臾，羡长江之无穷”，悲叹人生的短促；此二悲也。

③最后是理想与现实的对比，想要“挟飞仙以遨游，抱明月而长终”，而现实却是“不可骤得”，只能“托遗响于悲风”。此三悲也。

点评：这样分析似乎条理性不是很清楚，似乎过于琐碎，仍然停留在就事论事的层次，没有从生命体验的高度来分析和理解，前后更有相互矛盾的地方，给人的感觉就是还没有和阅读者的生命体验建立起必要的联系。

小结　行文至此，可谓至悲至痛！

（2）既然客人如此之悲，最后一段为什么又会“喜而笑”呢？这中间苏子到底给他开了什么灵丹妙药，让他转变如此之大？让我们来齐读第四段。（小组讨论）

①作者以水与月为喻，是想要引出什么道理？

从“变与不变”的角度来进行说理，以水来说，“逝者如斯”是变的一面，“未尝往也”则是不变的那一面；同样，以月来说，“盈虚者如彼”是变的一面，“卒莫消长也”则是不变的一面；那我们人呢？人，作为个体而存在的时候，自然是时刻都在变的，但放诸整个人类历史而言，又是“无尽”的。也就是说，世界的万物和人生，都既有变的一面，又有不变的一面。所以我们用不着羡慕江水的无穷和明月的永不增减，也用不着哀叹人生的短促，用不着哀叹自身的渺小，只要保持旷达乐观的态度就好。

点评：这是本篇文章的理解上的最难的点，而执教者似乎并没有把豁达和乐观从何而来真正讲清楚：世界上的任何事物都是变与不变的综合体，对于变化的东西，我们人类自己是无法把握的，诸如出身、生死，成败等，我们索性就要想开，看得淡一些；而对于不变的东西，我们可以认真把握，比如生命是自己的，我就可以通过自己的努力，把它过得有滋有味。点之，“变”与“不变”分开，为豁达，认真把握好自己可以把握的，叫乐观。

②作者先是从“变与不变”的角度来说，之后是从什么角度来进行说理？

从“取与不取”的角度来进行说理，他是怎么说的？什么是不该取的？该取的又是什么？

不取：天地间物各有主，“苟非吾之所有，虽一毫而莫取”。比如权势、地位、功勋、荣誉等等，如果不属于我们，我们不必羡慕。

点评：苏轼绝不是一个拒绝“权势、地位、功勋、荣誉”的人，把握生命中自己可以把握的部分，这是一种乐观的心态。

取：取无穷的自然万物（明月清风）为“吾生”所享用，从中得到乐趣。让大自然的无尽山水来抚慰我们的心灵。

③客人听了苏轼的劝导，思想感情发生了什么变化？（齐读第五段）

“喜而笑”，转悲为喜，此时的乐与开始的乐一样吗？

开始只是赏游之乐，现在则是心境超脱之乐，更进一步。

结语 虽然说，苏东坡的名字只是一个记忆，但是他留给我们的，是他心灵的喜悦，是他思想的快乐，他的精神滋养着我们每一个人的心田，提升着每个人的人格。愿我们用心去体味生命中的每一缕清风，每一轮明月。

就如周国平先生所言：在人生中还有比成功和幸福更重要的东西，那就是凌驾于一切祸福之上的豁达胸怀！

让我们一起来齐读这一句话，以此共勉！

总评：以梳理作者情感变化为抓手走进文本的确是一个比较好的路径，但是在分析的过程中要尽力体现文本内在的逻辑，找出文本在展开的过程中情感变化的过程与原因，这样作者的思想情感就容易理解，也比较容易让读者通过阅读来提升他们对生命的认识。

附:《赤壁赋》原文

赤壁赋

（宋）苏轼

壬戌之秋，七月既望，苏子与客泛舟，游于赤壁之下。清风徐来，水波不兴。举酒属客，诵明月之诗，歌窈窕之章。少焉，月出于东山之上，徘徊于斗牛之间。白露横江，水光接天。纵一苇之所如，凌万顷之茫然。浩浩乎如冯虚御风，而不知其所止；飘飘乎如遗世独立，羽化而登仙。

于是饮酒乐甚，扣舷而歌之。歌曰:“桂棹兮兰桨，击空明兮溯流光。渺渺兮予怀，望美人兮天一方。”客有吹洞箫者，倚歌而和之。其声呜呜然，如怨如慕，如泣如诉。余音袅袅，不绝如缕。舞幽壑之潜蛟，泣孤舟之嫠妇。

苏子愀然，正襟危坐，而问客曰:“何为其然也？”客曰:“‘月明星稀、乌鹊南飞’，此非曹孟德之诗乎？西望夏口，东望武昌，山川相缪，郁乎苍苍，此非孟德之困于周郎者乎？方其破荆州，下江陵，顺流而东也，舳舻千里，旌旗蔽空，酾酒临江，横槊赋诗，固一世之雄也，而今安在哉？况吾与子渔樵于江渚之上，侣鱼虾而友麋鹿，驾一叶之扁舟，举匏樽以相属。寄蜉蝣于天地，渺沧海之一粟。哀吾生之须臾，羡长江之无穷。挟飞仙以遨游，抱明月而长终。知不可乎骤得，托遗响于悲风。”

苏子曰：“客亦知夫水与月乎？逝者如斯，而未尝往也；盈虚者如彼，而卒莫消长也。盖将自其变者而观之，则天地曾不能以一瞬；自其不变者而观之，则物与我皆无尽也，而又何羡乎？且夫天地之间，物各有主，苟非吾之所有，虽一毫而莫取。惟江上之清风，与山间之明月，耳得之而为声，目遇之而成色，取之无禁，用之不竭，是造物者之无尽藏也，而吾与子之所共适。”

客喜而笑，洗盏更酌。肴核既尽，杯盘狼藉。相与枕藉乎舟中，不知东方之既白。

第六章　中学古诗文人格意识解读研究的结论及不足

一、研究的结论

从语文教学的角度上来说，因为古诗文的文本解读涉及语文教学的方方面面，语文教师的古诗文的综合素养从根本上决定着学生的古诗文文本解读的高度和水平；语文学习有助于学生练习母语表达能力，具有文化承传功能；古诗文作为中华民族所独有的表达形式意蕴丰富；人们对于语文学科本质特征认识的摇摆性（始终在工具性和人文性之间游走）；语文课堂教学方式的相对稳定性①、遗传性（很多语文教师本身就是以某种不太科学的文本解读方式来学习语文的）；语文学科与师生现实生活的联系的不可分割性（语文学习的外延与生活的外延基本一致）；再加上每一位解读者个人的人生观、世界观以及脾气秉性、爱好兴趣的差异，使得古诗文的文本解读必然表现出复杂性、创新性②。中学古诗文的生命解读系一发动全身，要正本清源，回归古诗文文本解读应有的愿景，从语文学科工具性和人文性的本质入手，高度重视语文教师自身的专业素养的提升，以文本解读者的认知规律为出发点，将附着在古诗文文本解读过程中的一切不必要的负担和偏误一一剔除，回归它应有的解读状态，重点研究问题产生的原因以及如何构建有效的文本解读的路径，使得自己的研究反思真实的教学现状、指出真实存在的问题、提出操作性较强的解决问题的办法，真正为教学一线提供有益的帮助。

在新的高考政策之下，语文分数的比重在不断加大，且难度在不断加深，主

① 饶祖天:《语文教学的风格美》,《上饶专学报（哲学社会科学版）》，1987(1)，57-60 页。

② 吴薇:《论古诗文创新教学的必要性和可行性》，载《牡丹江教育学院学报》，2003(2)，54 页、58 页。

要考查学生对传统文化和自己生命构建的理解，中学语文教学的重要性不断被释放出来，语文堪称“学科之王”。“得语文者得天下”和“得古文者得语文”不单单是说语文分数和古文分数，而是语文学习背后所蕴含的人文素养，有了高品位的人文素养，一个人才得以真正地站立起来，成为一个大写的人。生命体验是中学古诗文文本解读的出发点和归宿，因为体验作为生命的经历，散发着生命的气息，标志着生命的整体存在，“凡是能被称之为体验的东西，都是在回忆中建立起来的”①。本研究就是致力于中学生人文素养的提升，透过古诗文的解读与教学设计，让同学们借助传统古诗文优美的文字、具有张力的故事、深邃的意境以及“养天地正气，法古今完人”的人文情怀，从而正确地看待自己、看待他人、看待社会、看待宇宙人生。通过本研究，得出如下一些基本看法：中学古诗文教学必须以提升学生的人文素养为出发点和归宿。一切背离生命体验出发点和归宿的教育、教学行为必然会导致育人目的的落空，会阻碍语文教育功能的实现，会极大地伤害中学语文教学，甚至会给师生的生命成长造成不可挽回的损失。中学古诗文人格意识解读研究是在中学古诗文的教学领域探索人格意识实施的路径和方法，以及存在的问题和努力的方向。

（1）中学古诗文观照下的人格意识的构建通常要选择具有丰富人文内涵的文学作品，通过学生的反复诵读，通过对文本进行综合的、整体的把握，使得学生读出文本背后的生命意蕴，使得学生的人格在文本发现中不断得以浸润和提升。任何背离生命体验的急功近利的教学行为都应该避免，尤其是暗示性的先入为主式的导入，没有整体感知的直接的文本翻译，琐碎的分析和自作主张的拔高，不着边际的拓展，等等，都应该远离课堂教学。

（2）具体的教学过程中，教师要善于运用语文学科的根本手段，即借助语言文字，运用形象来表现自己对于生命的理解和发现，借助于表现手法诸如类比、对比、情感的变化、矛盾的冲突、铺陈和渲染、设身处地的想象和联想等来深切地体会作者在重大的生命问题面前的困惑和思考，学习他们处理重大生命问题的高超智慧和巨大的魄力，从而为自己处理生命困惑积累经验，增长智慧。

① 邵华：《论维特根斯坦和伽达默尔的“语言游戏”说》，载《武汉科技大学学报（社会科学版）》，2012(4)。

（3）要经常性反思自己在古诗文教学中背离语文教学规律的教学环节和教学方法，使得自己的语文教学尽最大可能来遵循古诗文教学的规律，让学生人格意识得以发现，生命体验得以丰富，生命境界得以提升。注重对文本整体结构的把握；注重文本前后之间虚实的契合；注重文本对生命的观照和启迪。在阅读中丰富自己的生命体验。

（4）人格意识解读文本的五步解读法不是解读古诗文的唯一方法，但确实是一条比较好的路径，值得在中学古诗文教学的过程中去运用，在运用的过程中逐步加以完善。一篇文章最初看不懂是什么意思，但是通读几遍，看看文章的标题，看看它行文的腔调，想想刻画了哪些人物，这些人物的性格如何，作者对这些人物的态度怎样，作者在塑造人物时都运用了怎样的表现手法，等等。学会了这些方法，他们的阅读效果就会大大提高。通过人格意识解读策略的实施，学生不仅读懂了文章，而且达到了一种能力上的跨越。虽然不是每一篇文章（每一首诗）学生都能读得准确，但是，如果学生在阅读的时候，能养成遇到不明白的地方先关注文本的形式，再联系文本的主旨和手法的习惯，便实现了教学大纲中的“学会学习”的策略，他们的生命境界也能够在此种浸润中提升。单篇文本的五步解读法，在内在思维及外在组织的层次性、顺序性及连贯性，具有相关性，它们虽可以独立施行，但又彼此相互影响、补充，依序递进。单篇文本的人格意识五步解读法是一种较为普世的阅读技法，单元贯通、整本书阅读的方法要随着学生的需要调整学习的内容，并以螺旋上升的方式在不同年级持续地推行，中学古诗文的解读策略方能不断地拓展和深化。

（5）在日常的教学设计过程中，要能够在领会语文学科本质的基础上，坚定地注重诵读，注重对文本整体结构的把握，注重知人论世，注重在读懂文本和把握文章写法的基础上根据上下文的语境、行文的特点去翻译文本，将文本解读的过程变成一个不断领悟、不断发现、不断印证的过程。

（6）研究发现，具体解读古诗文的过程中，在反复诵读的基础上，通过分析字形来辨明字义，从字音相同推测通假字，根据互文见义来对照解释前后词，依据文章中心、故事情节、表现手法、联系上下文去猜测字词句的意思，这些做法都可以大大提升古诗文生命解读的效果。

（7）希望广大教师把本课题研究提出的人格意识解读古诗文的基本思想、方法、策略运用到语文学习的各个环节，进而推动语文学习方式的变革，为师生的生命成长保驾护航。

总之，解读古诗文必须关注文本，深入理解文本，感受文本，明白文本主旨必须是从文本的字里行间读出来的意义，而不是直接查阅或随意拓展出来。在解读古诗文时要自觉透过字词句章和写法等要素去思考语言背后蕴含着怎样的生命体验，从而思考怎样去做人和做怎样的人。古诗文解读的落脚点必须是人格的塑造，即怎样去做人、表现人、理解人、关心人、培养人、发展人，无疑是文言文文本解读的终极目标。怎样去做人，做怎样的人，这是一种教育目的的回归，是一种对语文学科本质特征的尊重。我们倡导文言文的解读尽可能依赖文本本身。在教学中要让学生直面文本，潜心诵读文本，感悟文本，寻找文本内部的相互关联，而较少依赖文本以外的材料来解读文本。

先整体感知文本的主旨和手法，再翻译文本是符合同学们的认知规律的，有利于同学们语文能力的培养和提升。文章结构改变，意思相应改变。古诗文解读的策略改变，同学们的生命认知会相应发生变化。解读古诗文应该通过反复诵读，通过对文本进行综合的、整体的把握，读出文本背后的生命意蕴，使得解读者的人格得以浸润和提升。解读古诗文要善于借助于表现手法，诸如类比、对比、情感的变化、矛盾的冲突、铺陈和渲染、设身处地的想象和联想等，深切地体会古人在重大的生命问题面前的困惑和思考，学习他们处理重大生命问题的高超智慧和巨大魄力，从而为自己处理生命困惑积累经验，增长智慧。在把握了古诗文的主旨和表现手法的基础上，再去翻译自己不理解的字词句，就会方向明确，再结合古诗文的行文特点，诸如对比、对仗、铺陈、类比、衬托的特点来具体揣摩字词句段的意思，就会势如破竹，一通百通。

二、研究的不足

本次中学古诗文人格意识的教学实验研究，古文做得多，古诗做得少；初中做了，高中还没有做。随着研究的进一步深入，在以后的教学中可以收集更多上海及全国各地的数据，来做深入的研究。本次研究还可以进行更深入的分析，如不同性别（男生、女生）、不同类型的学校背景（重点和非重点）、不同地域（市区与郊区）等，都有可对比的点，还可以深入细致地研究下去，就中学古诗文的人格意识解读问题深入地探讨下去。

后　记

5 月 21 日是二十四节气中的小满，也是我教育学博士论文答辩获得通过的日子。自从 12 岁首次听说博士学位后立下志向要读个博士开始到今天，艰辛地走过了 37 年。念念不忘，必有回响。一个人最大的幸福莫过于实现他童年的梦想，人总是在不断挑战自我中实现生命的超越。

在长期的教育教学的过程中，我逐步认识到古诗文教学问题多多，如何突破古诗文教学的诸多瓶颈是我多年来一直思考的问题。准备做与实际着手去做之间有着遥远的距离，研究文言文教学的资料浩如烟海，我首先选择自己最感兴趣的文本解读部分，因为在我看来，文本解读是一个语文教师的基本素养、看家本领。只有将文本解读弄清楚了，才能谈及其他教学设计。确定自己的研究方向是开展研究的首要问题。教育就是从人出发，再回到人。人格意识的自我发现和生命境界的提升是文本解读的出发点与归宿，一切的古诗文的解读必须以此为圭臬，一切以此为轴心的教学行为必定会产生良好的教学效果，学生也会渐渐从中受益，渐渐喜欢上古诗文的学习，最终得益终生。我的研究就是从人格意识的唤醒出发的。

五年的时光一晃而过，这是我生命中体验酸甜苦辣的五年。患过一次严重的腰椎间盘突出症，很长一段时间因工作繁忙无暇顾及论文写作。每当我迷茫困惑时，总会有郑老师、王老师、高老师的勉励和鼓舞。论文写作的过程是一个不断自我超越、不断克服困难的过程。由于我自幼没有受到过严格的英式学术训练，在论文写作的过程中遇到的问题是方方面面的，大到研究的内容和研究角度，小到参考文献的排列顺序、一张 PPT 标点符号的使用，三位导师都不厌其烦地给予倾情指导。在我论文写作的过程中，我的忘年交、年逾古稀的叶是雄先生，香港教育大学的何文胜先生、晏子先生、陆佳芳老师，澳门大学的邓国光先生，南洋理工大学的陈之权先生，云南师大的张承明老师，还有我在区市两级名师基地的导师周陶富先生、黄玉峰先生、黄荣华先生，我的师兄马伟先生、黄争荣先生、黄耿华先生，杜虹师姐、亢荣师妹、陆琼衡师妹都对论文提出过宝贵意见。除此之外，还要感谢我的家人。我的爷爷和奶奶，这两位生于1905年的老人，仁慈、善良、勤勉一生，是他们给了我童年最宽厚的爱，让我感受到了人世间的温暖。我的二爷和二奶，这两位伟大的老人力主让子孙读书，为我们简家培养出了第一位大学生，是真正的破天荒，此后读书向学成为整个宗族后生高蹈的生命追求。感谢先父（老人家已经过世三十三年），他近乎严苛的管教，让我在童年和少年时期养成了良好的学习习惯和行为规范，使我受益终身。先父是在贫病交加中忧愤而终的，双目未瞑，这成了我自立自强的不竭动力。先母是我一生最为亏欠的恩人。在先父去世后，是她以孱弱的肩膀艰辛地支撑着贫穷的家。先母靠走街串巷卖雪糕供我读书，我一次休学，两度高考落榜，十八年超长的求学时间拖垮了她老人家的身体，就在我刚刚大学毕业的第二年的初夏弃我而去，连一天尽孝的机会都不曾给我，令人扼腕叹息。还有我的长兄振军，患有癫痫的他，就在我上大学的那年（1991年）初冬东北平原那场突如其来的大雪中走丢了，至今生不见人，死不见尸，二十八年来一直是我心头挥之不去的痛楚。感谢我的大姐艳萍，是她在我两度高考落榜后力排众议，坚定主张让我继续复读。感谢二哥振峰、三姐艳杰、四姐艳玲、老弟振全以及诸多舅舅姨姨、表兄表姐，是他们省吃俭用资助我完成学业。感谢我的老叔简学、堂兄振和，是他们的金榜题名（要知道三四十年前考大学是极其不容易的）让我找到了自己改变命运的路径和方向。感谢我的岳父、岳母，他们虽未生我养我，但他们给予我宽厚无私的爱，二十二年前两位老人专程从东北背草药为我医治已经非常严重的肝病直至痊愈，这足以令我重生。感谢我的太太文莉，没有她的通情达理、勤俭持家，没有她对我的理解、信任、支持和鼓励，我几乎是不可能完成学业的。

感谢我工作过的徐州大屯煤电公司一中、二中，上海市市西实验中学，古美高级中学，深圳明德实验学校，复旦大学附属中学青浦分校的同仁们；感谢朱念民校长、王启恩校长、伦文强校长、孙雄校长、程红兵校长、张之银校长、周文礼老师、戚艳春老师、王权老师、王淑欣老师、李杰老师、陈爱武老师、刘军铜老师等给予我的支持和勉励，感谢香港教育大学研究生院的卢成皆院长，没有他的厚爱我此生肯定与博士学位无缘；感谢母校江苏师范大学的刘广登恩师、寇立光恩师、李玉芝恩师，已移民澳洲的张戈恩师，已调入北京师范大学的韩陈其恩师和远在天堂的张大友恩师，感谢我高中时代的张炎恩师、吕玉桢恩师、刘国华恩师，感谢我初中时代的张凤国恩师、王志恩师、田佳英恩师、王桂芬恩师、屈玉忠恩师、张洪举恩师，感谢我的启蒙老师杨杰恩师、简振阳恩师、简敏恩师、简波恩师，等等。

当然最后要再次感谢的是我的导师郑吉雄恩师、王秉豪恩师、高玉宝恩师。他们对我前进中的哪怕是一点点进步也倾尽全力地给予勉励，成为我完成学业的不竭动力，是他们在本书写作的过程中自始至终给予我无微不至的关心和爱护。遇到诸位恩师，是我永生的福分。

节气小满，刚欲满而未满，生命的意义在于不断地追求。获得博士学位是我生命的新的起点，在求学道路上的自我超越是永远没有终止的。我将带着所有关心爱护和指导我的恩师、亲人、朋友的帮助重新上路，不断地调整自我的生命状态，向着新的生命目标进发。

2019 年 5 月 21 日深夜

参考文献

经典

李学勤. 十三经注疏（整理本）[M]. 北京：北京大学出版社，2000.

朱熹. 孟子集注 [M]. 济南：齐鲁书社，1992.

陈鼓应. 庄子今注今译 [M]. 北京：商务印书馆，2007.

易经 [M]. 郭彧，译注. 北京：中华书局，2010.

郭绍虞. 沧浪诗话校释 [M]. 北京：人民文学出版社，1983.

潜苗金. 礼记译注 [M]. 杭州：浙江古籍出版社，2007.

专著

王尚文. 语感论 [M]. 上海：上海教育出版社，2000.

王尚文. 走进语文教学之门 [M]. 上海：上海教育出版社，2007.

沈德潜. 说诗晬语 [M]. 霍松林，校注，北京人民文学出版社，1979.

黄荣华. 生命体验与语文学习 [M]. 上海：复旦大学出版社，2008.

曹明海. 文学解读学导论 [M]. 北京：人民文学出版社，1997.

蒋济永. 文本解读与意义生成 [M]. 武汉：华中科技大学出版社，2007.

唐震. 接受与选择 [M]. 北京：中国社会科学出版社，2009.

童庆炳. 文学概论 [M]. 武汉：武汉大学出版社，2000.

孙绍振. 名作细读：微观分析个案研究（修订版）[M]. 上海：上海教育出版社，2009.

魏本亚，步进. 语文课堂教学反思 [M]. 上海：华东师范大学出版社，2015.

余映潮. 余映潮的中学语文教学主张 [M]. 北京：中国轻工业出版社，2012.

学位论文

于红艳. 关于中学语文文本解读的思考与探索 [D]. 长沙：湖南师范大学，2008.

林薇. 知识、方法、意义：三维度思想政治教科书文本解读的研究 [D]. 杭州：浙江师范大学，2014.

张锋. 文言文教学之历史沿革与革新策略 [D]. 上海：华东师范大学，2006.

廖丽娴. “新批评”理论在中国新时期的运用：以诗歌批评实践为中心 [D]. 重庆：重庆师范大学，2014.

魏兆锋. “不要忘了自己是一中国人”：钱穆教育思想研究 [D]. 上海：华东师范大学，2012.

期刊报纸

上海市教委. 上海市中小学语文课程标准 [J]. 小学语文教师，2004（7）：172-180.

及树楠. 我们对文言文教学的改革与实验 [J]. 天津教育，1996（5）：37-39.

王云鹏. 韦勒克和沃伦《文学理论》的“文本性”探究 [J]. 安徽文学，2013（6）：81-84.

王友贵. 乔伊斯与鲁迅短篇小说比较 [J]. 四川师范大学学报（社会科学版），1991（3），72-78.

王化胜，殷宝东. 现代教育技术环境下语文课堂角色定位的思考 [J]. 中学课程辅导：教学研究，2013（21）：108.

王作华. 南宋 · 胡仔纂集《苕溪渔隐丛话》[J]. 兰州文理学院学报（社会科学版），2017，33（4）：2.

韦冬余. 论阅读探究教学中的参与式理解：基于认知心理学和语言学的分析 [J]. 中学语文教学参考，2015（30）：10.

毛福林，吴明刚. 中国古代语文教育中的语感培养及启示 [J]. 四川民族学院学报，2011，20（3）：98-101.

孔波. 英伽登四层次理论对阅读教学的启示 [J]. 学科教育，2001（10）：4-6.

史绍典. 文本解读：问题与策略 [J]. 中学语文教学，2009（8），9-14.

叶澜. “教育的生命基础”之内涵 [J]. 山西教育，2004（6）：1.

代保明，丁雪梅. 作文，最要紧的是“想法”[J]. 语文月刊，2015（4）：29-30.

朱卫东. 在《天鹅的故事》里多走几个来回：略说“文本解读”及《天鹅的故事》之解读 [J]. 教育科研论坛，2009（4）：40-41.

朱汉民.实践—体验：朱熹的《四书》诠释方法[J].中国哲学史，2004(4)：91-94.

朱红.沉浸浓郁 含英咀华：基于读本秘妙的导读策略例谈[J].教学月刊(小学版)2012(9)，22-25.

刘亚雄.找准文本解读的视点[J].湖南教育(D版)，2016(1)：31-33.

刘洁玲.比较香港初中不同成绩组别学生的中文阅读理解及策略运用的能力[J].教育研究学报，2002(2).

孙绍振.人文性和幽默感从何而来:《从百草园到三味书屋》解读[J].语文学习，2004(12)：39.

孙绍振.经典阅读：审美价值和人文价值的结晶[J].山东教育，2009(8).

孙斯源.基于于漪的语言和思维训练核心说的文言文教学探索[J].科教导刊(电子版)，2014(20)：68.

牟世金.刘勰的"论文叙笔":《文心雕龙译注》引论之一[J].东岳论丛，1981(2)：102-107.

李怀源.由叶圣陶"读整本书"思想谈小学整本书阅读[J].课程·教材·教法，2009(4)：31-34.

李欣荣.扭转文言文碎片化教学现状的策略[J].语文知识，2016(7)：70-73.

李建成.成长，教育的一种定义[J].人民教育，2010(3)：65-67.

李俊玉.当代文论中的文本理论研究[J].外国文学评论，1993(2)：7-16.

李鹏.苏轼的"八面受敌"读书法[J].档案天地，2002(1)：26.

李燕芬.挑剔时常挑剔的孙绍振[J].粤海风，2001(4)，40-41.

李燕娥.拿什么来拯救你，我的语文课堂？——我的语文成长之路[J].读写算，2011(38)：177.

吴礼明.走出语文教学的非生命误区[J].福建教育(中学版)，2013(5)，28-30.

吴薇.论古诗文创新教学的必要性和可行性[J].牡丹江教育学院学报，2003(2)：54，58.

应勇.小说文本细读的策略：以《范进中举》为例[J].现代语文(学术综合版)，

2016（10）：109-111.
辛建华. 浅析现代应用文的几种语言风格 [J]. 秘书之友，2005（10）：31-34.
汪潮. 文体意识、文体特点与教学策略 [J]. 语文教学通讯，2013（12C）：12-13.
宋丽萍. 关于“中国的智慧是审美型的”思考 [J]. 渭南师范学院学报，2005，20（s2）：137-138.
宋峰. 语文教学如何让“鸡肋”变成“鸡腿”[J]. 文学教育（中旬），2014（9）：103-104.
张树业.“立象尽意”与中国哲学的言说传统 [J]. 学术论坛，2008，31（10），22-25.
张春雅. 让文本拓展走向“锦上添花”[J]. 文教资料，2011（8）：46-47.
张海云. 优化精读指导，提高阅读教学的实效性 [J]. 学周刊，2014（16）：191.
张景兰. 在政治理性与文本实践之间：新视野下的《子夜》解读 [J]. 延安大学学报（社会科学版），2013，35（4）：80-84.
张安祖. 陆机《文赋》“诗缘情而绮靡，赋体物而浏亮”含义辨 [J]. 求是学刊，2006（6）：88-91.
陈相元. 做一个教研结合型教师 [J]. 语文教学与研究：读写天地，2017（9）：128-130.
陈鸳红.《登高》之后要“登高”：以《登高》为例浅谈中学古诗文教学 [J]. 中小学教材教学，2016（2）：50-52.
邵华. 论维特根斯坦和伽达默尔的“语言游戏”说 [J]. 武汉科技大学学报（社会科学版），2012，14（4）：401-407.
林焕芬. 对沈从文《边城》（节选课文）的解读：“杂花生树，群莺乱飞”是一种创新思维的培养 [J]. 当代教育，2012（3）：47.
周一贯. 小语教材选编中的文体观嬗变 [J]. 小学教学（语文版），2016（10）：6.
周文巧. 警惕语文文本解读五大新病症 [J]. 金色年华：教学参考，2012（10）：169-169.
郑兰娣.“导读法”学习论基础探究 [J]. 中学课程资源，2007（11）：62-64.

郑吉雄. 钱穆先生治学方法的三点特性 [J]. 文史哲，2000（2）：22-26.

郑彤. 如何在阅读教学中培养学生的朗读能力 [J]. 成功（教育版），2007（1）：70.

郑逸农. 给文本解读一个恰切的定位 [J]. 语文教学通讯，2011（2A）：7-9.

赵小勤. 师生与时俱进培养语文素养：新课标下高中语文高效教学的几点思考 [J]. 小作家选刊：教学交流，2013（8）：153.

赵志伟. 一本让人“受用”的好书：评《考信录——文言诗文备课札记》[J]. 语文建设，2015（19）：74-76.

赵克明. 倡导“语文养成教育”之动因 [J]. 中学语文教学参考（上旬），2014（3）：10-12.

赵萍. 语文教学中运用多媒体教学手段的反思 [J]. 现代教育教学探索，2010（9）：133-134.

赵敏慧，吴举宏. 让生命科学教育充满灵动之感 [J]. 生物学教学，2012，37（3）：10.

胡晓梅. 过犹不及：论文本解读中的“过度”问题及其解决对策 [J]. 现代语文：教学研究，2015（3）：11-13.

胡海舟. 文本创意解读的基本策略 [J]. 语文学习，2008（7）：92-96.

郦丽芳，冯伟光. 阅读教学：莫忽视了结构思路. 现代语文：教学研究，2011（12）：107-108.

饶祖天. 语文教学的风格美 [J]. 上饶师专学报（哲学社会科学版），1987（1）：57-60.

祝玉怀. 改革文言教学现状，提高学生语文素养：新课改背景下的高中文言文教学 [J]. 课外阅读（中旬）.2013（5）：402.

姚小平. “汉学”辨 [N]. 中华读书报，2010-7-7.

骆金声. 语文学科的性质决定了语文课堂教学的方式方法 [J]. 祖国（教育版），2013（8）：205.

贾奋然. 中国古代散文的民族特色：兼论散文史写作思路 [N]. 中国社会科学报，2013-10-18.

顾德希. 潜心致力 深造自得 [J]. 人民教育，2012（7）：50-54.

钱理群. 我对经典作品教学的一些看法 [J]. 中学语文：教学大参考，2007（24）：3.

钱梦龙. 文言文教学改革刍议 [J]. 中学语文教学，1997（4）：25-27.

徐牧，董广. 召唤结构：另一种陌生化美学 [J]. 内蒙古电大学刊，2012（4）：46-48.

高梓梅. 民间叙事文学的审美情趣这 [J]. 南都学坛，2007，27（6）：56-59.

唐建新. 一种期待已久的高中语文专题教学：吴泓老师专题研究性学习的模式研究及价值探讨 [J]. 教育研究与评论，2010（6）：86-90.

唐晓峰. 对话古人，考证历史：大禹治水传说的新证据 [J]. 新高考：语文，2015（2）：41-42.

桑哲. 语文教育：人文化的过程：访山东师范大学文学院曹明海教授 [J]. 现代语文（学术综合版）2006（9）：4-7.

黄荣华. 作文：在表达生命意念时促进自我成长 [J]. 新读写，2010（10）：36-38.

黄厚江. 文言文该怎样教？ [J]. 语文学习，2006（5）：14-16.

黄厚江. 问题不在表达，关键在于理解：再谈语文学科的性质问题 [J]. 中学语文教学参考（上旬），2013（11）：46-48.

梅淑娥. 我是如何解读《风筝》的 [J]. 现代语文（教学研究版），2012（2）：65.

曹动清. 论传统语文教育思想 [J]. 中学语文教学参考（教师版），2000（8）：15-19.

崔国明. 文本解读的三重境界 [J]. 文学教育，2014（4）：4-8.

梁青，程少堂. 基于语文味教学理论的语文味教学流派对文化教学的新探索 [J]. 新课程研究，2018（1）：4-7.

潘新和. 阅读与写作是一种文体思维 [J]. 语文教学通讯（初中刊），2006（3）：4-6.

蒋兴娟. 带领学生从文章里走个来回 [J]. 语文天地，2003（20）：31.

童曼. 诗歌体式与诗歌教学内容的确定：李仁甫老师《沁园春·长沙》课例评析[J]. 中学语文，2016（28）：70-71.

未出版或发表的文献

笔者 2018 年 9 月 15 日在某省会城市骨干教师培训班所做的调查。

图书在版编目（CIP）数据

中学古诗文人格意识解读研究 / 简振雷著. —天津：天津大学出版社，2020.7
ISBN 978-7-5618-6715-0

Ⅰ.①中… Ⅱ.①简… Ⅲ.①古典诗歌－中国－教学研究－中学②文言文－教学研究－中学 Ⅳ.①G633.302

中国版本图书馆CIP数据核字（2020）第117529号

ZHONGXUE GUSHIWEN RENGE YISHI JIEDU YANJIU

出版发行 天津大学出版社
地　　址 天津市卫津路92号天津大学内（邮编：300072）
电　　话 发行部：022-27403647
网　　址 www.tjupress.com.cn
印　　刷 廊坊市海涛印刷有限公司
经　　销 全国各地新华书店
开　　本 185mm×260mm
印　　张 13.5
字　　数 337千
印　　数 1500册
版　　次 2020年7月第1版
印　　次 2020年7月第1次
定　　价 48.00元